数字经济
引领高质量发展

金江军　编著

中信出版集团｜北京

图书在版编目（CIP）数据

数字经济引领高质量发展 / 金江军编著 .-- 北京：中信出版社，2019.11
ISBN 978-7-5217-1040-3

Ⅰ.①数… Ⅱ.①金… Ⅲ.①信息经济—经济发展—研究—中国 Ⅳ.① F492.3

中国版本图书馆 CIP 数据核字（2019）第 198664 号

数字经济引领高质量发展

编　著：金江军
出版发行：中信出版集团股份有限公司
（北京市朝阳区惠新东街甲 4 号富盛大厦 2 座　邮编　100029）
承　印　者：北京诚信伟业印刷有限公司

开　本：787mm×1092mm　1/16　印　张：18　字　数：240 千字
版　次：2019 年 11 月第 1 版　印　次：2019 年 11 月第 1 次印刷
广告经营许可证：京朝工商广字第 8087 号
书　号：ISBN 978-7-5217-1040-3
定　价：88.00 元

版权所有·侵权必究
如有印刷、装订问题，本公司负责调换。
服务热线：400-600-8099
投稿邮箱：author@citicpub.com

要发展数字经济，加快推动数字产业化，依靠信息技术创新驱动，不断催生新产业新业态新模式，用新动能推动新发展。要推动产业数字化，利用互联网新技术新应用对传统产业进行全方位、全角度、全链条的改造，提高全要素生产率，释放数字对经济发展的放大、叠加、倍增作用。要推动互联网、大数据、人工智能和实体经济深度融合，加快制造业、农业、服务业数字化、网络化、智能化。[①]

——2018年4月20日，习近平总书记在全国网络安全和信息化工作会议上的讲话

[①] 资料来源：习近平系统阐述网络强国战略思想，参见人民网 http://politics.people.com.cn/n1/2018/0423/c1024-29942146.html。

目 录

前 言 // V

第一章 绪论

什么是高质量发展 // 003

什么是新旧动能转换 // 008

什么是数字经济 // 011

习近平总书记对数字经济的重要论述 // 015

国家出台的数字经济相关政策法规 // 017

如何以数字经济引领地方高质量发展 // 022

第二章 贯彻新发展理念的互联网思维

在贯彻五大发展理念过程中树立互联网思维 // 027

如何发展"互联网 + 科技" // 039

如何发展"互联网 + 知识产权" // 042

如何构建新型智慧城市 // 046

如何以跨境电子商务促进开放发展 // 061

如何以"互联网+"建设生态文明 // 064

如何发展共享经济 // 068

如何以"互联网+"创新精准扶贫模式 // 073

第三章　推进数字产业化

如何发展物联网产业 // 081

如何发展云计算产业 // 085

如何发展移动互联网产业 // 089

如何发展大数据产业 // 092

如何发展人工智能产业 // 097

如何发展虚拟现实产业 // 102

如何发展机器人产业 // 105

如何发展 3D 打印产业 // 112

如何发展区块链产业 // 115

如何发展数字内容和数字创意产业 // 120

第四章　推进产业数字化

如何推进信息化与工业化融合 // 127

如何发展智能制造和智慧工业 // 140

如何发展工业互联网和工业物联网 // 149

如何推进产品信息化 // 159

如何发展工业云 // 163

如何发展工业大数据 // 166

如何推进农业农村数字化转型 // 169

如何推进服务业数字化转型 // 176

如何推进企业数字化转型 // 180

第五章　国外数字经济发展情况

美国 // 193

德国 // 195

英国 // 196

俄罗斯 // 197

澳大利亚 // 199

日本 // 205

第六章　国内数字经济发展情况

浙江 // 211

福建 // 215

广东 // 218

重庆 // 221

四川 // 223

云南 // 228

贵州 // 231

其他省市 // 233

术语表 // 257

参考文献 // 263

后　记 // 273

前言

党的十八届五中全会提出加快形成引领经济发展新常态的体制机制和发展方式。习近平总书记在2014年国际工程科技大会上指出，世界正在进入以信息产业为主导的新经济发展时期。2014年以来，李克强总理多次强调发展新经济，培育新动能。为此，笔者在2016年9月出版了《中国式跨越：新经济引领新常态》，这本书得到许多领导干部的好评。

党的十九大报告指出，我国经济已由高速增长阶段转向高质量发展阶段，正处在转变发展方式、优化经济结构、转换增长动力的攻关期，建设现代化经济体系是跨越关口的迫切要求和我国发展的战略目标。实践表明，大力发展数字经济，是加快新旧动能转换、建设现代化经济体系、推动高质量发展的有效途径。习近平总书记、李克强总理多次强调做大做强数字经济，许多地方党政主要负责人高度重视发展数字经济，一些地方出台了数字经济相关政策文件，浙江省委书记车俊、福建省委书记于伟国都把数字经济作为"一号工程"。

笔者之前承担了多个数字经济领域的规划编制项目和政策研究课题，实地调研了2000多家企业，多次在地方党委理论学习中心组学习会等领导干部培训班讲授数字经济。为了让广大领导干部系统、全面、正确地认识数字经济，掌握相关政策、理论和方法，笔者编写了《数字经济引领高质量发展》，作为干部培训教材。

本书首先解析了高质量发展、现代化经济体系、新旧动能转换、数字经济等概念，阐述了如何以数字经济引领高质量发展。然后从"互联网+科技"、"互联网+知识产权"、新型智慧城市、跨境电子商务、"互联网+生态文明"、共享经济、"互联网+精准扶贫"等角度论述了贯彻新发展理念的互联网思维。接着从培育和发展物联网、云计算、移动互联网、大数据、人工智能、虚拟现实、机器人、3D打印、区块链、数字内容和数字创意等产业角度论述了如何推进数字产业。从推进两化融合，发展智能制造和智慧工业、工业互联网和工业物联网、工业云和工业大数据，推进产品信息化等角度论述了如何推进工业数字化转型，以及如何推进农业农村数字化转型、服务业数字化转型和企业数字化转型。最后介绍了美国、德国、英国、俄罗斯、澳大利亚、日本等国家的数字经济发展情况，分析了浙江、福建、广东、重庆、四川、云南、贵州等中国省市的数字经济发展现状。

许多党政机关和企事业单位对我们课题组开展数字经济调研工作给予了大力支持和积极配合，中央党校一些省部班、厅局班、中青班、新疆班、西藏班和县委书记班学员对本书提出了很好的建议，在此一并表示感谢。由于研究水平、编写时间有限，书中纰漏在所难免，敬请广大读者批评指正。

金江军

2019年9月3日

第一章
绪论

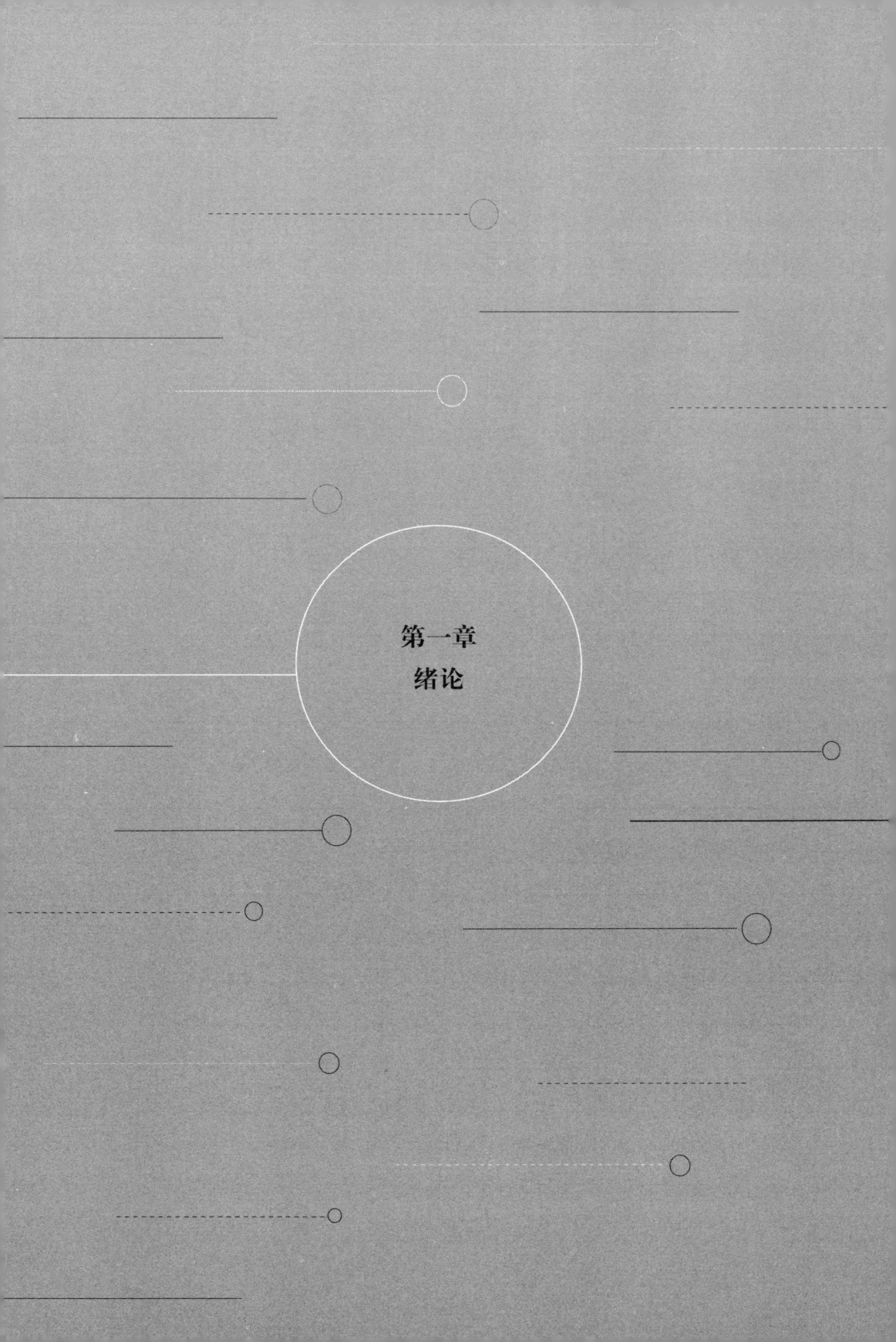

党的十九大报告提出贯彻新发展理念，建设现代化经济体系。我国经济已由高速增长阶段转向高质量发展阶段。推动互联网、大数据、人工智能和实体经济深度融合，大力发展数字经济，是加快新旧动能转换、建设现代化经济体系、推动高质量发展的重要举措。

什么是高质量发展

我国经济已由高速增长阶段转向高质量发展阶段。过去经济发展主要解决"有没有"的问题，现在主要解决"好不好"的问题。过去经济发展主要追求规模和速度，现在主要追求质量和效益。

推动高质量发展，是保持我国经济持续、健康发展的必然要求，也是适应我国社会主要矛盾变化、全面建成小康社会的必然要求。

推动高质量发展是大势所趋

经济发展是一个螺旋式上升的过程，上升不是线性的，量积累到一定阶段，必须转向质的提升，这是必然规律。20 世纪 60 年代以来，全球 100 多个中等收入经济体中只有十几个成功进入高收入经济体。成功国家的共同特点，就是在经历高速增长阶段后实现了经济发展从量的扩张转向质的提高。

推动高质量发展是民心所盼

中国特色社会主义进入新时代，我国社会主要矛盾已经转化为人民日益增长的美好生活需要和不平衡不充分的发展之间的矛盾，不平衡不充分就是发展质量不高的表现。我国居民收入水平与经济发展水平还不够匹配，城乡和区域之间发展还不够平衡，生态环境方面的短板仍比较突出，社会治理面临的挑战十分复杂。解决好这些问题，防范现代化过程中的各种陷阱，必须顺应主要矛盾的新变化，回应人民群众的期待，践行好以人民为中心的发展思想，让发展成果更好地惠及广大人民群众，让老百姓有更强的获得感、幸福感、安全感。

推动高质量发展是潮流所向

16世纪以来，每一次科技和产业革命都深刻改变了世界发展面貌和格局。当今时代，世界新一轮科技革命和产业革命方兴未艾、多点突破，特别是随着计算机、互联网从先导性技术成为普适性技术，人类的生活方式、生产方式发生了革命性变化，人类社会进入前所未有的创新活跃期，很多原来根本想不到、做不到的事情，借助计算机和互联网技术，正在不断变成现实。目前，科技对经济增长的贡献率还不够高，关键核心技术受制于人的局面尚未根本改变，创造新产业、引领未来发展的科技储备远远不够，产业总体还处于全球价值链中低端。我们唯有牢固树立高质量发展理念，落实好高质量发展举措，才能更好地适应科技的新变化，更好地抢抓新一轮科技和产业革命的重大机遇，赢得发展的主动权。

推动高质量发展是落点所在

改革开放40年来，我们已经彻底摆脱了商品短缺状态，现在已经不是"有没有"的问题，而是"好不好"的问题。特别是随着中等收入群体的不断扩大，人民群众的需求日益呈现个性化、多样化、不断升级的特点。过去几年，老百姓将大把钞票花在出境购物、"海淘"上，就是一个有力的佐证。要实现更高层次的供需平衡，必须推动高质量发展，形成优质、高效、多样化的供给体系，提供更多优质产品和服务。同时，供给变革也会不断催生新的需求，这些需求又将引领供给体系和结构的变化。正是这种循环往复、相互促进，推动了社会生产力和人民生活不断迈上新台阶。

推动经济高质量发展，要把重点放在推动产业结构转型升级上，把实体经济做实做强做优。要立足优势、挖掘潜力、扬长补短，努力改变传统产业多新兴产业少、低端产业多高端产业少、资源型产业多高附加值产业少、劳动密集型产业多资本科技密集型产业少的状况，构建多元发展、多极支撑的现代产业新体系，形成优势突出、结构合理、创新驱动、区域协调、城乡一体的发展新格局。[①]

——2018年3月5日，习近平总书记在内蒙古代表团参加审议时的讲话

高质量发展是当前和今后一个时期确定发展思路、制定经济政策、实施宏观调控的根本要求。

高质量发展强调经济发展的质量和效益，可以从人均GDP（国内生产总值）、地均GDP、财政收入状况、科技成果转化率、万人发明专利授权量、全要素生产率、战略性新兴产业增加值占GDP比重、城镇常住居民人均可支配收入、农村常住居民人均可支配收入、基尼系数、恩格尔系数、城镇调查失业率等关键指标来评价全国和一个地

---

① 资料来源：习近平在参加内蒙古代表团审议时强调：扎实推动经济高质量发展 扎实推进脱贫攻坚，参见人民网 http://cpc.people.com.cn/n1/2018/0306/c64094-29849635.html。

区的高质量发展水平。

什么是现代化经济体系

现代化经济体系是指以创新、协调、绿色、开放、共享为新发展理念，以人才、技术、数据、信息、知识等新生产要素为驱动力，注重质量和效益的经济体系，是由社会经济活动各个环节、各个层面、各个领域的相互关系和内在联系构成的一个有机整体。

传统经济体系的生产要素主要是土地、资源、能源、廉价劳动力等，而现代化经济体系的生产要素主要是人才、技术、数据、信息、知识等。传统经济体系注重经济总量和增长速度，追求规模扩张，而现代化经济体系注重发展质量和实际效益，追求发展水平。

在新时代，建设现代化经济体系，是推动高质量发展、全面建成小康社会、实现"两个一百年"奋斗目标的重要举措。

建设现代化经济体系，必须推进发展理念现代化、生产要素现代化和产业体系现代化。要以创新、协调、绿色、开放、共享五大发展理念为引领，以人才、技术、数据、信息、知识等新生产要素为支撑，推动传统产业转型升级，培育和发展新兴产业。

建设现代化经济体系是我国发展的战略目标，也是转变经济发展方式、优化经济结构、转换经济增长动力的迫切要求。国家强，经济体系必须强。只有形成现代化经济体系，才能更好顺应现代化发展潮流和赢得国际竞争主动，才能为其他领域现代化提供有力支撑。

（1）建设现代化经济体系是开启全面建设社会主义现代化国家新征程的重大任务。党的十九大报告提出决胜全面建成小康社会、开启全面建设社会主义现代化国家新征程的战略目标：到2020年，全面建成小康社会；到2035年，基本实现社会主义现代化；到本世纪中叶，把我国建成富强民主文明和谐美丽的社会主义现代化强国。实现宏伟愿景，必须以经济建设为中心，坚定不移地把发展作为党执政兴国的第一要务，加快形成先进的生产力，构建雄厚的经济基础；加快建设现代化经济体系，推动新型工业化、信息化、城镇化、农业现代化同步发展，显著提高发展质量，不断壮大我国经济实力和综合国力。

（2）建设现代化经济体系是紧扣我国社会主要矛盾转化推进经济建设的客观要求。2018年国内生产总值超过90万亿元，稳居世界第二；工农业生产、基础设施、科技创新、市场建设也都取得长足进步，社会生产总体上已不再落后。但发展中不平衡、不协调、不可持续问题十分突出，我国人均国内生产总值和人均国民总收入仍低于世界平均水平。当前，我国社会主要矛盾已经转化为人民日益增长的美好生活需要和不平衡不充分的发展之间的矛盾。必须坚持创新、协调、绿色、开放、共享的发展理念，统筹推进"五位一体"总体布局，协调推进"四个全面"战略布局，推动城乡、区域、经济社会协调发展，处理好经济发展和环境保护的关系，实现国内发展和对外开放良性互动。这正是持续推进现代化经济体系建设的题中应有之义。

（3）建设现代化经济体系是适应我国经济由高速增长阶段转向高质量发展阶段的必然要求。从国内看，我国经济发展进入新常态，呈现增速转轨、结构转型、动能转换的特点。同时，长期积累的结构性矛盾仍然突出。我国改革已进入深水区、攻坚期，全面建成小康社会进入决胜期，国民经济正处在转变发展方式、优化经济结构、转换增长动力的攻关期。只有实现高质量发展，才能推动经济建设再上新台阶。从国际看，国际金融危机深层次影响还在持续，世界经济复苏进程仍然曲折，保护主义、单边主义、民粹主义以及逆全球化思潮抬头。只有实现我国经济高质量发展，才能在激烈的国际竞争中赢得主动。建设现代化经济体系，是我国发展的战略目标，更是我们跨越关口的迫切要求。必须坚定不移推进供给侧结构性改革，实现供需动态平衡，大力推动科技创新和体制创新，爬坡过坎，攻坚克难，努力实现更高质量、更有效率、更加公平、更可持续的发展。

建设现代化经济体系，关键是建设现代化产业体系。而建设现代化产业体系，一方面要以数字化技术促进制造业、农业、物流业、金融业、旅游业等传统产业转型升级，另一方面要大力培育和发展以物联网产业、云计算产业、移动互联网产业、大数据产业、人工智能产业为代表的新一代信息技术产业等战略性新兴产业。

什么是新旧动能转换

简单地说，新旧动能转换是指培育新动能，改造旧动能，淘汰落后产能。所谓新动能，是指新一轮科技革命和产业变革中形成的经济社会发展新动力，包括新技术、新产业、新业态和新模式。所谓旧动能，是指传统产业，包括采用传统生产经营方式的农业、工业和服务业。所谓落后产能，主要指高能耗、高污染产业和低端产业。

党的十八大以来，党中央、国务院高度重视新旧动能转换工作，习近平总书记、李克强总理多次强调加快新旧动能转换。

2017年9月，习近平总书记在厦门金砖国家工商论坛上指出，要把握新工业革命的机遇，以创新促增长、促转型，积极投身智能制造、"互联网+"、数字经济、共享经济等带来的创新发展浪潮，努力领风气之先，加快新旧动能转换。

2018年3月，习近平总书记在全国两会参加广东代表团审议时指出，发展是第一要务，人才是第一资源，创新是第一动力。中国如果不走创新驱动发展道路，新旧动能不能顺利转换，就不能真正强大起来。

2018年6月，习近平总书记在山东考察时指出，创新发展、新旧动能转换，是我们能否过坎的关键。

2019年5月，习近平总书记在江西考察时指出，要加快推进新旧动能转换，巩固"三去一降一补"成果，加快腾笼换鸟、凤凰涅槃。要聚焦主导产业，加快培育新兴产业，改造提升传统产业，发展现代服务业，抢抓数字经济发展机遇。

2017年4月，李克强总理在主持召开"贯彻新发展理念 培育发展新动能"座谈会时指出，推动经济结构转型升级必须加快新旧动能转换。新动能覆盖一、二、三产业，重点是以技术创新为引领，以新技术、新产业、新业态、新模式为核心，以知识、技术、信息、数据等新生产要素为支撑，体现了新生产力发展趋势，是实体经济发展升级的强大动力。

2017年4月，李克强总理在山东考察时提出，希望在以习近平同志为核心的党中央坚强领导下，山东贯彻落实新发展理念，加快推动新旧动能转换，积极探索解决重点民生问题的改革经验，为巩固全国经济稳中向好势头提供重要支撑。

2017年9月，李克强总理在山西考察时提出，希望山西在以习近平同志为核心的党中央坚强领导下，贯彻新发展理念，加大改革创新力度，加快新旧动能转换，促进经济稳定增长和民生不断改善。

2018年6月，李克强总理在湖南考察时提出，要以习近平新时代中国特色社会主义思想为指导，贯彻党中央、国务院部署，围绕加快新旧动能转换、促进经济转型升级，推动产业合理有序转移。

2019年3月，李克强总理在参加广东、广西、湖北等省份代表团审议时都提出加快新旧动能转换。其中在参加湖北代表团审议时指出，湖北是我国重要的老工业基地，同时集中了大量科研教育机构和人才，要通过市场化方式，使这"两大资源"有机结合起来，加快新旧动能转换。在参加广东代表团审议时提出，希望广东在实施创新驱动上持续发力，大力推动双创，攻克更多关键核心技术，做强先进制造业和现代服务业，加快新旧动能转换，在推动高质量发展上走在前列。在参加广西代表团审议时强调，要以新旧动能加快转换，形成可持续的发展内生动力。

2019年6月，李克强总理在杭州出席2019年全国大众创业万众创新活动周时强调，中国经济发展到今天，必须加快新旧动能转换。

2019年7月，李克强总理在主持召开经济形势专家和企业家座谈会时强调，创造有利条件，催生更多"独角兽企业"、"瞪羚企业"、新领军者企业，加快新动能培育和新旧动能转换。

2019年8月，李克强总理在黑龙江考察时指出，实现东北全面振兴，关键靠改革开放创新，要优化营商环境聚人气，既留住本地人才，也吸引全国人才"再闯关东"来创业创新，不仅要提高大企业的竞争力，还要促进民营中小企业蓬勃发展，推动新旧动能转换。

2017年1月，国务院办公厅印发了《关于创新管理优化服务培育壮大经济发展新动能加快新旧动能接续转换的意见》，提出提高政府服务的能力和水平，探索包容创新的审慎监管制度，激发新生产要素流动的活力，强化支撑保障机制建设。

目前，山东、湖北、吉林等地积极推进新旧动能转换。2018年2月，山东省委、省政府印发了《关于推进新旧动能转换重大工程的实施意见》，山东省政府印发了《山东省新旧动能转换重大工程实施规划》（鲁政发〔2018〕7号）。山东省政府提出以新技术、新产业、新业态、新模式促进产业智慧化、智慧产业化、跨界融合化、品牌高端化（简称"四新"促"四化"）。2018年4月，湖北省政府印发了《关于加快新旧动能转换的若干意见》（鄂政发〔2018〕15号）。2018年7月，吉林省委、省政府印发了《关于以数字吉林建设为引领加快新旧动能转换推动高质量发展的意见》（吉发〔2018〕19号）。

对于地方政府来说，加快新旧动能转换，一要大力发展新技术、新产业、新业态、新模式，培育新动能；二要运用信息化手段改造提升传统产业，推进传统产业数字化转型，改造旧动能；三要逐步淘汰高能耗、高污染产业和低端产业，为战略性新兴产业发展腾出空间。

什么是数字经济

1994年，美国学者唐·泰普斯科特（Don Tapscott）在《数字经济：网络智能时代的希望与危机》（*The Digital Economy: Promise and Peril in The Age of Networked Intelligence*）一书中正式提出了"数字经济"（Digital Economy）这一概念。

数字经济的主要内涵

数字经济是指以使用数字化的知识和信息作为关键生产要素，以现代信息网络作为重要载体，以信息通信技术的有效使用作为效率提升和经济结构优化的重要推动力的一系列经济活动。

数字经济是继农业经济、工业经济之后的主要经济形态，正在开启一次重大的时代转型，带动人类社会生产方式的变革、生产关系的再造、经济结构的重组、生活方式的巨变。

数字经济是典型的新经济。大力发展数字经济，是全球共识，是中央战略部署。工业经济与数字经济的区别如表1-1所示。

表 1-1　工业经济和数字经济的区别

	工业经济	数字经济
生产要素	劳动力、土地、资本	技术、数据、信息、知识
劳动工具	普通机器	数字化设备、计算机、互联网
劳动者	工人	工人、工业机器人
生产方式	机器加工，以产定销	3D打印，以销定产
生产资料所有制	独享	共享
雇佣关系	1-1	1-N
产品形式	标准化	大规模定制
企业资产	厂房、设备、资金	厂房、设备、资金、数据
消费形态	有形（实物）	无形（数据、信息、知识）

对数字经济的认知误区

发展数字经济，领导干部要破除如下一些误区。

（1）误以为发展数字经济就是发展以阿里巴巴、腾讯等企业为代表的互联网企业。随着新一代信息技术的颠覆式创新与融合式发展，当前发展数字经济的重点已经转变为推动互联网、大数据、人工智能和实体经济深度融合，数字经济绝不是特指少数互联网领军企业，而是要大力推进全产业、全主体、全要素、全业务、全渠道的数字化转型。

（2）误以为发展数字经济就是发展互联网、大数据、人工智能等新一代信息技术。实际上，以新一代信息技术与传统产业广泛渗透融合形成的融合部分，才是数字经济的发展主体。

（3）误认为发展数字经济就是推进信息化和工业化深度融合。实际上，数字经济融合部分涵盖全部一、二、三产业，且行业渗透率呈现出三产高于二产、二产高于一产的特征。发展数字经济，不仅要推进信息化和工业化深度融合，还要推进农业农村信息化，推进商贸流通、金融保险、文化旅游和卫生健康等服务业信息化。

（4）误认为发展数字经济只是北京、上海、深圳、杭州等大城市的事情，中小城市没有必要发展数字经济。数字经济包括数字产业化和产业数字化两大方面。对于中小城市来说，推进数字产业化有一定的难度，但推进产业数字化则完全有基础。通过应用数字化技术，可以促进传统产业转型升级。

发展数字经济的重要意义

数字经济正在成为全球新一轮产业变革的核心力量，通过 G20（二十国集团）杭州峰会、"一带一路"国际合作高峰论坛、金砖国家领导人厦门会晤等形成了广泛共识。发展数字经济的重大意义突出体现在以下三个方面。

（1）数字经济是人类社会发展新的历史阶段。当前，数字经济已经成为引领科技革命和产业变革的核心力量，人类社会正在进入以数字化生产力为主要标志的新阶段。数字经济不仅在生产力层面推动劳动工具数字化、劳动对象服务化、劳动机会大众化，而且在生产关系层面促进资源共享化、组织平台化等。数字经济将成为继农业经济、工业经济之后人类历史发展的一个新的历史阶段，将带动人类社会发展方式的变革、生产关系的再造、经济结构的重组和生活方式的巨变。

（2）数字经济是全球经济一体化的重大机遇。随着世界经济结构经历深刻调整，许多国家都在寻找新的经济增长点，以期在未来发展中继续保持竞争优势，更有效地提高资源利用效率和劳动生产率。在全球范围内，跨越发展新路径正逐步形成，新的产业和经济格局正在孕育，数字经济对全球经济增长的引领带动作用不断显现。发展数字经济已在国际社会凝聚了广泛共识，为促进加深各国务实合作，构建以合作共赢为核心的新型国际关系提供了重大机遇。

（3）数字经济是推动高质量发展的重要支撑。数字经济的发展以数据作为关键生产要素，将有效驱动劳动力、资本、土地、技术、管理等要素网络化共享、集约化整合、协作化开发和高效化利用。同时，促进新一代信息技术加速与经济社会各领域深度融合，孕育了新技术、新产业、新业态和新模式，成为驱动生产方式变革的新动力。发展数字经济将进一步减少信息流动障碍，提升经济运行效率和全要素生产率，提高供需匹配效率，有效推动高质量发展。

数字经济的相关基础理论

数字经济的基础理论包括信息论、信息经济学理论等。信息论是运用概率论与数理统计方法研究信息、信息熵、通信系统、数据传输、密码学等问题的应用数学。1948年，美国数学家香农发表《通信的数学理论》。系统论、控制论和信息论被称为系统科学的"老三论"。

信息经济学主要研究信息的成本和价格、信息不对称等问题。1961年，美国经济学家约瑟夫·斯蒂格利茨发表《信息经济学》，研究了信息的价值及其对价格、工资等的影响。他认为获取信息需要成本，不完备的信息会导致资源的不合理配置。1996年的诺贝尔经济学奖授予了英国剑桥大学的詹姆斯·莫里斯教授和美国哥伦比亚大学的威廉·维克里教授，以表彰他们对信息经济学研究做出的贡献。2001年的诺贝尔经济学奖授予了约瑟夫·斯蒂格利茨、乔治·阿克尔洛夫、迈克尔·斯宾塞三位美国经济学家，以表彰他们从20世纪70年代开始在使用不对称信息进行市场分析方面所做出的贡献。

数字经济发展对传统经济学产生了一定的冲击，如大数据产业对传统成本理论的颠覆，共享经济对传统产权理论的颠覆，跨界竞争对传统市场竞争理论的颠覆。互联网、大数据可以在一定程度上消除或减少"信息不对称"，市场可以在某种程度上成为一只看得见的手。

传统经济学发展的历史背景是工业社会，而现在人类已经进入信息社会，需要修正原有的经济学理论，重新构建新的经济学理论。

习近平总书记对数字经济的重要论述

党的十八大以来，习近平总书记对数字经济做了一系列重要论述，为我国数字经济发展指明了方向。

2015年12月，国家主席习近平在第二届世界互联网大会上指出，我们愿意同各国加强合作，通过发展跨境电子商务、建设信息经济示范区等，促进世界范围内投资和贸易发展，推动全球数字经济发展。

2016年9月，国家主席习近平在G20工商峰会开幕式上发表主旨演讲，指出中方把创新增长方式设定为杭州峰会重点议题，推动制定《二十国集团创新增长蓝图》，目的就是要向创新要动力，向改革要活力，把握创新、新科技革命和产业变革、数字经济的历史性机遇，提升世界经济中长期增长潜力。

2016年10月，习近平总书记在主持中央政治局第三十六次集体学习时强调，世界经济加速向以网络信息技术产业为重要内容的经济活动转变。我们要把握这一历史契机，以信息化培育新动能，用新动能推动新发展。要加大投入，加强信息基础设施建设，推动互联网和实体经济深度融合，加快传统产业数字化、智能化，做大做强数字经济，拓展经济发展新空间。

2017年9月，国家主席习近平在金砖国家工商论坛开幕式上强调，要把握新工业革命的机遇，以创新促增长、促转型，积极投身智能制造、互联网+、数字经济、共享经济等带来的创新发展浪潮，努力领风气之先，加快新旧动能转换。

2017年11月，国家主席习近平在亚太经合组织工商领导人峰会表示，我们将推动互联网、大数据、人工智能和实体经济深入融合，在数字经济、共享经济、清洁能源等领域培育新的增长动能。

2017年12月，习近平总书记在主持中央政治局第二次集体学习时强调，要构建以数据为关键要素的数字经济。建设现代化经济体系离不开大数据发展和应用。我们要坚持以供给侧结构性改革为主线，加快发展数字经济，推动实体经济和数字经济融合发展，推动互联网、大数据、人工智能同实体经济深度融合，继续做好信息化和工业化深度融合这篇大文章，推动制造业加速向数字化、网络化、智能化发展。要深入实施工业互联网创新发展战略，系统推进工业互联网基础设施和数据资源管理体系建设，发挥数据的基础资源作用和创新引擎作用，加快形成以创新为主要引领和支撑的数字经济。

2018年4月，习近平总书记在全国网络安全和信息化工作会议上强调，要发展数字经济，加快推动数字产业化，依靠信息技术创新驱动，不断催生新产业新业态新模式，用新动能推动新发展。要推动产业数字化，利用互联网新技术新应用对传统产业进行全方位、全角度、全链条的改造，提高全要素生产率，释放数字对经济发展的放大、叠加、倍增作用。要推动互联网、大数据、人工智能和实体经济深度融合，加快制造业、农业、服务业数字化、网络化、智能化。要以"一带一路"建设等为契机，加强同沿线国家特别是发展中国家在网络基础设施建设、数字经济、网络安全等方面的合作，建设21世纪数字丝绸之路。

2018年5月，习近平总书记在两院院士大会上强调，要推进互联网、大数据、人工智能同实体经济深度融合，做大做强数字经济。要以智能制造为主攻方向推动产业技术变革和优化升级，推动制造业产业模式和企业形态根本性转变，以"鼎新"带动"革故"，以增量带动存量，促进我国产业迈向全球价值链中高端。

2018年8月，国家主席习近平在致首届中国国际智能产业博览会的贺信中指出，中国高度重视创新驱动发展，坚定贯彻新发展理念，加快推进数字产业化、产业数字化，努力推动高质量发展、创造高品质生活。

2018年11月，国家主席习近平在致第五届世界互联网大会的贺信中强调，为世界经济发展增添新动能，迫切需要我们加快数字经济发展，推动全球互联网治理体系向着更加公正合理的方向迈进。

2019年5月22日，习近平总书记在江西考察时指出，要聚焦主导产业，加快培育新兴产业，改造提升传统产业，发展现代服务业，抢抓数字经济发展机遇。

2019年5月26日，国家主席习近平在致中国国际大数据产业博览会的贺信中指出，中国高度重视大数据产业发展，愿同各国共享数字经济发展机遇，通过探索新技术、新业态、新模式，共同探寻新的增长动能和发展路径。

2019年8月26日，国家主席习近平在致第二届中国国际智能产业博览会的贺信中强调，中国高度重视智能产业发展，加快数字产业化、产业数字化，推动数字经济和实体经济深度融合。

国家出台的数字经济相关政策法规

党的十八大以来，党中央、国务院和有关部委出台了一系列数字经济方面的政策法规，推动了我国数字经济的发展。

1. 综合性政策

2018年7月，国务院制定了《国家数字经济发展战略纲要》。2018年9月，国家发改委等19个部委联合出台了《关于发展数字经济稳定并扩大就业的指导意见》，提出加快培育数字经济新兴就业机会，持续提升劳动者数字技能，大力推进就业创业服务数字化转型，不断完善政策法律体系，着力健全保障措施。

2. 新一代信息技术产业相关政策

2013年2月，国务院印发了《关于推进物联网有序健康发展的指导意见》。2015年1月，国务院印发了《关于促进云计算创新发展培育信息产业新业态的意见》。2015年2月，工业和信息化部制定了《国家增材制造产业发展推进计划（2015—2016年）》。2015年8月底，国务院印发了《促进大数据发展行动纲要》。2016年5月，国家发改委印发了《"互联网+"人工智能三年行动实施方案》。2017年1月，中共中央办公厅、国务院办公厅印发了《关于促进移动互联网健康有序发展的意见》。2018年12月，工业和信息化部制定了《关于加快推进虚拟现实产业发展的指导意见》。

3. "互联网+"相关政策

2015年7月，国务院印发了《关于积极推进"互联网+"行动的指导意见》。2016年2月，国家发改委、国家能源局、工业和信息化部联合出台了《关于推进"互联网+"智慧能源发展的指导意见》。2016年4月，国务院办公厅印发了《关于深入实施"互联网+流通"行动计划的意见》。2016年4月，农业部制定了《"互联网+"现代农业三年行动实施方案》。2016年5月，国务院印发了《关于深化制造业与互联网融合发展的指导意见》。2017年11月，国务院印发了《关于深化"互联网+先进制造业"发展工业互联网的指导意见》。2018年4月，国务院办公厅印发了《关于促进"互联网+医疗健康"发展的意见》。

4. 电子商务相关政策

2015年5月，国务院出台了《关于大力发展电子商务加快培育经济新动力的意见》。2015 年 6 月，国务院办公厅印发了《关于促进跨境电子商务健康快速发展的指导意见》。2015 年 10 月底，国务院办公厅印发了《关于促进农村电子商务加快发展的指导意见》。

具体政策，如表 1-2 所示。

表 1-2　2013—2019 年国家出台的数字经济相关政策文件

发布时间	文件名称	文号
2013 年 2 月 5 日	国务院关于推进物联网有序健康发展的指导意见	国发〔2013〕7 号
2013 年 8 月 1 日	国务院关于印发宽带中国战略及实施方案的通知	国发〔2013〕31 号
2013 年 8 月 8 日	国务院关于促进信息消费扩大内需的若干意见	国发〔2013〕32 号
2013 年 9 月 26 日	国务院办公厅关于印发国家卫星导航产业中长期发展规划的通知	国办发〔2013〕97 号
2014 年 1 月 22 日	国务院办公厅关于促进地理信息产业发展的意见	国办发〔2014〕2 号
2014 年 2 月 26 日	国务院关于推进文化创意和设计服务与相关产业融合发展的若干意见	国发〔2014〕10 号
2015 年 1 月 30 日	国务院关于促进云计算创新发展培育信息产业新业态的意见	国发〔2015〕5 号
2015 年 2 月 11 日	国家增材制造产业发展推进计划（2015—2016 年）	工信部联装〔2015〕53 号
2015 年 5 月 7 日	国务院关于大力发展电子商务加快培育经济新动力的意见	国发〔2015〕24 号
2015 年 5 月 8 日	国务院关于印发《中国制造 2025》的通知	国发〔2015〕28 号
2015 年 5 月 20 日	国务院办公厅关于加快高速宽带网络建设推进网络提速降费的指导意见	国办发〔2015〕41 号

（续表）

发布时间	文件名称	文号
2015年6月20日	国务院办公厅关于促进跨境电子商务健康快速发展的指导意见	国办发〔2015〕46号
2015年7月1日	国务院办公厅关于运用大数据加强对市场主体服务和监管的若干意见	国办发〔2015〕51号
2015年7月4日	国务院关于积极推进"互联网+"行动的指导意见	国发〔2015〕40号
2015年7月18日	中国人民银行等十部委《关于促进互联网金融健康发展的指导意见》	银发〔2015〕221号
2015年8月25日	国务院办公厅关于印发三网融合推广方案的通知	国办发〔2015〕65号
2015年8月31日	国务院关于印发促进大数据发展行动纲要的通知	国发〔2015〕50号
2015年9月18日	国务院办公厅关于推进线上线下互动加快商贸流通创新发展转型升级的意见	国办发〔2015〕72号
2015年10月26日	国务院办公厅关于加强互联网领域侵权假冒行为治理的意见	国办发〔2015〕77号
2015年10月31日	国务院办公厅关于促进农村电子商务加快发展的指导意见	国办发〔2015〕78号
2016年2月24日	国家发展改革委、国家能源局、工业和信息化部关于推进"互联网+"智慧能源发展的指导意见	发改能源〔2016〕392号
2016年3月21日	机器人产业发展规划（2016—2020年）	工信部联规〔2016〕109号
2016年4月15日	国务院办公厅关于深入实施"互联网+流通"行动计划的意见	国办发〔2016〕24号
2016年4月22日	关于印发《"互联网+"现代农业三年行动实施方案》的通知	农市发〔2016〕2号
2016年5月12日	国家创新驱动发展战略纲要	中发〔2016〕4号

（续表）

发布时间	文件名称	文号
2016年5月13日	国务院关于深化制造业与互联网融合发展的指导意见	国发〔2016〕28号
2016年5月18日	"互联网+"人工智能三年行动实施方案	发改高技〔2016〕1078号
2016年7月27日	国家信息化发展战略纲要	中办发〔2016〕48号
2016年10月12日	信息化和工业化融合发展规划（2016—2020年）	工信部规〔2016〕333号
2016年11月29日	"十三五"国家战略性新兴产业发展规划	国发〔2016〕67号
2016年12月15日	"十三五"国家信息化规划	国发〔2016〕73号
2016年12月18日	软件和信息技术服务业发展规划（2016—2020年）	工信部规〔2016〕425号
2016年12月18日	大数据产业发展规划（2016—2020年）	工信部规〔2016〕412号
2017年1月15日	中共中央办公厅、国务院办公厅关于促进移动互联网健康有序发展的意见	
2017年1月24日	工业和信息化部关于进一步推进中小企业信息化的指导意见	工信部企业〔2016〕445号
2017年7月8日	新一代人工智能发展规划	国发〔2017〕35号
2017年7月21日	国务院关于强化实施创新驱动发展战略进一步推进大众创业万众创新深入发展的意见	国发〔2017〕37号
2017年11月19日	国务院关于深化"互联网+先进制造业"发展工业互联网的指导意见	
2018年4月25日	国务院办公厅关于促进"互联网+医疗健康"发展的意见	国办发〔2018〕26号
2018年7月	国家数字经济发展战略纲要	密件

（续表）

发布时间	文件名称	文号
2018年9月18日	关于发展数字经济稳定并扩大就业的指导意见	发改就业〔2018〕1363号
2018年12月21日	工业和信息化部关于加快推进虚拟现实产业发展的指导意见	工信部电子〔2018〕276号
2019年5月16日	数字乡村发展战略纲要	
2019年8月1日	国务院办公厅关于促进平台经济规范健康发展的指导意见	国办发〔2019〕38号

如何以数字经济引领地方高质量发展

对于地方政府来说，发展数字经济，一方面要推进产业数字化，运用互联网、物联网、云计算、大数据、人工智能、3D打印、虚拟现实等数字化技术改造提升传统产业，推动工业、农业、服务业数字化转型和企业数字化转型；另一方面要推进数字产业化，发展物联网、云计算、大数据、人工智能、3D打印、虚拟现实、区块链等新一代信息技术产业以及数字内容产业、数字创意产业、电子信息制造业、软件和信息服务业、通信业，发展网络经济、共享经济、智能经济，培育数字产业集群。

夯实数字经济发展基础

落实"宽带中国"战略，加快构建高速、移动、安全、泛在的新一代信息基础设施。推进城域网扩容升级，使城市家庭普遍具备1000兆以上的接入服务能力，农村家庭普遍具备100兆的接入服务能力。有序推进城区、镇区、景区、园区、校区、机场、车站、码头、商圈等公共区域免费 Wi-Fi 覆盖，建设无线城市，推进三网融合，开展 5G（第五代移动通信技术）商用化。建立政务数据资源交换平台，推动跨部门信息共享和业务协同。建设大数据中心和政府数据网站，依法依规开放公共数据资源，促进数据资源社会化开发利用。做好涉及国家安全、商业机密和个人隐私数据的安全防护工作，避免信息泄露，保障数据安全。

推动互联网、大数据、人工智能与实体经济深度融合发展

围绕当地主导产业和特色优势产业，实施"互联网+"行动计划，推广应用物联网、云计算、移动互联网、大数据、人工智能等新一代信息技术，推动企业生产方式、管理方式和商业模式创新，发展新业态、新模式，促进传统产业转型升级。

（1）推动工业数字化转型。引导企业应用工业互联网和工业机器人，发展智能制造、网络化协同制造、大规模定制、服务型制造、云制造等先进制造业。鼓励企业加强技术改造和信息化建设，全面提升研发设计、生产制造、经营管理、市场营销、售后服务等环节的数字化、智能化水平，构建智慧企业，促进决策科学化和合理化、管理精细化和精准化、服务主动化和人性化，优化人、财、物等资源配置，降低生产经营成本。通过发展 B2B（企业对企业）电子商务和产业互联网，打通产业链上下游，完善供应链体系。

（2）推动农业数字化转型。推动"互联网+农业"、农业大数据发展，建设智能大棚、数字化养殖车间等，发展设施农业、精准农业、智慧农业等新型农业。结合乡村振兴战略，发展农村电子商务，推动农产品上行，促进农民增收。鼓励农民通过电子商务平台团购化肥、农药、农机具等农业生产资料。

（3）推动服务业数字化转型。大力发展电子商务、无车承运、智慧旅游、智慧医疗、网络教育等，规范发展互联网金融。结合"一带一路"倡议，发展跨境电子商务。结合脱贫攻坚战，开展电商扶贫。发展新零售，促进消费升级。发展服务类电子商务和共享经济，促进平面设计、专利代理等生产性服务和餐饮住宿、美容美体等生活性服务供需对接。培育和发展无车承运人，促进物流资源供需对接，减少货运汽车空驶率。发展智慧旅游，开展旅游目的地网络营销，为游客随时随地提供一体化信息服务。

优化数字经济发展环境

明确数字经济主管部门，或组建新的数字经济管理机构。加强地方党委对本地区数字经济发展工作的领导，加强相关政府部门之间的统筹协调，形成数字经济发展合力。研究制定数字经济政策法规，组织编制数字经济发展规划，明确今后一段时间本地区数字经济发展的指导思想、基本原则、发展目标、主攻方向、产业布局、主要任务、重点工程和保障措施，明确有关政府部门的任务分工。加大数字经济领域的资金投入，财政资金重点支持数字经济领域的好企业、好项目，支持数字经济园区、基地等发展载体建设，筑巢引凤。深化"放管服"改革，优化营商环境，大力开展招商引资、招才引智。引进一批数字经济领域的企业、项目，促进数字经济集聚发展。与高校、科研院所联合成立数字经济相关科研机构、成果转化机构，引进数字经济领域的高端人才、专业技术人员等，培养数字经济领域的复合型人才，完善数字经济的人才梯队。当地新闻媒体要广泛宣传数字经济，加强对典型企业、典型项目、典型人才的报道，营造良好的社会氛围。把数字经济纳入地方党校（行政学院）的教学内容，邀请专家学者解读数字经济政策，讲解数字经济发展对策。

第二章
贯彻新发展理念的
互联网思维

党的十九大指出，必须坚定不移地贯彻创新、协调、绿色、开放、共享的发展理念。我国已经进入互联网时代，贯彻落实"创新、协调、绿色、开放、共享"五大发展新理念，必须树立互联网思维。本章从"互联网＋科技"、"互联网＋知识产权"、新型智慧城市、跨境电子商务、"互联网＋生态文明"、共享经济和"互联网＋扶贫"等方面论述了贯彻新发展理念的互联网思维。

在贯彻五大发展理念过程中树立互联网思维

互联网发展历程

1969年，美国国防部高级研究计划局（Advanced Research Projects Agency，ARPA）建立了阿帕网（ARPANET），标志着互联网的诞生。1983年，ARPA和美国国防部通信局成功研制了用于异构网络的TCP/IP协议，标志着现代意义互联网的出现。1989年，WWW出现。1991年，美国三家公司分别经营的CERFnet、PSInet和Alternet网络，可以在一定程度上向客户提供互联网服务，标志着互联网进入商业化应用时代。

1994年4月20日，中国接入国际互联网，成为国际互联网大家庭中的第77个成员，中国正式进入互联网时代。1995年，邮电部开始提供互联网接入服务，中国出现第一家互联网企业——瀛海威。1996年，中国出现第一个网吧——北京实华开网络咖啡屋。1999年，

"政府上网工程"启动，中华网在美国纳斯达克上市。2000年，"企业上网工程"启动。2001年底，中国十大骨干互联网签署互联互通协议，中国网民可以便捷地跨地区访问互联网。2003年，中国下一代互联网示范工程启动。2004年，中国顶级域名.CN服务器IPv6（互联网协议第6版）地址成功登录到全球域名根服务器。2008年，我国网民总人数首次跃居世界第一，宽带网民数量居世界第一，国家顶级域名.CN注册量居世界第一。2009年,3G(第三代移动通信技术）牌照发放，标志着中国进入移动互联网时代。2013年，4G（第四代移动通信技术）牌照发放。

根据中国互联网络信息中心发布的第44次《中国互联网络发展状况统计报告》。截至2019年6月，我国网民规模达8.54亿，互联网普及率达61.2%；我国手机网民规模达8.47亿，网民使用手机上网的比例达99.1%。我国IPv6地址数量为50286块/32，IPv6活跃用户数达1.3亿；域名总数为4800万个，其中".CN"域名总数为2185万个，占我国域名总数的45.5%。

近10年来，中国互联网快速发展，但与美国等发达国家相比，依然存在不小差距。例如，在互联网普及率方面，美国在2013年就达到了87%。在互联网方面，中国依然处于被动应对的战略弱势。在关键核心技术领域，中国受制于人的局面没有根本改变。芯片已经超过石油成为中国第一大进口货物。美国等西方国家依然掌握着根服务器等互联网核心资源。中国电子信息产业基础差，工艺落后，产能不足，而进口设备和元器件存在漏洞、"后门"的网络安全隐患。

互联网为经济发展提供了新动力。2017年，全球数字经济规模达12.9万亿美元，约占全球GDP的16%。发展数字经济成为许多国家的共识，互联网成为大国战略和优先方向。根据世界银行的测算，互联网普及率每提高10%，GDP可增加1.38个百分点。要致富，先修路；要发展，先通网。各级地方政府要尽快提高当地的互联网普及率，加强网络基础设施建设，特别是农村地区的网络基础设施建设，提高农村互联网普及率。因此，要把提高农村互联网普及率作为实施乡村振兴战略、打赢精准脱贫攻坚战的重要内容。

  现在人类已经进入互联网时代这样一个历史阶段，这是一个世界潮流，而且这个互联网时代对人类的生活、生产、生产力的发展都具有很大的进步推动作用。[①]

——2012年12月13日，习近平总书记在深圳腾讯公司考察时的讲话

  互联网的发展趋势是宽带化、无线化、融合化、免费上网、虚实结合。随着"宽带中国"战略的实施，我国网速将越来越快。随着5G网络的发展，移动互联网将成为主流网络接入方式，网络将无处不在。随着"互联网+"行动计划的实施，互联网将与各行各业、各个领域深度融合。

互联网思维

  互联网思维是指在互联网时代，企业对市场、用户、产品、产业链、价值链乃至整个商业生态圈进行重新思考，创新商业模式。

1.免费思维

  在互联网行业流传着这么一句话，"羊毛出在猪身上，让狗买单"。通过让用户免费使用，互联网企业可以吸引大量用户。有了大量用

[①] 资料来源：张洋，向着网络强国扬帆远航——推进网络安全和信息化工作综述，参见《人民日报》（2017年11月27日1版）。

户，互联网企业可以通过广告、增值服务等来赢利。其实，免费是为了更好地收费。互联网企业前期大量"烧钱"，吸引用户，等用户数量达到"临界点"，企业就可以赢利。免费是互联网行业快速崛起的重要原因，也是颠覆其他行业的利器。例如，奇虎360推出免费的杀毒服务，颠覆了传统杀毒软件行业。腾讯微信的出现对传统电信行业造成了一定冲击。

2. 跨界思维

在互联网时代，互联网企业可以跨越行业界线，从互联网行业进入其他行业。传统企业的竞争对手不再单纯来自本行业，而是很可能来自互联网等其他行业。例如，谷歌和百度公司原本是提供搜索服务的互联网企业，推出无人驾驶汽车之后，就进入了汽车制造行业。福特公司的竞争对手不再只是大众、丰田等传统汽车制造企业，还包括像谷歌这样的互联网企业。腾讯微信的出现使中国移动感到竞争对手不再只是中国电信和中国联通。

3. 用户思维

对于政府，"得民心者得天下"；对于企业，"得用户者得天下"。企业生产经营要以用户为中心，让用户有获得感。例如，在产品研发设计阶段就让用户参与，根据用户意见改进产品功能、性能和外观设计。小米公司的成功在很大程度上是由于让用户参与产品研发设计。企业推出的产品要让用户用起来舒心，有很好的体验。

4. 社会化思维

截至2018年12月底，我国网民规模达8.29亿。企业要善于利用网民的力量。例如，通过微博、微信开展口碑营销，把粉丝变为客户。通过互联网开展众包、众筹，把一些工作外包给网民，解决企业员工短缺问题，降低企业用工成本；把技术难题通过互联网进行悬赏，寻找解决技术难题的高手，解决企业研发部门人员数量和水平有限的问题。

5. 大数据思维

企业决策要用数据说话,而不是凭经验"拍脑袋"。例如,通过建立商务智能(BI)系统,促进决策科学化。企业管理要做到精细化、精准化,也要借助于数据分析。例如,通过大数据分析,可以发现企业生产经营成本分布情况,有针对性地采取措施降低成本。随着互联网融入人们的工作、生活,互联网上有大量用户信息。企业运用大数据可以分析市场行情,分析用户网上购物等行为,开展精确营销。在大数据时代,数据将成为企业的重要资产。

6. 平台思维

如果说网络是连接线,平台则是中枢。平台经济是未来经济发展模式,平台企业可以有效整合资源。平台的特点是开放、共享、共赢,运用平台思维,可以构建一个多方共赢的商业生态圈。马云在第一届世界互联网大会就曾说过,阿里做的不是"生意",而是"生态"。大型互联网企业几乎都是平台企业。苹果 iPhone 手机的成功,不只是由于其外观和手感,而是其特有的 iTunes,整合了许多软件、音乐、游戏、图书等资源。在美国,许多好莱坞大片、音乐都通过 iTunes 来发行。iTunes 使苹果公司不再是单纯的手机、电脑等硬件制造商,而是软件和信息服务商。在产品过剩时代,往往是"渠道为王"。苹果公司掌控着互联网时代的商业渠道,使其不但拥有强大的竞争力,而且获得了丰厚的利润回报。在互联网时代,员工不再是"打工仔",而可以被称为公司的合作伙伴。例如,海尔集团等运用平台思维,让企业成为员工创业平台,激发了员工的创造力。

7. 简约思维

企业在产品设计方面,要力求简约。产品功能要简洁明了,让用户一学就会,用起来特别方便。苹果 iPhone、iPad、iPod 等产品设计都十分简约,让用户爱不释手,吸引了大量粉丝。

8. 极致思维

企业,特别是中小企业,一定要专注,拥有核心竞争力。要把产品和服务的品质做到极致,在细节方面超越竞争对手,让产品超越用户的心理预期,推出让用户"尖叫"的产品。瑞士手表之所以出名,就是因为瑞士企业把手表做到了极致,把手表打造成奢侈品,让它们成为身份的象征。乔布斯对苹果 iPhone 手机的要求近乎苛刻,为了使 iPhone 手机更薄就花费了几百万美元。

9. 迭代思维

在工业社会,一般是"大鱼"吃"小鱼",即大企业挤垮或吞并小企业。而在信息社会,则是"快鱼"吃"慢鱼",即快速响应市场需求的企业往往胜出,对市场反应迟钝的企业往往很快走向没落甚至破产。现在市场形势瞬息万变,如果企业墨守成规,等按部就班推出产品,黄花菜都凉了。因此,面对市场需求和商业机会,企业出手要快。要抢先竞争对手一步拿出产品,再根据市场反馈不断完善产品。就像软件开发,一个版本一个版本不断升级,就成了经典产品。

10. 流量思维

在互联网时代,流量意味着体量,体量意味着分量,流量意味着金钱。互联网企业的网络流量高,往往说明该企业的用户数量多、规模大、黏度高。在融资、估值的时候,网络流量高的互联网企业往往容易获得融资,估值也高。网络流量高的互联网企业,往往把住了用户的互联网入口。例如,百度占据了网络搜索的入口,阿里、京东占据了网上购物的入口,腾讯占据了即时通信的入口,新浪、搜狐占据了在线阅读新闻的入口。企业要想获得高的网络流量,就要把住某个细分领域的互联网入口,让人们想干某事时就想到你的网站。

实施"互联网+"行动计划

2015年3月,李克强总理在政府工作报告中提出制订"互联网+"行动计划,推动移动互联网、云计算、大数据、物联网等与现代制造业结合,促进电子商务、工业互联网和互联网金融健康发展。

"互联网+"是把互联网的创新成果与经济社会各领域深度融合,推动技术进步、效率提升和组织变革,提升实体经济创新力和生产力,形成更广泛的以互联网为基础设施和创新要素的经济社会发展新形态。

"+"指的是融合、创新和改变,即互联网与各行各业、各个领域融合,创新商业模式和政府管理方式,改变人们的生产和生活。

2015年7月,国务院印发了《国务院关于积极推进"互联网+"行动的指导意见》(国发〔2015〕40号),确定了创业创新、协同制造、现代农业、智慧能源、普惠金融、益民服务、高效物流、电子商务、便捷交通、绿色生态和人工智能11个"互联网+"重点行动。在保障支撑方面,提出夯实发展基础,强化创新驱动,营造宽松环境,拓展海外合作,加强智力建设,加强引导支持,做好组织实施。

各地推动"互联网+"发展要因地制宜,不能照搬照抄。要着重推动"互联网+"与当地主导产业、支柱产业、特色优势产业的融合,促进区域经济发展。要着力通过"互联网+"来解决当地遇到的主要问题,如交通拥堵、台风、洪涝灾害和地震等。

在推动"互联网+"与行业融合时,要充分考虑行业之间差异。有些行业非常适合"互联网+",这些行业往往具有以下特点:一是需要消除需求者和供给者之间的信息不对称,促进供需对接,如出租车、餐饮、废旧物资回收、家政服务等行业;二是通过互联网可以提高交易效率，降低交易成本，如商贸流通、金融、旅游等行业；三是产品或服务适合在网上传输的行业，如新闻出版、广播电视、影视娱乐、广告等行业；四是产品可以嵌入物联网技术，实现远程控制、在线运维的行业，如汽车、家电、机械装备等行业；五是可以利用物联网、大数据技术对生产流程进行监控、优化的行业，如纺织服装、食品饮料、钢铁、水泥和化工等行业。

贯彻五大发展理念的互联网思维

在创新发展方面，党的十八届五中全会提出实施网络强国战略，实施"互联网+"行动计划，发展分享经济，实施国家大数据战略。根据世界经济论坛发布的《2018年全球信息技术报告》，我国在商业和创新环境、基础设施和数字内容、个人应用方面排名比较靠后。为此，要尽快改善互联网商业和创新环境，夯实网络基础设施，发展数字内容产业，提高个人互联网应用水平。

要推动"互联网+"，促进传统产业升级改造，创新公共产品和公共服务供给，培育和发展互联网产业。发展共享经济，要放管结合：一方面要破除制度性障碍，为共享经济发展开"绿灯"；另一方面，要创新政府管理模式，促进共享经济规范、健康发展。

实施国家大数据战略，目前的障碍不在于政策、技术、资金、人才，而在于法律法规不完善、大数据相关立法滞后。要尽快制定国家层面的政府信息共享条例及其实施细则，为构建整体政府提供数据支撑。制定国家层面的公共数据资源开放条例及其实施细则，使公共数据资源开放有法可依。制定国家层面的数据保护法，加强对政府机密、企业商业秘密和个人隐私的保护，避免大数据被滥用。

推动"互联网+科技"发展，以"互联网+"推进科技信息公开、科技资源共享和科技模式创新。推动"互联网+知识产权"发展，以信息化支撑知识产权创造、运用、保护、管理和服务全过程。推动"互联网+农业"发展，以农业物联网和农产品电子商务等促进农业现代化。发展智能制造和工业互联网，迎接"第四次工业革命"，促进工业转型升级。以"互联网+"促进服务业商业模式创新，大力发展电子商务、互联网金融和现代信息服务业。推动"互联网+政务"发展，以信息化支撑"简政放权、放管结合、优化服务"改革，提高行政效能。以大数据促进宏观调控决策科学化，提高对宏观经济的驾驭能力。

延伸阅读：熊彼特的创新理论和"互联网+"

奥地利经济学家熊彼特认为，所谓创新就是"建立一种新的生产函数"，即"生产要素的重新组合"，即把一种从来没有的关于生产要素和生产条件的"新组合"引进生产体系，以实现对生产要素或生产条件的"新组合"。所谓"经济发展"，就是指整个资本主义社会不断地实现这种"新组合"，或者说资本主义的经济发展就是这种不断创新的结果。周期性经济波动正是起因于创新过程的非连续性和非均衡性，不同的创新对经济发展产生不同影响，由此形成时间各一的经济周期。他认为创新是生产过程中内生的，创新是一种"革命性"变化，创新同时意味着毁灭，创新必须能够创造出新的价值，创新是经济发展的本质规定，创新的主体是"企业家"[①]。

在信息社会，信息也是生产要素。"互联网+"为生产要素的重新组合提供了便利，促进了生产方式和商业模式创新。目前，"互联网+"的颠覆性在商贸、电信、出版、传媒、出租车等行业已经显现，是一种典型的破坏性创新。

在协调发展方面，党的十八届五中全会提出"促进新型工业化、信息化、城镇化、农业现代化同步发展"。要通过推动信息化与工业化深度融合，走新型工业化道路。通过发展智慧城市，走新型城镇化道路。通过发展农业物联网、智慧农业，促进农业现代化。通过电子商务实现"工业品下乡、农产品进城"的便利化，促进城乡区域协调发展。通过电子商务弥补偏远地区的区位劣势，推动区域协调发展。

---

① 阮青.熊彼特的创新理论[J].学习时报，2006年6月5日.

推动"互联网＋文化"、"互联网＋智库"等发展，提升国家软实力。以"互联网＋"推动社会信用体系建设，促进政务诚信、商务诚信、社会诚信和司法公信。加强网络宣传工作，弘扬正能量，净化网络空间。推动军事和民用信息技术产品双向流动，促进军民融合。

在绿色发展方面，以"互联网＋"推进生态文明建设。推动"互联网＋环保"发展。以"互联网＋"开展生态环境动态监测，在线发布实时生态环境信息和生态环境预警预报信息，让人民群众感知生态环境。以"互联网＋"促进公众参与生态环境管理和保护，使生态环境管理走向生态环境协同治理。以"互联网＋"完善废旧资源回收和处理体系，发展废旧资源电子商务，促进循环经济发展。通过推动信息化与工业化深度融合，促进工业领域的节能减排。通过信息化对煤炭、钢铁、有色金属、石油石化、化工、建材、造纸等高能耗、高污染行业进行升级改造，减少相关企业的能源消耗和污染物排放。利用信息化手段对企业能耗情况进行实时监测，开展合同能源管理。建立和完善工业企业污染源自动监测系统，对工业企业废水、废气排放情况进行实时监测。建设能源、水资源、污染物排放和碳排放电子交易平台，通过市场化手段对用能权、用水权、排污权、碳排放权进行优化配置。利用大数据加强生态环境监测和灾害风险评估。推动"互联网＋林业"发展，发展林业物联网和林产品电子商务。

延伸阅读：新明珠以信息化促进节能减排

近年来，新明珠陶瓷集团（以下简称"新明珠"）探索出了一套利用信息化促进节能减排的有效模式，在节能减排、清洁生产上取得了明显成效。

建陶行业是能耗大户。传统建陶生产企业采用的都是直供电，存在电压不稳定、电力品质差、功率低、电能利用率低等问题。新明珠通过对抛光砖生产系统进行自动变频改造，在变压器、球磨机等主要设备上增设相应的专用节电控制器、变频器及节电系统等，采用电磁平衡技术、变频调速技术和可编程控制（PLC）技术，提高了设备运行质量，减少了线路损耗，综合节电率可达到 7%～10%。

新明珠的电脑自动化恒温控制辊道窑（见图2-1）能够科学精准地控制产品烧成过程的温度，在节约能源的同时，产品质量也更加稳定。这种窑具有炉温均匀性好、热效率高、控温精度高、自动化程度高、产品烧成质量好等优势，单位产品能耗比以前下降了20%～30%。

图 2-1　新明珠电脑自动化恒温控制辊道窑

新明珠通过工艺流程优化及对烟气排放量进行实时在线自动监控，厂区内烟尘排放浓度控制在 80mg/m^3 以下，二氧化硫排放浓度控制在 100 mg/m^3 以下，大大优于国家标准。

在开放发展方面，大力发展跨境电子商务，完善电子口岸平台，提高通关效率，扩大外贸和出口，使我国经济深度融入世界经济。通过发展跨境电子商务，加强与"一带一路"沿线国家和地区的经贸往来。深化商务、海关、检验检疫、海事等部门的信息化应用，实现进出口相关部门的信息共享和业务联动。推广应用物联网、云计算、移动互联网、大数据等新一代信息技术，发展智慧商务、智慧海关、智慧国检、智慧海事等。建立和完善进出口企业信息服务体系，为进出口企业提供海外政策法规、商务环境、信用状况、风土人情等方面的信息服务。在电子政务、智能制造、新硬件等信息化和信息通信技术（ICT）产业方面，加强中国与发达国家的交流与合作，加强内地与香港、澳门、台湾的交流与合作。积极参与全球互联网治理体系建设，提高我国在互联网领域的国际话语权。寻求国际支持，争取国际互联网根服务器落户中国。积极参与互联网治理领域的国际立法工作和互联网国际标准制定工作。

在共享发展方面，利用信息化手段提高公共服务水平，保障和改善民生。建立和完善贫困家庭数据库、扶贫信息平台，推动"互联网+扶贫"发展。通过大数据实现精准扶贫，通过互联网开展信息扶贫，以信息化促进扶贫工作规范化。发展智慧教育和以慕课（MOOC）为代表的"互联网+教育"，建设智慧学校，利用信息化手段扩大优质教育资源覆盖面，缩小区域、城乡、校际差距，促进教育公平。推动"互联网+创新创业"发展，建设就业信息服务平台，促进就业和创业。发展远程医疗、"互联网+健康"和智慧医疗，建设智慧医院，推广电子病历，为每个中国人建立电子健康档案，利用信息化手段促进优质医疗资源纵向流动。建立全国统一的食品安全信息平台，实现食品安全信息跨部门、跨区域共享，对食品和食品生产经营者进行全生命周期监管。推动"互联网+食品安全"发展，实现食品安全协同治理。推动"互联网+养老"发展，以信息化应对我国人口老龄化。

延伸阅读：网络准备度

网络准备度是世界经济论坛推出的评价一个国家或地区互联网发展水平的综合指标。世界经济论坛每年发布的《全球信息技术报告》（The Global Information Technology Report）都会对网络准备度进行测评和排名。根据世界经济论坛发布的《2016年全球信息技术报告》，在139个国家和地区中，2016年中国网络准备度得分为4.2，名列第59位。其中商业和创新环境指标得分为3.8，名列第104位；商业应用指标得分为3.9，名列第44位；经济影响指标得分为3.8，名列第37位。

如何发展"互联网+科技"

党的十九大报告指出,创新是引领发展的第一动力,是建设现代化经济体系的战略支撑。加强应用基础研究,拓展实施国家重大科技项目,突出关键共性技术、前沿引领技术、现代工程技术、颠覆性技术创新,为建设科技强国、质量强国、航天强国、网络强国、交通强国、数字中国、智慧社会提供有力支撑。

"互联网+科技"是指科技主管部门领导干部树立互联网思维,对科技工作进行重新思考,提高科技项目管理水平,促进科技创新和科技成果转化,发展科技服务业,推动互联网科技发展等。中国已经进入互联网时代,实施创新驱动发展战略,建设创新型国家,必须推动"互联网+科技"发展,创新科技发展模式。

第一,以"互联网+"推进科技信息公开。长期以来,中国存在科技重复研发、资金重复投入的问题,既浪费科技工作人员的时间和精力,又浪费中央和地方政府有限的科技资金。造成这种局面的一个重要原因是"信息不对称",即一个科技工作人员不知道其他人有没有开展相关研究,一个科技主管部门不知道其他科技主管部门有没有对类似项目进行资助。

互联网是一个消除"信息不对称"的连接器。例如,通过建立全国统一的、基于互联网的科技项目信息平台,实现跨地区、跨部门科技项目信息共享。科技主管部门在对某个科技工作人员的某个项目进行资助前,要先查询检索一下类似项目情况和该科技工作人员已获得资助情况,以免科技经费重复投入。对于政府财政投资的、非涉密的科技项目研究成果,要通过互联网向全社会公开。通过互联网公开的内容包括科技项目概况、研究报告、已发表的相关论文、实验或试验数据、研制的样品和样机情况等。

在科研领域，许多欧美国家掀起了一场"开放获取"（open access）运动，旨在向社会公众开放政府资助的科研成果。2011年6月，美国国家学术出版社宣布，将其出版的所有PDF（便携式文档格式）版图书对所有读者免费开放下载，并且将这些图书去除DRM（数字版权管理）保护。这其中不仅包括超过4000种最新出版的图书，还包括已经提交报告将于未来一段时间出版的图书。美国国家学术出版社负责美国国家科学院、国家工程院、医学研究所和国家研究委员会相关研究成果的出版，其目标是在维持收支平衡的同时尽可能广泛地传播这些研究机构的研究成果。2013年，时任美国总统奥巴马签署行政命令，要求由美国政府资助的研究应在其出版的一年内免费对社会公众开放，涉及国家科学基金会（NSF）、教育部、国家航空航天局（NASA）等15个单位。

2015年9月，中共中央办公厅、国务院办公厅印发了《深化科技体制改革实施方案》，提出全面实行国家科技报告制度，建立科技报告共享服务机制，将科技报告呈交和共享情况作为对项目承担单位后续支持的依据。为此，应建立全国科技报告数据库，其中非涉密的科技报告应通过互联网向全社会公开。

通过互联网公开科技信息，不仅可以减少重复研发和科技资金重复投入，使科技工作者真正"站在巨人的肩膀上"；而且可以促进科技开发单位和潜在用户的供需对接，提高科技成果转化率；还可以通过引入社会监督减少科技领域的不良现象，如科技项目暗箱操作带来的寻租、腐败问题，把他人科研成果据为己有、伪造实验数据或产品等不端行为。

第二，以"互联网＋"推进科技资源共享。《深化科技体制改革实施方案》提出"建立统一开放的科研设施与仪器国家网络管理平台，将所有符合条件的科研设施与仪器纳入平台管理，建立国家重大科研基础设施和大型科研仪器开放共享制度和运行补助机制"。除了科研设施与仪器这种科技"物"的资源，科技资源还包括科技人才资源、科技资金资源、科技信息资源、自然资源等。

开展协同创新，使科技工作形成合力，就必须推进科技资源共享。而推进科技资源共享，关键是摸清家底，厘清中国科技资源现状，消除科技资源供需双方的"信息不对称"。例如，建立全国科技人才数据库，把具有高级职称或博士学位的科技人员纳入全国科技人才数据库，数据项内容包括姓名、出生年月、籍贯等基本信息，受教育经历、主持或参与科研项目及取得的科研成果、联系方式等。整合科技文献、科学数据等科技信息资源，建立科技数据库和科技信息平台，通过互联网提供科技信息服务。

第三，以"互联网＋"推进科技模式创新。无论是一家企业、一所高校，还是一个科研机构，其拥有的科技人员数量总是有限的，科技人员的能力往往也是有限的。许多企业、高校和科研院所都遇到过单凭自身单位的科技人员无法解决的科技难题。

近年来，在科技创新领域兴起了一种新的模式——互联网众筹。美国创新网站（www.innocentive.com）汇聚了全球30多万人，已经为《财富》世界500强企业解决了1700个顶尖技术难题（见图2-2）。"如何准确预测太阳耀斑，让航天飞机避开不良天气"困扰了NASA科学家30年。2010年，这个难题在该网站上发布。120天后，美国新罕布什尔州一名退休的无线电工程师布鲁斯·克拉根提供了解决方案。

俗话说，高手在民间，智慧在民间。企业在进行研发设计时，可以用互联网众筹模式网罗天下英才，弥补自身研发设计力量的不足。通过互联网众筹方式进行科技创新，可以使科技人才资源短缺的地区和单位实现对科技人才的"不求所有，但求所用"，在一定程度上缓

图 2-2　美国创新网站

解中国科技资源分布不均衡带来的问题。

作为科技主管部门,一方面要推动互联网行业的科技发展,另一方面要通过"互联网+"提升科技工作水平,促进科技创新,发展科技服务业,提高科技成果转化率,为实施"创新驱动"战略服务。

建议地方政府推动"互联网+科技"发展。鼓励企业、科研院所通过"互联网众包"模式进行科技创新。建设科技成果转化网络平台,促进供需对接。逐步通过互联网向社会开放财政资金资助的科技项目成果报告和全额拨款事业单位的科技成果文献。

如何发展"互联网+知识产权"

当今世界,随着知识经济和经济全球化深入发展,知识产权日益成为国家发展的战略性资源和国际竞争力的核心要素,成为建设创新型国家的重要支撑和掌握发展主动权的关键。实施国家知识产权战略，有利于增强我国自主创新能力，建设"创新型国家"。

发明专利的数量和质量，是反映一个国家创新能力和创新水平的重要指标。与发达国家相比，我国发明专利产业化率偏低，如图 2-3 所示。我国专利产业化率低，其中一个重要原因就是专利拥有者和专利需求者之间的"信息不对称"。而互联网是消除专利供需双方"信息不对称"的重要渠道。

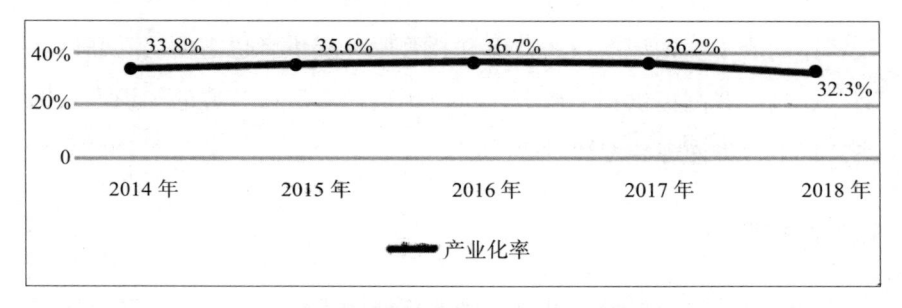

```
40%   33.8%    35.6%    36.7%    36.2%
                                        32.3%
20%

 0
    2014年   2015年   2016年   2017年   2018年
                    ━━ 产业化率
```

图 2-3　2014—2018 年有效发明专利产业化率

在互联网时代，要用互联网思维重新思考知识产权工作，发展"互联网+知识产权"，提升知识产权创造、运用、保护、管理和服务水平。

知识产权创造

互联网已经渗透进科技创新和研发设计过程。例如，在科技项目立项、技术难题攻关、新产品开发、提交专利申请之前，首先要做的就是通过互联网进行专利文献检索。通过互联网对现有专利进行分析，可以有针对性地进行研发活动。近年来，互联网众筹或众包逐渐兴起，成为知识产权创造的新模式。例如，通过互联网征集工业品、工艺品外观设计方案，征集商标设计方案；网友联合撰写图书，编写软件等，这为互联网与知识产权创造的融合打开了广阔空间。

知识产权运用

促进自主创新成果的知识产权化、商品化和产业化，其中一个很重要的工作就是消除知识产权所有者与潜在的知识产权购买者或使用者之间的"信息不对称"，促进知识产权的供需对接。开展知识产权网上交易，不仅可以提高知识产权转让的效率，而且可以降低知识产权转让的成本。知识产权经营者和托管服务提供者也需要向互联网转型，通过互联网提供相关服务。可以预见，今后第三方的知识产权网络运营平台将涌现并发挥重要作用。

知识产权保护

加强知识产权保护，是改善创新环境的关键。一方面，要运用互联网手段做好知识产权保护工作。例如，通过互联网渠道公开专利执法案件信息，不仅可以有效震慑违法者，而且可以促进专利执法人员规范、公正、文明地执法。建设知识产权领域的社会信用体系，把恶意侵权行为纳入社会信用数据库，征信机构可以通过基于互联网的社会信用信息平台查询恶意侵权记录，有关政府部门可以针对恶意侵权者开展信用联合惩戒，提高恶意侵权者违法的机会成本。另一方面，随着互联网产业和电子商务的发展，涉及互联网知识产权的案件越来越多，亟待加强互联网领域的知识产权保护。

知识产权服务

同时，互联网正深刻影响政府部门的行政管理和公共服务方式，物联网、云计算、移动互联网、大数据等新一代信息技术将在政府部门中得到越来越广泛的应用。例如，知识产权主管部门可以组织开发

App（应用程序），用户通过 App 就可以及时知道某个专利申请受理情况、审查进度、审查结果等。传统知识产权管理软件将向软件即服务（SaaS）、云计算化方向发展，企业、高校和科研院所无须自行开发或购买知识产权管理软件，通过向云计算平台提供商支付一定的服务费即可在线应用。知识产权主管部门建设云平台，把业务应用系统迁移到云平台，也可以推动电子政务集约化建设。

此外，互联网为知识产权服务提供了便捷的手段。在互联网时代，知识产权服务机构要树立互联网思维，创新商业模式。例如，建立知识产权服务机构名录库和基于互联网的知识产权服务地理信息系统（GIS），企业、高校和科研院所可以在电子地图上查询本单位附近的知识产权服务机构，检索满足特定条件的知识产权服务机构，与知识产权服务机构进行在线交流，对知识产权服务机构进行在线评议，还可以通过互联网整合代理、法律、商业化等知识产权服务资源，构建知识产权服务平台，为企业、高校和科研院所提供一条龙的知识产权服务。目前，猪八戒网、知果果、权大师、知夫子、来注标、专利巴巴、快智慧、智慧岛等都通过互联网提供知识产权服务。

实施创新驱动发展战略，对知识产权工作提出了新的要求，而"互联网＋知识产权"为深入实施知识产权战略提供了新思路。为此，知识产权主管部门应开展"互联网＋知识产权"专题培训，使企业、高校、科研院所和知识产权服务机构充分认识"互联网＋知识产权"的商业价值，树立互联网思维，把互联网与本职工作有机结合起来。同时，扶持一批知识产权领域的互联网企业，支持市场化主体建立第三方的知识产权网络运营平台，提供知识产权交易、托管等服务，让"互联网＋知识产权"成为实施创新驱动发展战略的坚实保障。

如何构建新型智慧城市

《国家新型城镇化规划（2014—2020年）》提出"推进智慧城市建设"。《国务院关于深入推进新型城镇化建设的若干意见》提出"加快建设绿色城市、智慧城市、人文城市等新型城市"。中共中央、国务院《关于进一步加强城市规划建设管理工作的若干意见》提出"推进城市智慧管理"。《国民经济和社会发展第十三个五年规划纲要》提出"加强现代信息基础设施建设，推进大数据和物联网发展，建设智慧城市"。

智慧城市是运用物联网、云计算、大数据、空间地理信息集成等新一代信息技术，促进城市规划、建设、管理和服务智慧化的新理念与新模式。

智慧城市是继数字城市、信息城市之后城市信息化的高级阶段，是中国城市转型发展的重要方向。

建设智慧城市，对加快工业化、信息化、城镇化、农业现代化融合，提升城市可持续发展能力具有重要意义。

城市信息化的重要意义

目前，中国正处于城镇化加速阶段，城市在我国国民经济社会发展中发挥着越来越重要的作用。工业增加值的60%、第三产业增加值的85%、国内生产总值的70%、国家税收的80%都来自城市。可见，城市信息化是国家信息化的核心和龙头。

（1）信息化是合理指导城镇化工作的必然要求。20世纪80年代以后，中国城镇化进入快速发展时期（见图2-4）。在城镇化进程中，人流、物流、信息流、资金流不断集聚进来，同时向附近区域辐射出去。陈述彭院士认为，中国城镇化面临双重瓶颈，即城镇化滞后于工业化，信息化又滞后于城镇化，无论是对城市的长远发展，还是对城市地位的提升，都产生了明显的制约。在城镇化过程中，科学编制城市规划、加强城市建设项目管理、保障城市健康运行等方面都离不开信息化。

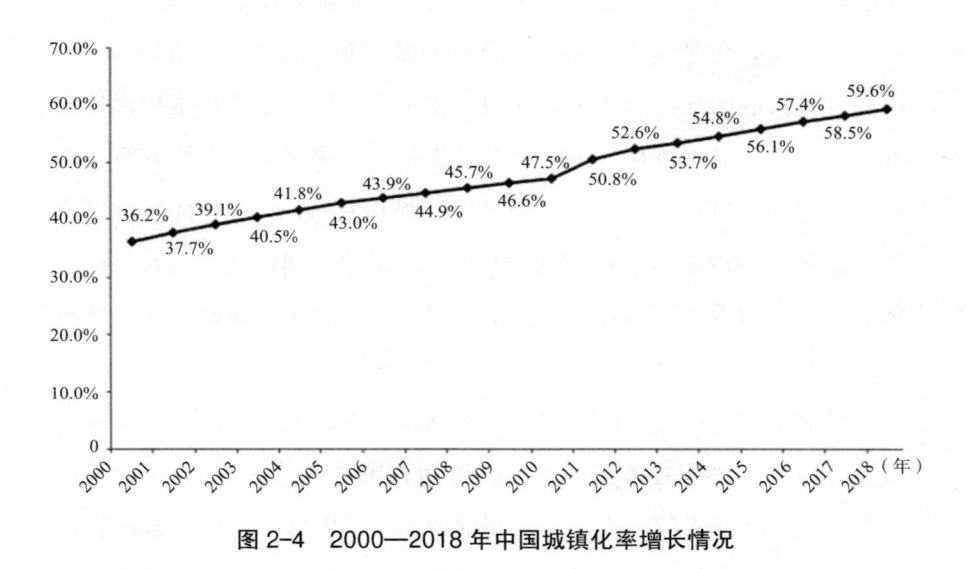

图 2-4　2000—2018 年中国城镇化率增长情况

（2）信息化是推动城市经济发展的必然要求。信息化改变了城市经济发展要素，信息要素对土地、劳动力、资本等生产要素有着明显的替代效应。例如，信息化可以提高单位用地面积的产出；信息化可以提高企业生产率，减少用工需求；信息化可以提高企业流动资金周转效率。电子商务的发展使城市区位对经济发展的影响不如以前那么大。信息化可以改变过去城市经济发展成本、代价过高的局面，减少资源、能源消耗，减少污染物排放，减少拆迁、占地等引发的社会矛盾。此外，信息化可以增强城市工业、服务业、信息业等产业的竞争力，催生互联网经济等新的经济增长点。

（3）信息化是实现城市可持续发展的重要途径。在中国，城市在让人们享受物质文明的同时，也使人们受到城市病的困扰，如交通拥堵，环境污染，容易暴发传染性疾病，诱发地面沉降和地裂缝等地质灾害。信息化为中国城市可持续发展提供了新的手段。例如，建设智能交通系统，缓解城市交通拥堵；建设城市环境自动监测系统、地质灾害监测预警系统，及时采取有效措施，提高城市宜居水平。

（4）信息化是实现城市国际化的重要基础。随着经济的全球化，中国大城市的国际化步伐也在加快，越来越多的中小城市也积极争取融入全球经济。信息化在国际贸易、旅游、文化交流等方面具有非常重要的作用。例如，通过建设外文版的城市宣传网站、App，可以让世界认识中国的城市。综观纽约、伦敦、巴黎、柏林、东京、首尔、新加坡、中国香港等国际化大都市，它们在信息化方面都走在全球城市的前列。

目前，现代信息通信技术已经渗透到城市政治、经济、社会各个领域，并深刻改变着市民的工作、生活和思维方式。中国城市经济、社会发展面临诸多制约因素，要实现中国城市的转型发展，必须将信息化纳入城市发展战略，采取切实、有效的措施，不断提升城市的信息化水平。

城镇化和信息化是当前和今后一个时期中国经济、社会发展的重要内容，智慧城市建设成为新时期中国城市发展的重要主题。目前，我国许多城市发展面临诸多难题。建设智慧城市，是解决或缓解各类"城市病"，促进城市经济发展和社会进步，保障城市可持续发展的重要途径。

> 要以推行电子政务、建设智慧城市等为抓手，以数据集中和共享为途径，推动技术融合、业务融合、数据融合，打通信息壁垒，形成覆盖全国、统筹利用、统一接入的数据共享大平台，构

建全国信息资源共享体系，实现跨层级、跨地域、跨系统、跨部门、跨业务的协同管理和服务。①

——2017年12月8日，习近平总书记在主持中央政治局第二次集体学习时的讲话

智慧城市的组成部分

智慧城市包括新一代信息基础设施、智慧政府、智慧经济、智慧社会、智慧城市发展环境五大部分，如图2-5所示。

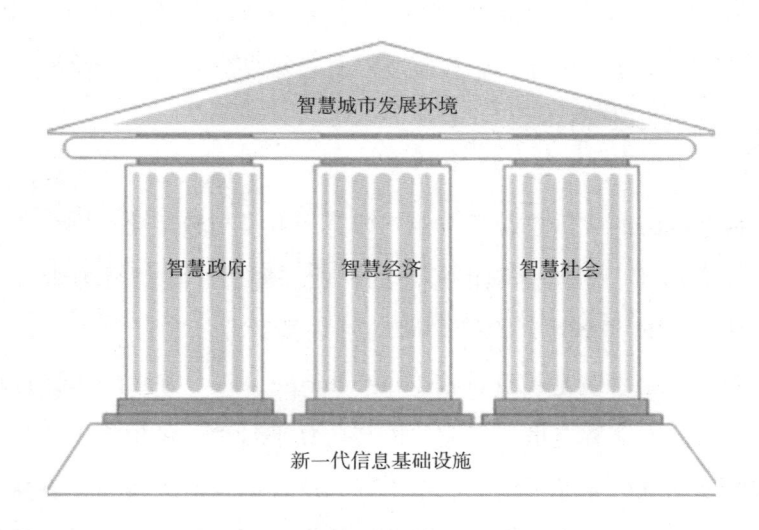

图 2-5　智慧城市的五大组成部分

1. 新一代信息基础设施

随着物联网、移动互联网等应用的快速发展，要求城市的网络基础设施的性能也要相应提高。新一代城市信息基础设施主要包括超

---

① 资料来源：习近平：实施国家大数据战略加快建设数字中国，参见共产党员网 http://news.12371.cn/2017/12/09/ARTI1512803587039877.shtml。

大带宽的城市骨干网、无处不在的无线接入。要建设新一代城市信息基础设施，有关城市应配合国家的"宽带中国"计划，实施"宽带城市"计划，建设城市光网，建设无线城市和U-City。

2. 智慧政府

现代政府事务日益复杂，传统政府的智能水平已经难以应付这种新的形势。随着物联网、云计算、移动互联网、Web 2.0等新一代信息技术飞速发展，电子政务正由电子政府向智慧政府转变。智慧政府是指利用物联网、云计算、移动互联网、人工智能、数据挖掘、知识管理等技术，提高政府办公、监管、服务、决策的智能化水平，形成高效、敏捷、便民的新型政府。智慧政府是电子政务发展的高级阶段。与传统电子政务相比，智慧政府具有透彻感知、快速反应、主动服务、科学决策等特征。

3. 智慧经济

智慧经济的载体是智慧产业。智慧产业是指数字化、网络化、信息化、自动化、智能化程度较高的产业。智慧产业是智力密集型产业、技术密集型产业，而不是劳动密集型产业。2011年6月，美国政府确立了智慧制造（Smart Manufacturing）四个方面的优先行动计划，包括为智能制造搭建工业建模与仿真平台，可负担的工业数据采集和管理系统，业务系统、制造工厂和供应商企业级集成，以及智慧制造的教育和培训。在我国，工业和信息化部、科技部、财政部、商务部、国资委联合印发的《关于加快推进信息化与工业化深度融合的若干意见》把"智能发展，建立现代生产体系"作为推动两化深度融合的基本原则之一。

智慧经济的主体是智慧企业。智慧企业是指生产经营智能化水平较高的企业，是企业信息化发展的高级阶段。智慧企业在研发设计、生产制造、经营管理、市场营销等关键环节，以及综合集成的智能化程度较高，商业智能系统、知识管理系统等在企业得到应用，企业仿佛拥有"数字神经系统"。与传统企业相比，智慧企业具有学习和自适应能力，能够灵敏地感知企业内外环境的变化并快速做出反应。

4. 智慧社会

智慧社会是指高度智能化的社会。智慧社会主要包括两方面：一是社会事业的智能化，如智慧教育、智慧医疗、智慧学校、智慧医院等；二是市民生活的智能化，如智慧社区、智慧家居。智慧社会是社会信息化发展的高级阶段。构建智慧社会，是保障和改善民生的重要内容。

5. 智慧城市发展环境

智慧城市发展环境主要包括三方面：一是与智慧城市相关的政策法规、标准规范、人才队伍等；二是与智慧城市相关的信息安全情况；三是与智慧城市相关的新一代信息通信技术产业发展情况。智慧城市发展环境的好坏，直接影响智慧城市建设的进度和质量。因此，有关城市应理顺智慧城市建设的体制机制，构建良好的发展环境。

值得指出的是，如果智慧城市建设完全由政府主导，那政府就可能错位或越位。智慧城市包括智慧政府、智慧经济、智慧社会三大领域。智慧政府建设应由政府主导，而智慧经济建设则应发挥企业的主体作用，智慧社会建设需要社会各界的力量和参与。

智慧城市的关键技术

物联网技术、云计算技术、移动互联网技术、大数据技术、空间信息技术和人工智能技术是智慧城市的六大关键技术，如图2-6所示。

在智慧城市中，物联网采集数据，云计算处理数据，移动互联网传输数据，大数据挖掘数据。物联网、云计算、移动互联网、大数据的集成应用将推动城市信息化模式创新。

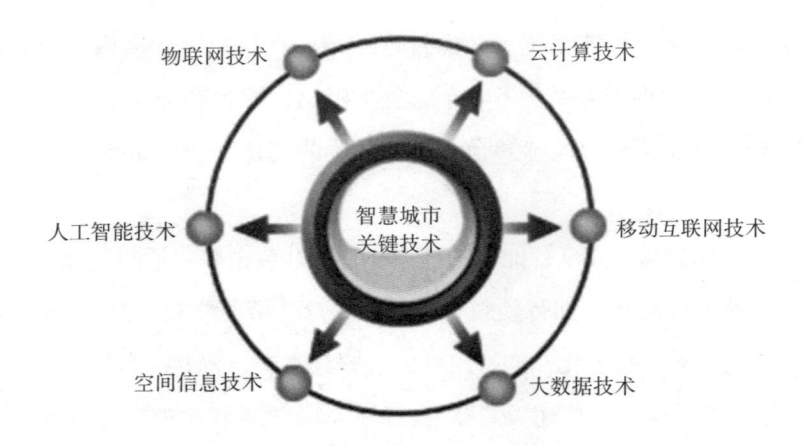

图 2-6　智慧城市六大关键技术

1. 物联网技术

物联网技术在城市交通管理、城市环境监测、城市灾害预警、重要场所安防等领域具有广阔的应用前景，可以提高有关政府部门的监管水平和快速反应能力，减少人民的生命和财产损失，方便人民群众的生产生活。

2. 云计算技术

云计算技术正好切合我国当前一些城市电子政务的集中化趋势。例如，建设基于云计算的城市数据中心或超算中心，推进市政府各部门的机房大集中，实现统一运维。建设基于云计算技术的市政府网站群，形成以城市政府门户网站为主网站、部门网站为子网站的政府网站群。建设基于云计算技术的城市综合信息服务平台，推进业务应用信息系统互联互通，促进信息共享和业务协同。

3. 移动互联网技术

随着移动互联网技术的发展，移动电子政务（M-Government）、移动电子商务将快速发展。与传统电子政务相比，移动电子政务使公务员可以通过手机随时随地处理公务，通过"微博"与企业和社会公众进行互动。企业和社会公众可以通过手机随时随地获取政府信息或电子化服务，即时得知办事结果。移动电子商务使市民可以通过手机进行购物，方便市民生活。此外，手机微博、手机 QQ 等使市民享受数字化生活。

4. 大数据技术

随着城市信息化建设的深入，许多政府部门积累了海量数据，迫切需要进行处理、分析和数据挖掘。利用大数据技术对海量数据进行管理和挖掘，是提高城市规划、建设和管理智能化水平的重要手段。例如，通过对历年城市遥感图像的比对，可以掌握城市化动态和特点。

5. 空间信息技术

空间信息技术主要包括遥感、卫星导航系统和 GIS。与一般信息系统相比，GIS 的最大优势是空间可视化，即可以直观地看到事物的地理空间分布情况。对于管理对象是地理空间分布的部门，如规划、国土、环境、交通、农业、水利、铁路、地震、气象、海洋等，地理信息系统是信息化必建项目。目前，GIS 已经进入网络化、三维化发展阶段，出现了 WebGIS、3DGIS。

云计算、移动互联网、大数据的出现将催生新一代地理信息系统（NGG），如云 GIS（CloudGIS）、空间信息云、移动 GIS（MobileGIS）、智慧 GIS（SmartGIS）、嵌入式 GIS 等。与传统地理信息系统相比，NGG 的特点是智能化、移动化、海量化、嵌入化。NGG 的空间分析能力更强，基于位置的服务水平更高；NGG 可以处理海量空间数据，实时展现城市地下空间和地表建筑，在计算机中再现整个城市；NGG 能够按需嵌入其他信息系统，使之具有地理可视化功能。NGG 在智慧国土、智慧环境、智慧交通等领域具有广阔的应用前景。

6.人工智能技术

人工智能在城市规划、建设、管理、运行和服务等领域具有广阔的应用前景。例如，通过计算机系统的深度学习，对城市规划建设方案进行自动优化。通过智能探头自动识别人脸、车牌号和车辆等，对嫌疑人和嫌疑车辆进行自动追踪。通过道路车流量分析自动调节交叉路口交通信号灯的红绿灯时间，提高道路通行效率。

中国智慧城市发展现状

1.建设智慧城市成为许多城市的共识

面对城市病和城市经济社会转型发展问题，越来越多的城市选择建设智慧城市。截至2018年11月，全国已有600多座城市计划建设或正在建设智慧城市。其中包括直辖市、副省级城市、地级市、县级市等。值得一提的是，近年来，越来越多的中西部地区城市加入了建设新型智慧城市的行列。

作为城市发展的新方向，智慧城市受到越来越多的市领导的重视。例如，北京市委书记蔡奇提出精心打造智慧城市，为构建有效的超大城市治理体系提供有力支撑。天津市委书记李鸿忠提出全面推进智慧城市建设，深化"互联网+政务服务"，坚决破除数据壁垒，坚持信息惠民，打通便民服务"最后一公里"。

2.智慧城市试点工作推广了建设经验

2012年12月，住房和城乡建设部启动了国家智慧城市试点工作。截至目前，住房和城乡建设部相继公布了三批国家智慧城市试点名单，包括290个城市或城区。2016年7月，住房和城乡建设部对国家智慧城市试点工作进行了总结。

2013年10月，科技部和国家标准委员会在大连、哈尔滨、大庆等全国20座城市开展为期三年的智慧城市试点示范工作，组织物联网、云计算、移动互联网等方面的国家科技计划项目与上述各试点城市对接，形成我国智慧城市技术与标准体系，并向全国其他城市推广。

此外，中央网信办、国家发改委、工业和信息化部等国家部委也在积极推进新型智慧城市建设。国家发改委、中央网信办牵头成立了新型智慧城市建设部际协调工作组。2016年11月，国家发改委办公厅、中央网信办秘书局、国家标准委办公室联合印发了《关于组织开展新型智慧城市评价工作务实推动新型智慧城市健康快速发展的通知》，组织开展2016年新型智慧城市评价工作。

3.智慧城市政策法规体系越来越完善

在国家层面，《国家新型城镇化规划（2014—2020年）》提出推进智慧城市建设。2014年8月，国家发改委、工业和信息化部等八部委联合印发了《关于促进智慧城市健康发展的指导意见》。2016年12月，国家标准委发布了《新型智慧城市评价指标》国家标准（GB/T 33356—2016）。

在地方层面，目前，许多地方政府制定了智慧城市方面的指导意见、发展规划和行动计划等政策文件，如《上海市推进智慧城市建设"十三五"规划》《天津市智慧城市专项行动计划》《菏泽市人民政府关于加强智慧城市建设的意见》。

中国智慧城市发展过程中存在的主要问题

从调研情况来看，目前我国智慧城市建设过程存在如下一些问题。

1.智慧城市理论方法研究滞后于实践

智慧城市是2009年才出现的一个新生事物，虽然目前全国成立了一批智慧城市研究机构，但智慧城市相关理论方法研究明显滞后于实践。智慧城市建设是一个复杂的系统工程,智慧城市涉及的学科包括计算机科学、信息工程、地理信息系统、公共管理学、区域经济学、城市社会学等,是典型的交叉学科,属于城市信息学(Urban Informatics)的学科范畴。目前智慧城市理论方法研究还比较零散,不成体系。

我国大学学科之间往往相互分割,难以培养出跨学科的复合型人才。虽然许多大学成立了公共管理学院,但公共管理专业教师往往是文科背景,不懂物联网、云计算、移动互联网、大数据、人工智能等新一代信息技术,无法深入开展智慧城市研究。而大学的信息科学技术学院教师虽然懂新一代信息技术,但对城市规划、城市建设、城市管理等缺乏了解,也难以开展智慧城市研究。

2. 智慧城市关键技术和产品储备不足

与智慧城市密切相关的关键技术包括物联网、云计算、移动互联网、大数据等新一代信息技术,以及遥感、地理信息系统、卫星导航定位系统等空间信息技术。这些技术几乎都是欧美发达国家率先提出并研发的,我国与欧美发达国家相比,在技术上落后很多年。我国虽然在CPU(中央处理器)、操作系统、数据库管理系统等核心技术有所突破,但国产CPU、国产操作系统、国产数据库管理系统离大规模商用还有很长一段时间。

在我国,与智慧城市相关的新一代信息通信技术产业尚处于起步阶段,智慧城市建设所需高端、核心产品还掌握在国外IT厂商手里,这使我国智慧城市建设存在一定的安全隐患。国内虽然有一批从事智慧城市建设的IT厂商,但产品往往比较单一,难以提供智慧城市整体解决方案。

3. 智慧城市的建设管理体制没有理顺

改革开放40年来,我国信息化建设管理体制不断变化,至今还没有完全理顺，尤其缺乏各部门之间的横向协调机制。在国家层面，中央网信办、国家发改委、工业和信息化部、住房和城乡建设部、科技部等部委都在开展智慧城市相关工作，没有一个明确、统一的智慧城市建设主管部门。

智慧城市建设是区域层面的信息化，更需要有一套切实可行的横向协调机制。从全国100多个城市调研情况来看，智慧城市主管部门设置情况五花八门：有的成立了专门的智慧城市领导小组和办公室，有的在工业和信息化部门，有的在发展改革部门，有的在住房和城乡建设部门，有的在科技部门，有的在市府办，有的在大数据局。许多城市的相关政府部门在智慧城市建设方面缺乏协调、联动机制。

中国智慧城市发展对策

建设新型智慧城市，要把握好四大方面，即基础设施、应用创新、产业发展和体制机制。

1.建设智慧的城市基础设施

建设智慧的城市基础设施有两层含义。

一是城市道路以及给排水管网、燃气管网、路灯等市政基础设施要智慧：道路能够根据干燥度自动启动洒水装置；燃气管道能够探测压力等参数，出现异常时自动关闭并通知维修，以防爆裂；路灯根据周围明暗程度自动开启或关闭。

二是网络基础设施、计算基础设施、数据基础设施、安全基础设施等城市信息基础设施要智慧。在网络基础设施方面，建设无线城市，推进三网融合。在计算基础设施方面，建设城市云计算中心，用户使用计算资源像用水、用电一样方便。在数据基础设施方面，建设城市大数据中心，建立和完善城市人口基础信息库、法人单位基础信息库、自然资源和地理空间基础信息库、宏观经济信息库、电子证照库和社会信用数据库等。在安全基础设施方面，建设公钥基础设施（PKI）、统一身份认证系统和异地灾备中心等。城市信息基础设施应该作为城市基础设施的一部分，纳入城市规划建设范畴。

2.开展智慧城市创新应用

利用物联网、云计算、移动互联网、大数据、人工智能等技术，推进智慧政府、智慧经济、智慧社会三大领域的创新应用。

（1）在智慧政府方面，重点围绕市场监管、应急管理、社会治理、公共服务等专题领域，加强电子政务信息共享和业务协同。将物联网技术应用于城市公共安全管理、城市交通管理、城市环境管理等领域，对监管对象进行自动监控。加强建设政务云，把各个城市政府部门的信息系统迁移到政务云平台。运用大数据技术对市场主体实行分类分级监管，科学配置执法资源，提高市场监管水平，对市场进行精准治理。建设政务智能系统，提高对市领导的决策支持能力，促进政府决策科学化。建设政府知识管理系统，提高公务员的业务水平和综合素质。

（2）在智慧经济方面，大力发展工业物联网，推进互联网与制造业深度融合。将物联网技术应用到物流管理、生产过程控制、生产设备监控、产品质量溯源、节能减排和安全生产等领域，建设互联工厂、数字化工厂。通过进料设备、生产设备、包装设备等的联网，提高企业的生产效率和产能。实施"企业上云"计划，降低中小企业的信息化门槛。推动大数据在研发设计、生产制造、经营管理、市场营销、售后服务等关键环节的应用，发展工业大数据。把智能制造作为两化深度融合的主攻方向，着力发展智能装备和智能产品，推进生产过程智能化，全面提升企业研发、生产、管理和服务的智能化水平。

鼓励企业使用工业机器人,在东南沿海地区推行"机器换人",解决人口老龄化和产业转移带来的招工难、招工贵问题。引导企业采用物联网、云计算、移动互联网、大数据、人工智能等新一代信息技术构建智慧企业。

(3)在智慧社会方面,深化新一代信息技术在教育、卫生健康、文化旅游、人力资源和社会保障、民政等领域的应用,促进社会事业发展。在教育方面,重点办好网络教育,促进优质教育资源共享。在卫生健康方面,推行"电子病历",建立远程关爱(Telecare)系统,把大数据应用到城市居民健康状况分析、医疗资源优化配置、疫情监测预警等领域。在文化旅游方面,建设智慧图书馆、智慧博物馆、智慧文化馆等,推动"互联网+文化"发展。发展智慧旅游,为游客提供基于位置的一体化信息服务。在人力资源和社会保障方面,通过跨部门数据比对杜绝骗保、冒领养老金等违法违规行为,运用大数据分析就业形势、人才结构等。在民政方面,把大数据应用到社会救助核对、婚姻状况分析、社会养老服务、民政资金监管等领域,杜绝骗保、重婚、骗婚等违法违规行为。此外,还要建设智能社区、智能住宅和智能家居系统。

3. 发展智慧城市相关产业

实践表明,一个地方的信息化发展水平与当地信息通信技术(ICT)产业发达程度存在一定的正相关性。也就是说,一个地方的ICT产业越发达,该地方的信息化发展水平往往越高。在建设新型智慧城市的过程中,要注重培育和发展当地物联网产业、云计算产业、移动互联网产业、大数据产业、人工智能产业、虚拟现实产业等新一代信息技术产业。把新型智慧城市建设和发展新一代信息技术产业等数字经济结合起来,以用促业。此外,还要发展智慧城市教育培训、IT咨询等相关服务业。

059

4.理顺智慧城市体制机制

新型智慧城市建设涉及方方面面,需要一个统筹协调部门,统一负责智慧城市规划、建设、管理和运营等工作。为此,要理顺智慧城市管理体制机制,成立智慧城市领导小组,由市长担任组长,分管副市长担任副组长,各局、委、办一把手担任小组成员,协调解决智慧城市建设过程中遇到的重大事项。设立智慧城市领导小组办公室,把市府办、市工业和信息化、发展改革、科技、住建等部门的信息化职能统一划入智慧城市领导小组办公室,统筹推进智慧城市建设。充实人员配备,健全规章制度,做好智慧城市建设统筹协调、组织推进和考核督导等工作。市委网络安全和信息化领导小组办公室、市政府智慧城市领导小组办公室、市大数据管理局可以采取"三块牌子,一套人马"的做法。

值得指出的是,"智慧城市"涉及城市政治、经济、社会等方面,建设内容很多,不可能一蹴而就。因此,"智慧城市"建设要"大处着眼,小处着手",围绕市委、市政府的中心工作,结合本地实际情况,统筹规划,分步实施。

要着力推进跨部门、跨地区、跨层级政务信息共享和业务联动,构建整体政府。推行"互联网+政务服务",构建服务型政府。通过互联网促进社会组织、社会公众等社会力量参与城市治理,形成社会共治局面,实现从城市管理到城市治理的转变。有序开放公共数据资源,深化大数据应用,促进城市治理精细化、精准化。

延伸阅读:国外智慧城市建设

2008年,阿姆斯特丹启动了"Amsterdam Smart City"计划(简称"ASC计划")。该计划包括可持续的工作、生活、交通和公共空间4个专题。在可持续的工作方面,阿姆斯特丹建成了先进的智能建筑——ITO Tower大厦;在可持续的生活方面,通过实施West Orange和Geuzenveld项目,实现了家庭节能;在可持续的交通方面，实施了 Energy Dock 项目，便于汽车和船舶充电；在可持续的公共空间方面，把 Utrechtsestraat 街道改造为气候大街 (The Climate Street)。2011 年，ASC 计划增加了在线监控市政大楼 (Online Monitoring Municiple Buildings)、太阳能共享、智慧游泳池、智能家用充电器、商务区全面使用太阳能等内容，到 2015 年把阿姆斯特丹建设成为一个真正的绿色智慧城市。

2011 年 6 月，首尔市政府发布了"Smart Seoul 2015"计划，指出到 2015 年，首尔市将利用智能手机办公，解决市民的需要；市民在任何公共场所都可以免费使用无线网络；行政、福利、生活等领域都将通过信息化手段服务市民，实现使用智能设备的灵活办公，并构筑社会安全网。

如何以跨境电子商务促进开放发展

跨境电子商务是指分属不同关境的交易主体，通过电子商务平台达成交易、进行支付结算，并通过跨境物流送达商品、完成交易的一种国际商业活动。跨境电子商务是一种新型的国际贸易方式，也属于数字贸易方式。

大力发展跨境电子商务，有利于用"互联网＋外贸"实现优进优出，发挥我国制造业大国优势，扩大海外营销渠道，合理增加进口，扩大国内消费，促进企业和外贸转型升级；有利于增加就业，推进大众创业、万众创新，打造新的经济增长点；有利于加快实施共建"一带一路"倡议，推动开放型经济发展升级。

我国跨境电子商务发展情况

党中央、国务院高度重视发展跨境电子商务。2014 年 5 月，习近平总书记在河南省调研期间做出重要指示，要求通过发展跨境电子商务，实现"买全球卖全球"的目标。2018 年 11 月，习近平总书记在首届中国国际进口博览会开幕式上强调加快跨境电子商务等新业态新模式发展。

2015年6月，国务院办公厅印发了《关于促进跨境电子商务健康快速发展的指导意见》，提出加快建立适应跨境电子商务特点的政策体系和监管体系，提高贸易各环节便利化水平；培育一批竞争力较强的外贸综合服务企业，为跨境电子商务企业提供全面配套支持；进一步完善跨境电子商务进出境货物、物品管理模式，优化跨境电子商务海关进出口通关作业流程。

2018年10月，财政部、国家税务总局、商务部、海关总署联合发文，对跨境电子商务综合试验区电商出口企业实行免税新规。按照党中央、国务院决策部署，自2019年1月1日起，调整跨境电商零售进口税收政策，提高享受税收优惠政策的商品限额上限，扩大清单范围。

近年来，我国跨境电子商务快速发展，已经成为对外贸易的新模式、新亮点和新趋势。2018年，中国的B2C（企业对消费者）跨境电子商务交易额超过200亿美元，其中出口80亿美元，进口约为120亿美元。2018年，通过海关跨境电子商务管理平台零售进出口商品总额1347亿元，增长50%，其中出口561.2亿元，增长67%，进口785.8亿元，增长39.8%。

跨境电子商务发展对策

"一带一路"是商贸之路。"一带一路"倡议的提出，为中国跨境电子商务带来了难得的发展机遇。全国各地的商务主管部门，特别是陕西、甘肃、青海、新疆、福建等"一带一路"沿线省份以及天津、河南、湖北、四川等自贸区的商务主管部门，要着力发展面向"一带一路"沿线国家的跨境电子商务，以此促进本地区外贸出口的增长。有关电子商务企业可以以此为契机，建设"一带一路"跨境电子商务平台，以信息流带动物资流、资金流、人才流、技术流，促进资源配置优化。

（1）完善"一带一路"跨境电子商务支撑体系。跨境电子商务涉及海关、口岸、检验检疫、商务、公安边防、外交、交通运输、外汇管理等多个政府部门。这些政府部门要积极转变政府职能，深入推进"简政放权、放管结合、优化服务"，加快跨境电子商务相关业务领域的信息化建设，面向进出口企业、外贸人员推行"互联网＋政务服务"，提高"大通关"水平。进一步完善"电子口岸"，为跨境电子商务订单货物、快递包裹等的通关提供便利。应用物联网、云计算、移动互联网、大数据、人工智能等新一代信息技术，构建"智慧口岸""智慧海关"，提高跨境电子商务货物通关的自动化、智能化水平。例如，采用物联网技术构建海关监管区域"电子围栏"，对装载出口货物的车辆进行自动核放。

（2）完善"一带一路"跨境电子商务服务体系。通过两微一端等网络新媒体，为进出口企业和外贸人员提供有价值的信息。例如，按"一带一路"65个沿线国家的国别组织编译、整理国外基本情况、商贸政策、商业规则、行政程序、知识产权保护、安全、风土人情等方面的信息，及时、全面、准确地提供给进出口企业和外贸人员，对相关外贸活动风险进行及时预警。

（3）加快"一带一路"跨境电商信用体系建设。与"一带一路"沿线国家开展信用数据交换，加快建设"一带一路"跨境电子商务社会信用体系。由于不了解外商信用状况，许多中国出口企业在货物出口之后收不到货款，遭受巨大的经济损失。为了防止中国进出口企业被外商欺骗，有必要与"一带一路"沿线国家相关政府部门和征信机构开展合作，建立外商信用数据库和外商征信系统，供中国进出口企业查询。把有严重失信记录的外商列入"黑名单"，避免更多的中国出口企业被骗。探索建立多边合作机制，对失信企业开展跨国联合惩戒，提高失信企业违法犯罪的机会成本。

我国目前已经批准上海、天津、福建、广东、辽宁、浙江、河南、湖北、重庆、四川、陕西、海南12个自贸区。对于自贸区周边省市县，建议主动对接自贸区，积极发展跨境电子商务。例如，通过在自贸区注册企业，通过跨境电子商务平台把本地区的商品销往全球。

延伸阅读：跨境电子商务综合试验区

目前，我国在34个城市设立了跨境电子商务综合试验区。2016年1月，国务院同意在天津、上海、重庆、合肥、郑州、广州、成都、大连、宁波、青岛、深圳、苏州12个城市设立第一批跨境电子商务综合试验区。

2018年7月，国务院同意在北京市、呼和浩特市、沈阳市、长春市、哈尔滨市、南京市、南昌市、武汉市、长沙市、南宁市、海口市、贵阳市、昆明市、西安市、兰州市、厦门市、唐山市、无锡市、威海市、珠海市、东莞市、义乌市22个城市设立第二批跨境电子商务综合试验区。

如何以"互联网+"建设生态文明

改革开放以来，我国经济发展取得了令世界瞩目的成就，但在生态环境方面付出了沉重的代价。为此，2015年4月，中共中央、国务院印发了《关于加快推进生态文明建设的意见》。党的十九大报告提出，必须坚持节约优先、保护优先、自然恢复为主的方针，形成节约资源和保护环境的空间格局、产业结构、生产方式、生活方式，还自然以宁静、和谐、美丽。

《国务院关于积极推进"互联网+"行动的指导意见》把"互联网+"绿色生态作为11个重点行动之一。在互联网时代，推动"互联网+生态文明"发展，是加快推进生态文明建设、坚持绿色发展的重要举措。

第一，以"互联网+"开展生态环境动态监测，在线发布实时生态环境信息和生态环境预警预报信息，让人民群众感知生态环境。

对生态环境进行动态监测，是开展生态环境保护和治理的前提。要利用遥感、地理信息系统、物联网等技术对全国大气、水、土壤、森林、草原、湿地、海洋等生态环境进行全天候、全天时的动态监测。

目前，我国环保、林业、国土资源、海洋、气象等部门都建立了各种各样的、固定的生态环境监测站点。传统固定的生态环境监测站点监测范围有限，站点位置不一定科学合理。如果提高生态环境监测站点的密度，则要增加大量资金投入。为此，可以借鉴美国国家海洋和大气管理局（NOAA）在长途汽车、轮船、火车以及无人机上安装生态环境监测装置，实时监测沿途的生态环境状况，并通过无线网络把监测信息传回监测中心。这种移动站点的监测范围比固定站点的监测范围大得多，而且资金投入比固定站点少。

许多污染企业不怕罚款，但怕被曝光。通过互联网公开环境污染信息，可以让人民群众知道是哪些企业在超量排污、制造污染，这些企业在哪里，属于哪些环保部门的管辖范围。

2014年6月，由公益组织"公众环境研究中心"发布的手机客户端"污染地图"App上线。"污染地图"App公布了全国3000多家废气排放企业的排放数据，超标排放废气的企业被标注在电子地图上，用户可以随时分享到微博、微信等社交网络平台，让污染企业接受社会监督和舆论谴责，引发了一场"发现身边污染源"的讨论。

国家有关部委应联合建设生态环境动态监测信息平台和专门的网站、官方微博、微信公众号和移动客户端，发布实时的生态环境信息和预警预报信息，让人民群众感知自己身边的生态环境状况，督促政府主管部门采取切实有效的措施，倒逼有关污染企业及时进行整改。

开放公共数据资源，有利于促进公共数据资源的开发利用，带动相关行业的发展。例如，NOAA 免费向社会开放气象数据，仅 2008 年就为发电厂节省了 1.66 亿美元。2000 年，美国天气风险管理行业的营业收入是欧洲的 60 倍，是亚洲的 146 倍。这是因为在欧洲虽然开放但仍然需要支付一定的费用，而亚洲许多国家则不开放气象数据。《国务院关于积极推进"互联网+"行动的指导意见》提出"推动数据资源开放"。国务院印发的《促进大数据发展行动纲要》提出"稳步推动公共数据资源开放"。有关部门开放生态环境领域的公共数据资源，有利于我国环保产业以及农业、林业、渔业、食品、旅游等其他相关行业的发展。

第二，以"互联网+"促进公众参与生态环境管理和保护，使生态环境管理走向生态环境协同治理。

《中共中央关于全面深化改革若干重大问题的决定》提出"全面深化改革的总目标是完善和发展中国特色社会主义制度，推进国家治理体系和治理能力现代化"。管理是指政府部门依靠自身力量对生态环境进行管理和保护，而治理则是指政府部门联合社会公众、社会组织、新闻媒体、专业机构等社会力量，共同对生态环境进行管理和保护。

环保部门的环境监察执法人员数量有限，执法人员的工作时间和工作精力也有限，而排污企业数量多、分布广，在深夜或周末偷偷排放废水、废气的情况非常普遍。单纯依靠环保部门的力量，已经难以对企业进行有效监管，必须发动社会力量对企业进行监督。

在利用互联网促进公众参与方面，北京市环保部门进行了探索。2015 年 7 月，北京微信城市服务正式开通。通过北京微信城市服务平台，选取"环保举报"功能，点击"我要举报"，用户利用智能手机的无线通信、GPS（全球定位系统）定位、拍摄、录像等功能，可以方便快捷地完成环境污染问题的取证及举报，举报信息第一时间到达当地环保部门进行办理。举报办理情况可在"举报查询"中查看。

许多人都有可以安装 App、随手拍照的智能手机。生态环境主管部门可以在本部门 App 中增设生态环境举报功能，或组织开发专门的生态环境举报 App，发动人民群众对发生在身边的、破坏生态环境的行为进行随时随地举报。通过对生态环境事件进行大数据分析，可以发现一些规律，使生态环境主管部门科学、合理地配置执法力量，有针对性地采取防范措施。

第三，以"互联网+"完善废旧资源回收和处理体系，发展废旧资源电子商务，促进循环经济发展。

随着人民生活水平的提高，全国每天产生的废弃物（俗称"垃圾"）越来越多。"垃圾是放错位置的资源。"我国许多城市都建立了比较完善的生活垃圾回收和处理体系，但电子废弃物等其他废旧资源回收和处理体系还不完善。随着家电、电脑、手机等电子产品的普及率越来越高，加上电子产品更新换代速度快，我国产生了大量电子废弃物。许多电子产品里面含有贵金属，如果任由小作坊、小商贩拆解，会造成严重的重金属污染，危害人民群众的身体健康。例如，贵屿镇是全国知名的电子废弃物之都，电子废弃物拆解使贵屿癌症发病率和妇女流产率高于周边地区。目前，废旧资源多由流动商贩回收，很不规范。

"互联网+"是完善废旧资源回收和处理体系、发展循环经济的重要手段。例如，再生活信息技术有限公司提供标准化、规范化的上门回收废旧物资服务，包括旧手机、旧家电、塑料瓶、易拉罐、旧衣服、废纸等。用户可通过"再生活" App 定制上门服务周期，预约上门服务时间。该公司通过先进的信息系统和标准化的管理流程为用户建立可再生资源回收账户，记录用户的环保贡献与资金余额。用户可用销售废旧物资所得资金换购该公司手机便利店中的商品，订购商品由该公司工作人员送货上门。可以预见，O2O（线上线下结合）式的电子商务将成为互联网时代废旧资源回收和处理的新趋势。

延伸阅读：两化融合促进节能减排

在钢铁行业，利用计算机控制技术，可以实现自动化、精确化生产作业，减少能源、原材料的消耗和污染物排放。2004年，宝钢集团有限公司不锈钢分公司采用能源管理系统之后，高炉煤气放散率由最初的30%下降到10%以内。山东莱芜钢铁集团通过运用信息化手段，钢综合耗水由21立方米/吨下降到5立方米/吨，钢综合能耗由1200千克标准煤/吨下降到700千克标准煤/吨。

在石化行业，石油炼化过程模拟软件可以用来分析石油炼化装置的工艺过程、操作状况及操作参数之间的关系，可以根据原材料变化、产品及质量需求等寻找最佳运行条件，使能源消耗最低。中石油辽阳石化分公司通过应用艾斯苯HYSYS动态模拟系统，重点对芳烃分馏、歧化单元进行了优化，每年可节约燃料油几千吨。

在建材行业，应用变频技术、温控技术可以节电、节能。2007年，山水集团在大型风机上全部安装高压变频装置，年节电量达8000万度，减少循环冷却水用量300万吨。

如何发展共享经济

党的十九大报告提出，在中高端消费、创新引领、绿色低碳、共享经济、现代供应链、人力资本服务等领域培育新增长点，形成新动能。

共享经济是指个人通过互联网平台把闲置的资源提供给需要这种资源的人并获取相应的报酬，让闲置资源创造新的价值。共享经济通过互联网把个人零散的闲置资源有序地组织起来，促进了闲置资源的开发利用，实现了"人尽其才、物尽其用"。作为全球新一轮科技革命和产业变革下涌现的新业态新模式，共享经济正在加快驱动资产权属、组织形态、就业模式和消费方式的革新。

在共享经济中，人们可用来交易的闲置资源有财产、技能、劳务、时间等，其中个人财产包括资金、房子、汽车、衣服等，技能包括教育、培训、修理、医疗等，劳务包括物流配送、家政服务等。例如，人们可以把闲置的资金放到 P2P（点对点）网络借贷平台，进行互联网众筹，把闲置的房子或房间出租，用私家车运送乘客，把闲置的礼服出租，利用空闲时间教他人学习音乐、美术等，帮别人修理家电、自行车等，成为家庭教师、私人医生、私人教练，帮别人送货、清理房间，利用空闲时间陪别人聊天、旅游甚至充当临时男朋友或女朋友。共享经济与传统经济的区别，如表2-1所示。

表2-1 共享经济与传统经济的区别

	传统经济	共享经济
资源占有方式	独占	共享
所有权和使用权关系	所有权和使用权合一	所有权和使用权分离
商品交换模式	消费者—企业	消费者—互联网平台—消费者
生产和消费关系	生产者或消费者	既是生产者，也是消费者
工作就业模式	受雇于某个单位	接入互联网平台即可就业（自由职业者）
工作时间	在规定的时间内工作	自由安排时间

近年来，全球共享经济快速发展，出现了许多闲置资源网络交易平台，如用私家车运送乘客的优步，出租房子或房间的爱彼迎，帮别人送货的 Instacar，出租衣服的 Rent the Runway，在线预订的保洁员 Handybook 等。根据英国商务部公布的数据，大约1/4的英国成年人

有过网上分享闲置资源的经历。

根据国家信息中心发布的《中国共享经济发展年度报告（2019）》，2018年我国共享经济交易规模29420亿元，同比增长41.6%。共享经济参与者人数约7.6亿人，其中参与提供服务者人数约7500万人。

从某种意义上来说，共享经济是一种服务交易类电子商务。人们通过互联网交易的不是实体商品，而是服务，如住宿服务、出行服务、送货服务、家政服务和培训服务等。

共享经济之所以快速发展，主要有以下三个方面的原因。一是互联网（特别是移动互联网）的发展，互联网平台可以消除资源供需双方信息不对称，资源提供者发布信息、资源需求者获取信息都非常方便。二是随着人们生活水平的提高，许多人都有房子、汽车等，人们手头的闲置资源越来越多，许多人都有才艺和空闲时间。三是随着个性解放，人们的工作、就业观念的转变。许多年轻人不喜欢成为朝九晚五的"上班族"，而喜欢成为自由职业者，自由地支配自己的时间，做自己喜欢做的事情。

共享经济与传统经济有很大不同。在传统经济中，人们拥有并独占某种资源，不与他人分享这种资源。而在共享经济中，人们对资源拥有所有权，但把资源部分使用权出让给他人以获得经济利益。一个人独自占有超过他实际需求的财物是一种浪费，而共享经济减少了这种浪费。

共享经济改变了传统商品交换模式，改变了个人财产属性，改变了工作、就业方式。以前人们是购买企业的商品或服务，现在是购买个人的物品或服务。例如，以前人们乘坐出租车公司的出租车并付费，现在是乘坐私家车并付费。以前个人财产归个人使用，现在个人财产也可以用来商业化经营。例如，私人住宅也可以成为旅店。以前人们一般有固定的工作单位,现在人们可以没有固定的工作单位而成为自由职业者。随着共享经济的兴起,许多概念需要重新定义,许多商业规则需要重新制定。

发展共享经济有许多好处。对政府来说,发展共享经济可以促进社会就业和节能减排,培育新的经济增长点。例如,共享经济领域的互联网企业提供了许多就业岗位,人们可以依托互联网平台成为自由职业者;专车、拼车服务可以减轻道路拥堵,减少汽车尾气排放。对一些企业来说,可以通过"互联网众包"方式招聘短期雇用人员,减少长期聘用工作人员数量,降低劳动力成本。对个人来说,闲置资源提供者可以提高资源利用率,增加收入;需求者可以用比以往更低廉的价格获得更好的服务,降低成本。

从经济角度看,发展共享经济有利于盘活存量资源,促进要素流动,是拉动经济增长的新路子。从社会角度看,发展共享经济有利于促进就业,保障和改善民生。目前我国就业形势依然严峻,发展共享经济可以为一些失业者用闲置资源换取收入,改善生活;为一些低收入者提供兼职就业渠道,增加个人和家庭收入。

发展共享经济有利于推进"大众创业、万众创新"。李克强总理在 2015 夏季达沃斯论坛开幕式上指出,"通过分享、协作方式搞创业创新,门槛更低、成本更小、速度更快,这有利于拓展我国共享经济的新领域,让更多的人参与进来"[①]。可以预见,共享经济将催生许多互联网企业,越来越多的人成为与互联网平台连接的自由职业者。共享经济将为在城市居住、生活的新生代农民工带来许多新的工作机会,让新生代农民工逐渐融入其所在的城市。

与此同时,发展共享经济也带来了许多新的问题。对政府来说,

[①] 资料来源:达沃斯论坛总理最"强"音:分享经济是拉动增长的新路子,参见人民网 http://it.people.com.cn/n/2015/0912/c1009-27575909.html。

一些行业的税收会减少和流失；相关行业税收会在区域上发生变化，流向共享经济互联网平台运营商数量多的区域；可能引发一些新型违法犯罪活动；大量工作和收入都不稳定的劳动阶层可能引发社会问题。对一些企业来说，经营收入会减少，有些企业可能会倒闭。对个人来说，如果一方不遵守事先约定，会给对方带来不便和麻烦；个人的人身、财产安全可能在交易过程中面临威胁。

发展共享经济要趋利避害，放管结合，转变政府职能。"放"，就是要破除制度性障碍，为共享经济发展开"绿灯"。要及时研究制定新的法律法规，修订妨碍共享经济发展的法律法规。共享经济是个新生事物，出现了许多法律法规空白。例如，如何界定闲置资源提供方和需求方在交易中的权利和义务？如果出现经济纠纷和安全事故应该追究提供方的责任还是应该追究互联网平台运营者的责任？原有的许多法律法规适用于独享经济时代，与共享经济发展不相适应。例如，按照现行法律法规，私家车不允许作为出租车，私人住宅不允许作为旅店，导游必须要有导游证。因此，要发展共享经济，必须修改出租车行业、旅馆业、旅游业等行业的行业性管理法律法规，在市场准入方面充分考虑共享经济这种新业态。

"管"，就是要创新政府管理模式，促进共享经济规范、健康发展。在共享经济领域推行简政放权，减少事前审批，运用信用积分、大众点评等方式加强事中事后监管，走政府部门、互联网平台运营商、用户等多方协同治理的道路。政府部门应要求共享经济互联网平台运营商对用户进行实名制认证，建立信用档案；允许顾客在接受服务之后对服务提供者进行在线评价，对评价过低者进行惩戒乃至踢出平台；强制平台运营商为其用户购买保险，对安全事故进行先行赔付。加强对平台运营商的监管。一旦出现安全事故，平台运营商应负连带责任。严厉打击共享经济领域的违法犯罪活动。

如何以"互联网+"创新精准扶贫模式

党的十九大报告提出,坚决打赢脱贫攻坚战。让贫困人口和贫困地区同全国一道进入全面小康社会是我们党的庄严承诺。要动员全党全国全社会力量,坚持精准扶贫、精准脱贫,坚持中央统筹省负总责市县抓落实的工作机制,强化党政一把手负总责的责任制,坚持大扶贫格局,注重扶贫同扶志、扶智相结合,深入实施东西部扶贫协作,重点攻克深度贫困地区脱贫任务,确保到2020年我国现行标准下农村贫困人口实现脱贫,贫困县全部摘帽,解决区域性整体贫困,做到脱真贫、真脱贫。

在互联网时代,扶贫工作要树立互联网思维,推动"互联网+扶贫"发展,建立"制度+技术"的扶贫工作新模式。

第一,以大数据实施精准扶贫。习近平总书记在中央扶贫开发工作会议上指出,要解决好"扶持谁"的问题,确保把真正的贫困人口弄清楚,把贫困人口、贫困程度、致贫原因等搞清楚,以便做到因户施策、因人施策。因此,要归集、采集贫困线以下的人口和家庭数据,建立贫困人口和贫困家庭数据库,开展贫困人口和贫困家庭大数据分析,真正实施精准扶贫。

贫困人口和贫困家庭数据库包括贫困人口和贫困家庭的基本信息以及贫困等级、致贫原因、扶贫措施受益情况等。通过房产、车辆、银行存款等数据比对,可以发现假的贫困户,避免人工填报贫困户数据的人情干扰。

目前,公安等部门已经建立一个庞大的人口基础信息库。可以利用公安部门已有的人口和户籍数据,获取贫困人口和贫困家庭的基础数据,如贫困人口的姓名、性别、出生年月、住址、身份证号码、银行账户等,贫困家庭的地址、人员构成等。可以根据年收入情况,划分贫困人口和贫困家庭的贫困等级，如特别贫困、比较贫困、一般贫困三级，并在贫困人口和贫困家庭数据库中进行标记，以确定对每个贫困人口和贫困家庭的扶贫力度。可以根据收入来源、支出状况、身体和思想状况等分析致贫原因，对致贫原因进行分类，如因病致贫、因灾致贫、因子女教育致贫、因丧失劳动能力致贫、因居住环境致贫、因文化素质低致贫、因好吃懒做致贫等，并在贫困人口和贫困家庭数据库中进行标记，以便采取有针对性的扶贫措施。

建好贫困人口和贫困家庭数据库之后，通过大数据分析，可以掌握一个地区贫困人口和贫困家庭的分布规律、主要特征、结构等，如不同贫困程度的贫困人口和贫困家庭主要分布在哪些地区、占当地人口和家庭总数的比例、不同贫困程度的贫困人口和贫困家庭占比、主要致贫原因等，有利于宏观把握本地区的扶贫工作重点、扶贫措施和扶贫模式。

值得指出的是，贫困人口和贫困家庭数据库是一个动态数据库，而不是一个静态数据库。这是因为贫困人口和贫困家庭是动态变化的，有的人口和家庭脱贫之后不再属于贫困人口和贫困家庭，有的原来不是贫困人口和贫困家庭因各种原因成为新的贫困人口和贫困家庭。

第二，以互联网实施信息扶贫。许多事例表明，信息闭塞是产生贫困人口和贫困家庭的重要原因之一。例如，不掌握农产品销售需求信息，农产品卖不出去，守着优质农产品却依然贫困；不了解卫生和健康方面的知识，养成不良生活习惯，小病积成大病，因病致贫；不知道灾害预警信息和防灾救灾知识，因灾致贫。

随着信息化、互联网的发展，我国贫困人口和家庭与富裕人口和家庭之间、贫困地区和富裕地区之间存在巨大的数字鸿沟。我国贫困人口和贫困家庭主要分布在农村地区。根据中国互联网络信息中心发布的第 44 次《中国互联网络发展状况统计报告》，截至 2019 年 6 月，我国网民中，城镇网民占 73.7%，农村网民占 26.3%，两者相差 47.4 个百分点。为此，要结合"宽带中国"战略，加快贫困地区网络基础设施建设，改善贫困人口和贫困家庭上网条件。各级扶贫机构要通过组织培训活动、动员志愿者等方式帮助当地贫困人口普及互联网知识水平，提高互联网技能水平，使互联网成为贫困人口和贫困家庭脱贫致富的重要渠道。

在信息扶贫过程中，各级扶贫机构要充分发挥电信运营商、互联网企业、相关社会团体和志愿者等社会力量的作用。例如，电信运营商在电信资费方面对贫困人口和贫困家庭给予适当减免等优惠政策。贫困地区相关政府部门可以与阿里巴巴、京东等大型电子商务平台运营商在农产品电子商务方面开展合作，帮助贫困地区农民在网上销售农产品。大力推广腾讯公益慈善基金会帮助贵州贫困侗寨在网上卖大米的经验，让更多的互联网企业参与信息扶贫工作。探索通过"互联网众筹"方式动员广大网民为贫困人口和贫困家庭提供资助、捐助。组织志愿者帮助贫困人口和贫困家庭学会使用电脑和手机上网。

第三，以信息化实施规范扶贫。推动"互联网＋扶贫"发展，是促进扶贫工作程序化、规范化和法治化的重要举措。

党中央、国务院高度重视扶贫工作，在脱贫攻坚过程中将有大量财政资金投入。如何让扶贫资金真正到贫困人口和贫困家庭手中，减少和避免扶贫资金被挤占挪用、层层截留、虚报冒领和挥霍浪费，是一个非常重要的现实问题。

"互联网＋"是解决扶贫最后一公里的有效手段。利用贫困人口和贫困家庭数据库中的信息，财政部门可以通过商业银行或支付宝等第三方电子支付平台将扶贫资金直接拨付到贫困人口和贫困家庭的银行账户，减少中间环节，避免扶贫资金被截留和挪用，使扶贫资金真正到贫困者的手里。

要加快建立扶贫信息平台，对扶贫工作进行全程留痕，使扶贫工作"可记录、可检查、可追溯"，实现"人在干、云在算"。在扶贫工作中，扶贫的时间、地点、参加人员、工作内容等都要记录在案，便于上级领导随时检查扶贫工作开展情况。一旦在扶贫工作中出现问题，可追查责任人，实现精确问责。

由于信息不共享、信息不对称，容易出现多个单位对某个贫困人口和贫困家庭重复资助或捐赠的问题。一方面使某些贫困人口和贫困家庭被过度扶贫，而有些贫困人口和贫困家庭则扶贫不足。要利用信息化手段减少和避免重复扶贫和扶贫不足并存的问题。例如，在贫困人口和贫困家庭数据库中，每个贫困人口和家庭每次收受扶贫资金的时间和数额，收受扶贫物资的时间、名称、数量和价值等信息都要记录在案。通过统计分析就可以知道每个贫困人口和家庭在一定时间内被扶贫的情况。

通过全程留痕和数据比对，可以对扶贫领域的职务犯罪起到震慑作用，避免一些领导干部和工作人员误入歧途。例如，通过对扶贫机构发放的扶贫资金情况与贫困人口和贫困家庭得到的扶贫资金情况进行数据比对，纪检监察部门就可以及时发现扶贫过程中扶贫资金违规使用情况。

通过跨部门数据比对，可以有效发现不符合条件的个人或家庭骗取扶贫资金。通过建立扶贫领域的社会信用体系，将骗取扶贫资金的行为列入个人信用数据库的不良记录，通过多部门开展信用联合惩戒，提高扶贫领域失信者违法违规的机会成本。

延伸阅读：电商精准扶贫的"砀山模式"

近年来，中共砀山县委把电商精准扶贫作为支柱性产业工程来做，有效带动了1.26万户、2.51万人摆脱贫困。

第一，产业支撑，电商带动。砀山拥有近百万亩世界最大连片生态果园，年产酥梨、黄桃等各类水果 170 万吨，素有"世界梨都、水果之乡"之称。砀山也是全国果蔬加工强县，有规模以上果蔬加工企业 30 多家，水果年加工能力达 120 万吨。独特的水果产业优势和超强的果蔬加工能力，为砀山发展农产品电子商务奠定了基础。2015 年以来，砀山县委、县政府出台了一系列支持电商产业发展的优惠政策，成立电商协会，高水平建设电商产业园。县财政每年拿出 1000 万元专项资金，为电商企业在招商融资、仓储物流、基地建设等方面提供扶持。目前，砀山已有电商平台 21 个，电商企业 984 家，网店和微商两万多家，带动 10 万多人从事电商物流等相关产业。2017 年，全县网上农产品销售额突破 40 亿元，成为全国网上农产品销售第一大县。

第二，搭建平台，党建引领。构筑电商扶贫三级网络，建设县电商扶贫服务中心、镇（园区）电商扶贫分中心。在全县 60 个贫困村，每个村都建成一个集"电商运营、创业孵化、就业培训、扶贫车间、产业基地、物流配送"于一体的村级电商扶贫驿站，委托乐村淘托管运营。大力实施"红色引航·电商扶贫"行动计划，健全党建引领电商扶贫责任体系，村级电商扶贫驿站由镇村党组织领建，将党组织服务电商发展、助力脱贫攻坚，列入基层党建工作责任目标考核，通过教育培训、联系帮扶、打造品牌、典型带动等形式，架起"党组织带驿站、驿站带网店、网店带贫困户"桥梁。

第三，拓展渠道，激活动能。组织全县电商企业与贫困户结对帮扶，帮助贫困户销售特色农产品，支持贫困群众创业就业。通过电商协会，发动全县电商企业与种植水果的贫困户精准对接帮扶，以高于市场 10% 的价格收购贫困户的农产品。在全县 60 个贫困村，依托村级电商扶贫驿站，通过"电商企业 + 一村一品"，帮助贫困户网上销售水果等特色农产品。例如，良梨镇良梨村依托村级电商扶贫驿站创立了"梨农公社"品牌，主打"酥梨核心产区 + 绿色健康水果"，价格比过去高了一倍多，2016 年卖酥梨鲜果就超过 100 万斤，带动村里贫困户户均增收 3000 多元。对具备开办网店条件的贫困村和贫困户，组织电商企业开展对口帮扶"结对子"活动，重点培训网店开设、网店装修、运营推广、摄影美工、店铺管理等实操技能，并给予补助奖励。凡贫困户开设网店，县政府每户一次性给予网络资费补助 800 元。良梨村的樊建波曾是一个贫困户，通过网上销售水果、罐头和梨膏等农产品，现在一年收入超过 20 万元。砀山县还成立了残疾人电商协会，举办残疾人电商创业扶贫专题培训班，涌现出李娟、唐怀智等一批残疾人励志典型。李娟患有脊髓空洞症，她用嘴咬着触控笔在手机上进行微商销售，还注册了自己的公司，不仅解决了自家的卖果难题，还帮助附近的农户销售酥梨 8 万余斤。砀山农村电商的蓬勃发展，拉动了水果加工及彩印包装、物流快递、创意设计、休闲旅游等产业发展，带动了 1.1 万名贫困群众在电商全产业链就业。葛集镇高寨村成立村办电商企业，现在每天能接到超过 2000 箱酥梨订单，有效解决了 98 户贫困群众的水果销售问题，并带动 60 多名贫困群众就业。

第四，完善配套，助力攻坚。健全农产品电商公共服务设施。财政资金撬动了 7 亿元社会资本投资，有效带动了县级公共服务体系、乡村服务站点、电商人才培训、品牌培育、农产品质量安全追溯体系等项目建设。加强全县物流配送体系建设。引进中国邮政、百世云仓、德邦、宅急送等 299 家快递物流企业入驻砀山。实施"快递下乡"工程，建设电子商务村级服务点 120 家。催生食用菌特色产业扶贫。砀山每年果树修剪产生的果树废枝条达 15 万吨，这些果树枝条堆在群众房前屋后，严重影响农村环境。利用果树枝条作为培养基主要原料，大力发展食用菌产业，为贫困人口找出了一条增收的路子。设计注册了饱含扶贫情怀的"亲菇"（亲情香菇）、"亲耳"（亲情木耳）等品牌，研发了"香菇脆""香菇酱"等系列产品，形成了"电商企业＋电商扶贫驿站＋食用菌基地＋贫困户"发展模式。目前，全县已建成 4 个食用菌菌棒生产基地，出菇大棚 165 个，带动 1200 多名贫困群众实现稳定增收。加强电商品牌打造。砀山电商的蓬勃发展，催生了"桃如意""带澳飞"等 900 多个农产品电商品牌。砀山县委还支持企业加大创新研发力度，开发生产更高附加值的新产品。例如，砀山县龙润堂公司与中国中医科学院基础理论研究所合作，打造了一款便携式梨膏，一上市就供不应求，首批 30 万件销售一空。一斤梨膏需要 18～20 斤鲜梨，按照市场价，这些鲜梨也就 20 多元，但一斤便携式梨膏却能卖上百元。

第三章
推进数字产业化

2018年4月，习近平总书记在全国网络安全和信息化工作会议上提出加快推动数字产业化，依靠信息技术创新驱动，不断催生新产业新业态新模式，用新动能推动新发展。本章从培育和发展物联网产业、云计算产业、大数据产业、人工智能产业、虚拟现实产业、5G产业、机器人产业、3D打印产业、数字内容和数字创意产业等角度论述了如何推进数字产业化。

如何发展物联网产业

物联网（Internet of Things）是不同传感器之间按约定的协议进行信息交换和通信，以实现物品的智能化识别、定位、跟踪、监控和管理的一种网络。简单说，物联网就是通过传感器联网以实现物与物之间的通信。物联网技术在工业、安防、交通、环保、海关、市场监管、应急管理等领域具有广阔的应用前景。

发展现状

近年来，我国物联网技术创新能力明显提升，产业规模不断扩大，特别是传感器产业发展取得了长足进步。

1.创新能力明显提升

许多高校开设了物联网相关专业，成立了物联网实验室、研究院、研究中心等创新载体。许多科研院所积极开展物联网技术攻关，在传感器、智能终端、应用系统等领域取得了丰硕的研究成果。其中光纤传感器、红外传感器等技术达到国际先进水平，超高频智能卡、微波无源无线 RFID（射频识别）、北斗芯片等技术水平大幅提高，MEMS（微机电系统）传感器实现批量生产，中间件平台、智能终端研发取得重大突破。

2. 产业体系初步形成

2018年，我国物联网产业规模突破 1.2 万亿元，形成了包括软件、硬件设备、芯片、电子元器件、系统集成、运维、咨询服务等在内的比较完整的产业链条，出现了京津冀、长三角、珠三角、成渝经济区四大物联网产业聚集地，涌现出一批物联网领军企业，建成了一批物联网产业公共服务平台，成立了一批物联网产业联盟。物联网标准体系不断完善。

3. 政策环境不断完善

国务院印发了《关于推进物联网有序健康发展的指导意见》，成立了物联网发展部际联席会议和专家咨询委员会。2013 年 9 月，国家发展改革委等 14 个部委联合制定了《物联网发展专项行动计划》。2017 年 6 月，工业和信息化部办公厅印发了《关于全面推进移动物联网（NB-IoT）建设发展的通知》。中央财政安排了物联网发展专项资金，物联网被纳入高新技术企业认定和支持范围。杭州、厦门、威海等一些地方政府专门编制了物联网产业发展规划。

存在问题

1. 国产传感器性能较差

与西方发达国家的传感器产品相比，国产传感器产品往往不成系列，在测量精度、温度特性、稳定性、响应时间、可靠性等方面有较大差距，特别是稳定性、可靠性。许多国产传感器寿命短、故障率高、技术产量低、产品附加值低，处于产业链中低端。

2. 缺乏高端传感器人才

国产传感器企业高端人才匮乏，技术和产品创新能力不足，特别是传感器设计技术、封装技术、装备技术等与国外存在较大差距。国内传感器研发人才主要集中在高校和科研院所，民营企业难以吸引优秀人才。

3. 物联网标准体系不健全

物联网标准化滞后，缺乏相关国家标准和行业标准。由于利益纷争，难以形成各个企业都认同的物联网标准。标准不统一，限制了物联网系统的互联互通，增加了用户应用物联网的成本。

发展对策

1. 消除物联网发展的制约因素

当前，制约物联网发展的主要因素是核心技术、IPv6 地址资源、标准规范和信息安全等。要消除这些制约因素，应通过财政资金支持、税收优惠等政策措施支持有关企业联合高校和科研院所开展物联网核心技术攻关。做好 IPv6 地址资源申请工作，合理分配 IPv6 地址资源。组织各方力量开展物联网标准研究和制定工作，做好物联网标准宣贯和实施工作。开展物联网信息安全风险评估，及时发现并消除安全隐患。

2. 大力发展工业物联网

鼓励企业将物联网技术嵌入工业产品，提高产品网络化、智能化程度。重点在汽车、船舶、机械装备、家电等行业推广物联网技术，推动智慧汽车、智能家电、车联网、船联网等的发展。推进电子标签封装技术与印刷、造纸、包装等技术融合，使 RFID 嵌入工业产品。通过进料设备、生产设备、包装设备等的联网，发展具有协作能力的工业机器人群，建设无人工厂，提高企业产能和生产效率。在供应链管理、车间管理等管理领域推广物联网技术，提高企业管理效率和智能化水平。利用物联网技术对企业能耗、污染物排放情况进行实时监测，对能耗、COD（化学需氧量）、SO_2（二氧化硫）等数据进行分析，以便优化工艺流程，采取必要的措施。利用物联网技术对工矿企业作业设备、作业环境、作业人员进行实时监测，对温度、压力、瓦斯浓度等数据进行分析，当数据超标时自动报警，以便有关人员及时采取措施；或者自动停机、切断电源、加大排风功率等，以避免发生重大安全生产事故。

3. 推进物联网技术在电子政务领域的深度应用

物联网技术是"智慧政府"的关键技术之一。有关政府部门应结合自身业务特点，大力开展物联网技术应用试点示范工作，提高行政管理和公共服务的自动化、智能化水平，促进行政管理和公共服务模式创新，实现从"电子政府"到"智慧政府"的转变。对传统传感器、RFID应用系统进行升级改造，实现数据的自动采集、处理和分析，更好地支撑本部门的业务。把物联网技术与云计算、大数据、移动互联网等技术进行集成应用。例如，利用云计算和大数据技术对物联网采集上来的大量数据进行处理、分析；开发物联网应用系统客户端App，方便手机用户应用。相关部委可以把物联网技术应用于数据大集中工作，基层数据直报给国家部委，以加强中央对生态环境、国土资源等领域的管控能力。

4. 夯实产业基础，完善产业链

推动传感器件、仪器仪表等传统行业转型升级。增强传感器的功能，提高传感器的性能，将单一功能的传感器升级为多功能传感器。通过增加物联网数据传输接口、远程控制功能等，实现传统仪器仪表向智能仪器仪表的转变，提高产品技术含量和附加值。

5. 营造良好的发展环境

发展物联网要与智慧城市建设、工业转型升级等工作相结合。目前，我国许多城市正在开展智慧城市建设工作。物联网是智慧城市的关键技术之一，应把发展物联网作为建设智慧城市、发展智慧工业、构建智慧企业的重要内容。

通过政府采购，开展物联网示范应用，带动企业乃至全社会的物联网应用。制定《物联网产业引导和扶持方向目录》，对物联网核心技术攻关、物联网技术创新应用等方面进行资金支持。工业转型升级资金应对预期效益好、带动面广的物联网项目进行重点支持。

与物联网有关的专业包括计算机科学、电子工程、自动化、通信工程、机电工程、管理科学与工程、企业管理等。有关高校应及时调整专业和课程设置，开设跨院系、跨专业的物联网通选课，培养复合型人才。积极探索、建立校企合作培养物联网人才的新模式。

如何发展云计算产业

云计算（Cloud Computing）是一种可以随时随地方便地、按需地通过网络访问可配置计算资源（如网络、服务器、存储、应用程序和服务）的共享池的模式，这个池可以通过最低成本的管理或与服务提供商交互来快速配置和释放资源。

云计算与电力行业的"发电—输电—用电"过程类似，软硬件集中部署在云计算中心/平台（就像"发电站"），用户使用云计算中心/平台的资源（就像"用电"），而互联网就是"输电线"。对于许多硬件设备和软件，就像不需要每家每户配备发电机而直接买电一样，用户也不需要这些硬件设备和软件而直接使用云计算中心/平台的资源。

云计算促进了计算资源的社会化，企业可以按需使用计算资源，实现了从购买软硬件设备向购买云计算服务的转变，降低了中小企业的信息化门槛。许多地方政府都制订了"企业上云"计划，通过"上云企业出一点，云平台服务商贴一点，各级政府补一点"，支持中小企业应用云计算平台。

发展现状

近年来，我国云计算产业快速发展，产业规模不断扩大，市场竞争激烈，技术水平不断提升。

1. 产业规模快速增长

根据中国信息通信研究院发布的《云计算发展白皮书（2019年）》，2018年，我国云计算产业规模达到962.8亿。目前，云计算服务提供商众多，主要有中国移动、中国电信、中国联通等基础电信运营商，BAT（百度、阿里巴巴、腾讯）等大型互联网企业以及浪潮、曙光等专业云计算服务提供商，市场竞争较为激烈。

2. 技术创新能力明显增强

云计算平台大规模资源管理与调度、运行监控与安全保障等关键技术研发取得突破，云计算相关软硬件产品研发及产业化水平明显提升。

3. 云计算应用深入推进

许多政府部门建立了政务云，许多大中型企业建立了私有云，成为信息化应用的重要支撑。许多地方政府提出实施"企业上云"计划，由云平台为当地中小企业提供云计算服务，降低了中小企业的信息化门槛。

存在问题

1. 核心设备和元器件国产化率低

目前，我国许多云计算平台的核心设备——服务器都采用IBM（国际商业机器公司）、戴尔、惠普等国外厂商的产品，国产化程度较低。国产服务器的核心器件——芯片依赖进口，网络安全存在隐患。

2.产业规模小，技术产品服务能力弱

中国在全球云计算市场份额的比例不足 5%。国内云计算产业总体能力与国际水平相比还有一定差距，部分关键行业还没有形成成熟的解决方案，产业供给能力有待提升。国内云计算企业规模普遍较小，提供的服务种类有限，缺少综合性的大型云计算服务提供商。

3.产业生态体系不完善

云计算产业发展"重硬轻软"，云计算生态系统有待进一步完善。国内提供服务器、存储设备等硬件设备的厂商很多，而应用开发、系统迁移、标准认证、安全测试等与云计算配套的软件和信息服务业发展滞后，亟待建立技术、应用、产业、安全等协调发展、良性互动的产业生态体系。

发展对策

1.加强云计算技术研发和产业化

支持发展容器、微内核、超融合等新型虚拟化技术，研发突破超大规模分布式存储、计算资源管理等方向理论基础与关键技术。加快研发云计算操作系统、桌面云操作系统、分布式系统软件、虚拟化软件等基础软件，推动低能耗新品、高性能服务器、海量存储设备、网络大容器交换机等核心云基础设备的研发和产业化。大力发展自主可控的国产服务器、国产存储设备。推动与云计算配套的软件和信息服务业发展，完善云计算产业生态体系。

2.加快政务云建设

实施"政府上云"计划，把政府部门部署在自己机房的政务信息系统逐步迁移到政务云平台。考虑到网络安全问题，视频系统、音频系统、三级等保系统和涉密系统暂不上云。摸清政府部门对云计算资源的需求，研究制定政务云平台资源管理和服务规范。考虑规模效益和专业人才，在省、自治区、建制市一级政府建设政务云，区县一级政府一般不需要建设政务云，由所在地级市或设区市统一建设。

3. 积极发展工业云

实施"企业上云"计划。引进云计算服务提供商，在工业设计、企业管理、电子商务等方面为中小企业提供云服务，降低中小企业信息化的成本和门槛。通过政府购买服务、财政资金补贴等方式，支持中小企业应用云服务。鼓励云计算服务提供商创新商业模式，促进云计算服务提供商与中小企业的对接。推进云计算技术在研发设计领域的应用。鼓励企业在工业设计、工业仿真等方面应用云计算技术，以提高研发设计效率，降低研发设计成本。鼓励研发设计软件提供商、第三方服务机构搭建面向中小企业的研发设计云服务平台，提高中小企业研发设计水平。鼓励在高新技术产业园、新型工业化基地、工业园区、产业集群等建设市场化运作的研发设计云服务平台。推进云计算技术在企业管理领域的应用。鼓励第三方 SaaS 平台运营商向云服务平台运营商转型，支持一批优秀的管理软件提供商建设云服务平台，为中小企业应用在线管理软件提供服务，降低中小企业信息化门槛，提升中小企业管理水平。推进大型企业建设基于云计算的下一代数据中心。鼓励中央企业、大型民营企业集团对数据中心进行升级改造，为企业信息化规模扩展和应用深化提供支撑，减少企业数据中心机房能耗，降低企业数据中心运行维护成本，促进企业数据中心智能化、低碳化。把云计算应用于企业大数据，建设数据云。

4. 完善标准规范

研究制定云计算的相关标准和行业规范，做好云计算标准化工作，进一步规范云计算服务市场。建立和完善云基础标准、云资源标准、云服务标准、云安全标准。鼓励云计算服务提供商遵循相关国际标准，参与制定云计算领域的国家标准和行业标准，建立领先于同行的企业标准。

5.加强人才培养

鼓励高校、科研院所、专业培训机构等加强对云计算专业型、创新型、复合型人才的培养。建立人才引进、培养和激励机制，营造有利于云计算专业技术人才发展的良好环境。积极推进云计算领域的国际交流与合作，引进云计算国际顶尖人才团队，培养国际化云计算人才。引导企业与国际领先企业加强关键技术、产品的研发合作，支持龙头企业参与全球云计算市场竞争。

6.保障网络安全

贯彻落实《中华人民共和国网络安全法》，研究制定《中华人民共和国数据保护法》，加强对云计算平台中用户数据的保护。进一步提高云计算平台的信息安全水平和应用的可靠性，让用户用得放心。做好关键信息基础设施中的云计算平台网络安全防护工作。支持云计算平台采用自主可控的国产服务器和存储设备。

如何发展移动互联网产业

移动互联网指由蜂窝移动通信系统通过移动终端接入互联网，用户可以随时随地地接入互联网，以获得互联网上丰富的数字内容和服务。

延伸阅读：5G

5G 的传输速度可达 1000 Mbps，是 4G 传输速率的 10 倍。2018 年 12 月 7 日，工业和信息化部许可中国电信、中国移动、中国联通自通知日至 2020 年 6 月 30 日在全国开展第五代移动通信系统试验。2019 年 3 月 30 日，首个行政区域 5G 网络在上海建成并开始试用。2019 年 6 月 6 日，工业和信息化部向中国电信、中国移动、中国联通、中国广电发放了 5G 商用牌照。在 5G 时代，视频网站、网络直播等网络视频产业将飞速发展，移动电子商务、移动电子政务、移动电子党务将蓬勃发展。

近年来，随着无线网络的覆盖、智能手机的普及以及 Wi-Fi 热点的不断增多，移动互联网快速发展。微博、微信和 App 就是移动互联网的典型应用，简称"两微一端"。许多企业都开通了"两微一端"。

发展现状

根据人民网发布的《中国移动互联网发展报告（2019）》，2018年，中国移动互联网基础设施不断完善，核心技术创新起到有力的牵引作用，"人工智能+移动互联网"构建智慧生态，推动移动互联网在智能互联、万物互联方向上取得大幅进展。"下沉""出海""转型"创造移动互联网新增长点，移动互联网向产业互联网转型升级；立法、监管力度空前，移动空间安全秩序持续改善；移动网络生态持续向好，助推社会治理与文化建设。

根据中国互联网络信息中心发布的第 44 次《中国互联网络发展状况统计报告》，截至 2019 年 6 月，我国手机网民规模达 8.47 亿，网民使用手机上网的比例达 99.1%。

近年来，移动电子商务和移动电子政务快速发展。移动互联网管理法规不断细化，监管更加注重内容导向、经营规范；政府加快产业布局，强力推动关键技术创新；数字经济贡献率提升，成为经济发展的重要引擎。

存在问题

在快速发展的同时，中国移动互联网也面临一些挑战，如互联网企业出海面临更多的贸易保护压力，还要应对各国各地区的立法差异、文化习俗差异、市场发育不成熟等问题；新兴领域发展带来移动安全新问题；大数据产业繁荣需要制定规则、规范管理；还存在部分地区网络覆盖薄弱等问题。

发展对策

2017年1月，中共中央办公厅、国务院办公厅印发了《关于促进移动互联网健康有序发展的意见》，提出推动移动互联网创新发展，强化移动互联网驱动引领作用，防范移动互联网安全风险，深化移动互联网国际交流合作。

1. 激发信息经济活力

将发展移动互联网纳入国家信息经济示范区统筹推进，鼓励移动互联网领先技术和创新应用先行先试，扶持基于移动互联网技术的创新创业。加快实施"互联网+"行动计划、国家大数据战略，大力推动移动互联网和农业、工业、服务业深度融合发展，以信息流带动技术流、资金流、人才流、物资流，促进资源优化配置，促进全要素生产率提升。创新信息经济发展模式，增强安全优质移动互联网产品、服务、内容有效供给能力，积极培育和规范引导基于移动互联网的约车、租房、支付等分享经济新业态，促进信息消费规模快速增长、信息消费市场健康活跃。

2. 支持中小微互联网企业发展壮大

充分运用国家相关政策措施推动中小微互联网企业在移动互联网领域创新发展，支持和促进大众创业、万众创新。进一步发挥国家中小企业发展基金、国家创新基金等政策性基金引导扶持作用，落实好税费减免政策，在信用担保、融资上市、政府购买服务等方面予以大力支持，消除阻碍和影响利用移动互联网开展大众创业、万众创新的制度性限制。积极扶持各类中小微企业发展移动互联网新技术、新应用、新业务，打造移动互联网协同创新平台和新型孵化器，发展众创、众包、众扶、众筹等新模式，拓展境内民间资本和风险资本融资渠道。

充分发挥基础电信企业、大型互联网企业龙头带动作用，通过生产协作、开放平台、共享资源等方式，积极支持上下游中小微企业发展。遏制企业滥用市场支配地位破坏竞争秩序，营造公平有序的市场竞争环境。

3. 实施网络扶贫行动计划

按照精准扶贫、精准脱贫要求，加大对中西部地区和农村贫困地区移动互联网基础设施建设的投资力度，充分发挥中央财政资金引导作用，带动地方财政资金和社会资本投入，加快推进贫困地区网络全覆盖。鼓励基础电信企业针对贫困地区推出优惠资费套餐，探索推出"人、机、卡、号"绑定业务，精准减免贫困户网络通信资费。以远程医疗服务、在线教育培训等为重点，大力推动移动互联网新技术新应用为贫困地区农产品销售、乡村旅游、生产指导、就业服务、技能培训等提供更加优质便捷的服务。依托网络公益扶贫联盟等各方力量，推动网信企业与贫困地区结对帮扶，组织知名电商平台为贫困地区开设扶贫频道，积极开发适合民族边远地区特点和需求的移动互联网应用。坚持经济效益和社会效益并重，在深入开展项目论证的基础上，充分发挥中国互联网投资基金作用，大力推动基于移动互联网的教育、医疗、公共文化服务等民生保障项目落地和可持续实施。

如何发展大数据产业

大数据（Big Data）是以容量大、类型多、存取速度快、应用价值高为主要特征的数据集合，正快速发展为对数量巨大、来源分散、格式多样的数据进行采集、存储和关联分析，从中发现新知识、创造新价值、提升新能力的新一代信息技术和服务业态。

大数据产业是指一切与大数据有关的经济活动，如数据采集、存储、清洗、加工、可视化、分析和交易等。

发展现状

根据中国电子信息产业发展研究院发布的《中国大数据发展指数报告（2018年）》，全国大数据发展逐步形成了以8个国家大数据综合试验区为引领，京津冀区域、长三角地区、珠三角地区、中西部地区四个集聚区域协同发展的格局。

从分区域角度看，东部地区是大数据发展的前沿地带，占据全国大数据发展指数前10的前6个席位；西部地区紧随其后，中部地区和东北地区大数据发展相对滞后。广东以11.21的指数位列榜首，上海、贵州、北京、重庆等省市全国领先。

从大数据产业发展看，随着大数据上升为国家战略，大数据产业发展对经济社会的价值和影响得到广泛认可，各省市纷纷抢抓大数据产业发展机遇。尤其是东部沿海地区大数据产业发展势头迅猛，其中，北京以26.50的发展指数，全国遥遥领先，广东、江苏等省市位列第一梯队。此外，随着国家大数据综合试验区建设的不断深入，试验区集聚引领态势凸显，八大数据综合试验区总指数占全国比重为45.62%。

从大数据应用发展看，发达省市引领全国大数据应用发展，广东省以大数据应用指数20.62高居榜首；北京、浙江、上海、江苏等省市受经济基础较好，政府重视政务、民生大数据应用以及利用大数据技术推动产业转型升级等因素影响，位列第一梯队。此外，不同梯队省市大数据应用各有侧重，第一梯队侧重政务应用，第二梯队各类应用均衡发展，第三梯队工业应用成为重点。

从大数据技术研发创新发展看，各省、市、自治区技术研发创新依然存在较大的实力差距，研发实力排名靠前的省份大多来自传统ICT产业发达的东部地区，中西部地区实力整体较为平均但明显落后于东部地区。

从数据开放共享看，全国数据资源开放共享指数省市间差异较大，体现出明显的省域发展水平的不均衡。其中，山东、贵州、广东和北京四个省市在数据资源开放共享方面均处于全国领先地位。此外，全国数据资源开放共享尚未形成区域联动发展态势，区域化发展格局尚未形成，各省市间没有明显的关联性。

存在问题

自党的十八届五中全会提出实施国家大数据战略以来，我国大数据产业快速发展，但依然存在一些亟待解决的问题。

1. 数据不充分不均衡，大数据产业基础不牢

近年来，我国大数据技术投入不断增加，大数据发展蒸蒸日上，以互联网业、金融业和电信业为代表的大数据发展相对完备，数字化程度较高，数据储备量巨大，然而数据发展不平衡不充分的问题依然突出。根据《2017中国地方政府数据开放平台报告》，全国19个地方政府数据开放平台中1/4的数据机器可读性较差，尤其在公共服务、教育、就业等领域数字基础设施建设不足，数字化程度亟待提升。

2. 数据质量不高，影响数据应用效果

数据的质量直接影响大数据分析的准确性和应用范围，最终将会影响经济社会发展。当前，由于缺乏统一的监管和规范，各行业的数据格式繁多，数据质量参差不齐，从而无法真正发挥大数据的价值。正如IBM的分析显示的，考虑到错误或不完整数据会导致BI和CRM（客户关系管理）系统不能正常发挥优势甚至失效，所

以数据分析员每天有 30% 的时间浪费在了辨别数据是不是"坏数据"上。

3. 信息孤岛情况严重，数据整合能力不足

当前国内经济社会大数据领域比较离散，政府部门之间、企业之间、政府和企业之间由于信息不对称、制度法律不具体、共享渠道缺乏等多重因素，导致大量数据存在"不愿开放、不敢开放、不能开放、不会开放"的问题，造就了一座座企业和政府管理部门的数据孤岛，难以有效、权威地整合经济社会数据资源，无法构建全景的大数据。

4. 大数据平台建设监管不足，数据安全问题频发

近年来，从事大数据采集、分析和应用的企业如雨后春笋，各类大数据平台也日益增多。然而，由于缺乏统一的监管标准和引导，对于数据使用的权利和义务尚未明确，各类大数据平台的建设者和使用者鱼龙混杂，数据安全常常难以保障。据云安全联盟发布的 12 大安全威胁中，"数据泄露"高居榜首，国际某著名公司数据泄露门事件涉及 10 亿多用户账号被盗，这给我们敲响了警钟。未来，伴随数字中国、智慧社会的推进，数据安全将不仅仅关系到企业、个人的隐私安全，甚至会影响社会安定、国家安全，所以亟待加强对大数据平台的安全管控。

5. 大数据市场竞争不规范，严重影响产业发展

大数据产业由数据传输、存储、计算和应用等多个环节构成，参与主体众多。但是在市场发展过程中过度竞争、无序竞争时有发生，尤其在以数据传输、存储为主的基础设施领域，低价甚至 0 元中标现象屡见不鲜。大数据产业不同于传统的互联网业，不能照搬所谓的"免费模式"。长此以往，不仅会损害对用户的服务质量，还将使得专注提供优质产品和服务的企业被淘汰，造成"劣币驱逐良币"的恶劣影响。此外，无序竞争还会进一步导致大数据基础设施的建设缺乏统

筹规划，一哄而上，最终导致资源被大量浪费[①]。

发展对策

对于地方政府来说，要制定大数据产业政策，组织编制大数据产业规划，夯实数据基础设施，开放公共数据资源，推广应用大数据技术，完善大数据产业链，构建大数据产业发展载体，优化大数据产业发展环境。

1. 夯实数据基础设施

加快建设人口、法人单位、自然资源和地理空间、宏观经济等基础信息库，建立电子证照库、社会信用数据库等专题数据库，开展政务数据资源整合、交换和共享，建立政务数据目录和交换体系，建立大数据中心。

2. 开放公共数据资源

制定公共数据资源开放政策，建立公共数据资源开放目录，开通政府数据网站，促进公共数据资源的社会化开发利用。

3. 推广应用大数据技术

对于地方党委，要推进大数据技术在组织、纪检、宣传、政法、统战等部门的应用，发展智慧党建；对于地方政府，要推进大数据技术在科学决策、经济调节、市场监管、社会治理、公共服务等领域的应用，构建智慧政府；对于企业，要推进大数据技术在研发设计、生产制造、经营管理、市场营销、客户服务等环节的应用，打造智慧企业。

4. 完善大数据产业链

建立和完善涵盖数据采集、数据存储、数据加工、数据分析、数据可视化、数据交易等环节的大数据产业链。

（1）数据采集。引进和培育一批专业化数据采集服务机构。支持

---

① 杨杰.大数据产业发展五大问题亟待解决 [EB/OL].通信产业网，2018-03-14.

专业机构面向市场需求，利用互联网、移动互联网、社交网络等商业化平台，采集电商数据、社交数据、手机信号数据等。

（2）数据存储。建设先进、绿色、高效的大数据中心，建立和完善大数据中心运营机制，发展数据云存储、异地容灾备份等业务，提供数据存储服务。

（3）数据加工。引进和培育一批数据标引、数据整理、数据清洗、数据脱敏等数据加工企业。面向行业和企业实际需求，做大数据初加工市场，做强数据深加工市场。

（4）数据分析。面向行业领域，建立专业分析模型，研发新型数据挖掘技术，面向政府部门和企事业单位提供大数据分析服务。

（5）数据可视化。引进和培育一批数据可视化企业，研发数据可视化技术，研制数据可视化工具产品和行业解决方案，提供展示效果佳的数据可视化服务。

（6）数据交易。由国有资产经营有限公司代表政府出资，与社会资本合作联合成立数据资产经营公司，开展数据交易业务。建立数据资产商品化、数据描述、登记确权、价值评估等配套机制，制订数据交易流程、交易标准和安全规则，规范交易行为，促进数据流通。

有条件的地方可以规划建设大数据产业园或大数据产业基地，促进大数据产业集聚发展。要组织开展针对领导干部和企业家的大数据专题培训，强化领导干部和企业家的大数据思维。引进和培养一批大数据方面的领军人才和实用型人才，促进资本与技术对接，举办大数据方面的展会、双创大赛、痛客大赛等。

如何发展人工智能产业

人工智能是研究、开发用于模拟、延伸和扩展人的智能的理论、方法、技术及应用系统的一门新的技术科学。

人工智能是引领这一轮科技革命和产业变革的战略性技术，具有溢出带动性很强的"头雁"效应。在移动互联网、大数据、超级计算、传感网、脑科学等新理论新技术的驱动下，人工智能加速发展，呈现出深度学习、跨界融合、人机协同、群智开放、自主操控等新特征，正在对经济发展、社会进步、国际政治经济格局等方面产生重大而深远的影响。加快发展新一代人工智能是我国赢得全球科技竞争主动权的重要战略抓手，是推动我国科技跨越发展、产业优化升级、生产力整体跃升的重要战略资源。

2017年7月，国务院印发了《新一代人工智能发展规划》，提出构建开放协同的人工智能科技创新体系，培育高端高效的智能经济，建设安全便捷的智能社会，加强人工智能领域军民融合，构建泛在安全高效的智能化基础设施体系，前瞻布局新一代人工智能重大科技项目。

2017年12月，工业和信息化部印发了《促进新一代人工智能产业发展三年行动计划（2018—2020年）》，提出培育智能网联汽车、智能服务机器人、智能无人机、医疗影像辅助诊断系统、视频图像身份识别系统、智能语音交互系统、智能翻译系统、智能家居等智能产品，突破智能传感器、神经网络芯片、开源开放平台等核心技术，深化发展智能制造，构建支撑体系。

发展现状

近10年来，类脑计算、深度学习等人工智能技术快速发展，被广泛应用于人机大战、智慧医疗、机器人、无人驾驶汽车、无人机、智能家居、搜索引擎、人脸识别等领域，人们的生产、生活的智能化程度越来越高。

1. 产业规模飞速增长

根据清华大学中国科技政策研究中心发布的《中国人工智能发展报告 2018》，2017 年，我国人工智能产业市场规模达到 237 亿元，同比增长 67%。2018 年，中国机器人市场规模达 73.7 亿美元，其中工业机器人占 1/3，成为世界第一大市场。

2. 科技成果不断涌现

近年来，我国在人工智能技术研发方面取得重要进展，语音识别、视觉识别等技术处于世界领先水平。例如，科大讯飞的语音识别和语音合成技术研发水平走在世界前列，眼擎科技公司发布了全球首个人工智能视觉成像芯片。百度的无人驾驶平台、阿里云的智慧城市平台、腾讯的医疗人工智能平台、科大讯飞的智能语音系统平台成为国家级人工智能开放创新平台。根据科技部新一代人工智能发展研究中心、中国科学技术发展战略研究院联合发布的《中国新一代人工智能发展报告 2019》，2013—2018 年，全球人工智能领域的论文文献产出共 30.5 万篇，其中中国发表 7.4 万篇，高居全球首位。

3. 智能经济快速发展

人工智能技术在工业、智慧交通、无人驾驶、智能家居、安防等领域得到越来越广泛的应用。人脸识别在抓捕逃犯方面成效明显，刷脸支付普及率快速提高。我国东南沿海地区面临"招工难""招工贵"问题，越来越多的企业推行"机器换人"。国产工业机器人已服务于国民经济 37 个行业大类、102 个行业中类，以机器人产业为代表的智能经济迅速发展。

存在问题

1. 基础研究比较落后

我国人工智能产业基础研究、前沿研究与发达国家相比还存在较大差距。人工智能学术研究以跟踪、模仿、改进为主，缺少重大原创性成果。人工智能基础理论、核心算法、前沿技术等方面的研究滞后，核心芯片、高端软件等尚未取得重大突破，许多国产人工智能产品的智能化程度较低。

2. 核心技术受制于人

工业机器人的伺服电机等核心零部件依赖进口。国产机器人以组装为主，性能与国外同类产品相比差距较大。面向工业领域的人工智能技术和产品少，智能制造装备产业发展滞后。以中低档数控机床为主，缺乏高档工业机器人。

3. 产业环境有待改善

人工智能产业还处于起步阶段，标准、数据、人才等方面都存在问题。人工智能相关标准规范不健全。以医疗人工智能为例，虽然许多巨头进军医疗人工智能领域，但医疗图像的病灶标注方式缺乏标准，即使同一个科室的医生也可能有不同的标注方式。医院信息化建设各自为政，医疗信息系统缺乏数据共享，患者的电子病历数据很难完全准确同步。我国人工智能产业从业人员不足5万人，每年高校培养的人工智能相关专业学生不足2000人。美国人工智能产业从业人员拥有10年以上工作经验的约占一半，而中国不到1/4。

发展对策

1. 大力发展机器人产业

进一步加大机器人关键零部件的研发力度，夯实中国机器人产业的基础。集中力量攻克精密减速器、伺服装置、变频装置、高性能控制器、传感器与驱动器等关键零部件及系统集成设计制造等核心技术，开发工业机器人、特种机器人、家庭机器人、军用机器人等产品。规划建设一批机器人产业园区，促进机器人产业集聚发展。

2. 加快发展智能汽车产业

加大智能汽车研发力度，推进无人驾驶汽车研发生产，推动泊车辅助、并线辅助、距离控制、自适应悬挂等先进技术研究和应用，提高汽车智能化水平。对现有交通基础设施进行升级改造，发展车联网，以适应智能汽车的推广普及。

3. 推进人工智能与实体经济融合

实施以人工智能为引领的创新驱动发展战略，发展智能经济。重点发展智能制造、智慧农业、智慧交通、智慧旅游、智慧社区等。引导企业采用智能装备，建设智能工厂，研制智能产品，提高研发设计、生产制造、经营管理、市场营销等关键环节的智能化水平。实施"机器换人"计划。制定融资租赁、财政补贴等方面的政策，支持企业应用工业机器人。

4. 加大扶持力度

进一步完善人工智能产业发展扶持政策，加大资金扶持力度，加强对人工智能的知识产权保护，优化人工智能产业发展环境。有条件的省市可以设立人工智能专项资金，重点支持人工智能技术攻关、人才培养和应用推广等。鼓励对人工智能应用系统进行软件产品登记，登记后享受相关税收优惠政策。

5. 建设公共平台

加强人工智能技术创新载体和行业公共服务平台建设。建立面向行业的人工智能工程中心，符合条件的优先推荐认定为各级企业技术中心，享受相关优惠政策。建设一批以人工智能产品研发设计、检验测试、推广应用等为主要内容的行业公共服务平台，完善人工智能产业链。鼓励建立由骨干企业、专业机构、行业协会、产业园区、重点高校、科研院所多方参与组建资源共享、优势互补的人工智能产业联盟，围绕产业重点，开展人工智能标准规范研究、核心关键技术攻关和产业化推广。

6.促进供需对接

促进人工智能技术、产品和解决方案提供商与企业的供需对接，以应用促发展。促进从事人工智能研发的科研院所与投资机构的对接，推进人工智能产业化。促进人工智能企业与高校的对接，联合培养人工智能专门人才。鼓励企业应用人工智能来提高产品信息技术含量和自身信息化水平。鼓励科研院所开展人工智能技术攻关，打破国外技术垄断。人工智能企业要抓住传统产业升级改造对人工智能的迫切需求，贴近用户实际需求，推出实用的人工智能技术产品和行业解决方案，完善售后服务体系，提高市场竞争力。

要培育具有重大引领带动作用的人工智能企业和产业，构建数据驱动、人机协同、跨界融合、共创分享的智能经济形态。要发挥人工智能在产业升级、产品开发、服务创新等方面的技术优势，促进人工智能同一、二、三产业深度融合，以人工智能技术推动各产业变革。①

——2018年10月31日，习近平在主持中共中央政治局第九次集体学习时的讲话

如何发展虚拟现实产业

虚拟现实（Virtual Reality，VR）技术是一种可以创建和体验虚拟世界的计算机仿真系统，它利用计算机生成一种模拟环境，是一种

---

① 资料来源：习近平：推动我国新一代人工智能健康发展，参见新华网 http://www.xinhuanet.com/2018-10/31/c_1123643321.htm。

多源信息融合的交互式的三维动态视景和实体行为的系统仿真,使用户沉浸到该环境中。虚拟现实技术在工业、医学、教育、城市规划(见图3-1)、房地产、军事、娱乐游戏、应急管理等领域具有广阔的应用前景。

图 3-1 虚拟现实技术在城市规划领域的应用

虚拟现实产业包括虚拟现实硬件产业、虚拟现实软件产业和虚拟现实信息服务业等。虚拟现实硬件设备包括数据头盔、数据手套等。虚拟现实软件包括3D制作软件、计算机仿真软件等。虚拟现实信息服务业包括虚拟现实产品或服务电子商务平台、虚拟现实信息服务、虚拟现实咨询(市场咨询、投资顾问)等。

发展现状

根据《中国虚拟现实应用状况白皮书(2018)》,2018年全球虚拟现实产业规模已接近1000亿元,预计2020年这一规模将超过2000亿元。

2018年12月,工业和信息化部印发了《关于加快推进虚拟现实产业发展的指导意见》，提出突破关键核心技术，丰富产品有效供给，推进重点行业应用，建设公共服务平台，构建标准规范体系，增强安全保障能力。

目前，重庆市、南昌市、长沙市、福州市、厦门市、青岛市崂山区等地都在积极发展虚拟现实产业。2016年4月，福州市政府出台了《关于促进VR产业加快发展的十条措施》，提出设立一亿元的专项扶持资金。福州市政府成立了VR产业基地项目推进小组办公室，编制了《中国东南大数据产业园暨数字福建（长乐）产业园VR产业园产业发展规划》，正在建设长乐东湖VR小镇。2016年6月，南昌市政府出台了《关于加快AR/VR产业发展的若干政策（试行）》。南昌红谷滩新区计划打造千亿级虚拟现实产业集群。2016年8月，重庆市经济和信息化委员会印发了《关于加快推进虚拟现实产业发展的工作意见》。2017年1月，青岛市崂山区获科技部批复建设全国首个虚拟现实高新技术产业化基地。崂山区引进了多个相关科研机构，并与欧洲虚拟现实中心——法国拉瓦勒市开展战略合作。

发展对策

（1）做好虚拟现实产业空间布局。发展虚拟现实产业要有载体，要规划建设虚拟现实产业园区或基地。2016年2月27日，中国·福建VR产业基地在福州揭牌。福建省委常委、常务副省长张志南表示，力争通过3~5年的努力，在福州培育起完整的产业链，形成全国领先的VR产业集聚区和全球VR产业重要创新创业平台。

（2）制定虚拟现实产业发展政策。地方政府可委托专业机构编制虚拟现实产业发展规划，明确当地虚拟现实产业发展的指导思想、基本原则、发展目标、主要任务、重点工程和保障措施。及时制定虚拟现实产业政策，在政府立项、政策扶持、资金补助、建设用地、税收优惠等方面对虚拟现实产业予以支持和倾斜。

（3）培养虚拟现实专业技术人才。虚拟现实是一门交叉学科，涉及计算机、互联网、电子信息、仿生学等学科。要支持有条件的高校通过特殊人才引进壮大虚拟现实师资力量，设立虚拟现实专业，开设虚拟现实相关课程，建立虚拟现实实验室，与企业合作建立虚拟现实实训基地。

（4）建设一批虚拟现实工程技术中心、虚拟现实孵化器或众创空间、虚拟现实展示或体验中心，完善虚拟现实产业链。实施"VR+"行动计划，在工业、教育、文化旅游、卫生健康、商贸流通等行业大力推广应用虚拟现实技术。

如何发展机器人产业

机器人既是先进制造业的关键支撑装备，也是改善人类生活方式的重要切入点，其研发及产业化应用是衡量一个国家科技创新、高端制造发展水平的重要标志。

近年来，许多发达国家纷纷布局机器人产业。例如，美国发布了机器人发展路线报告。欧盟启动了民用机器人研发计划"SPARC"。日本制定了机器人技术长期发展战略。韩国制订了"智能机器人基本计划"。

根据中国电子学会发布的《中国机器人产业发展报告（2018年）》，2018年，全球机器人市场规模将达到298.2亿美元，2013—2018年的平均增长率约为15.1%。其中工业机器人168.2亿美元，服务机器人92.5亿美元，特种机器人37.5亿美元。

大力发展机器人产业，对于打造我国制造新优势，推动工业转型升级，加快制造强国建设，改善人民生活水平具有重要意义。机器人的主要类型，如图 3-2 所示。

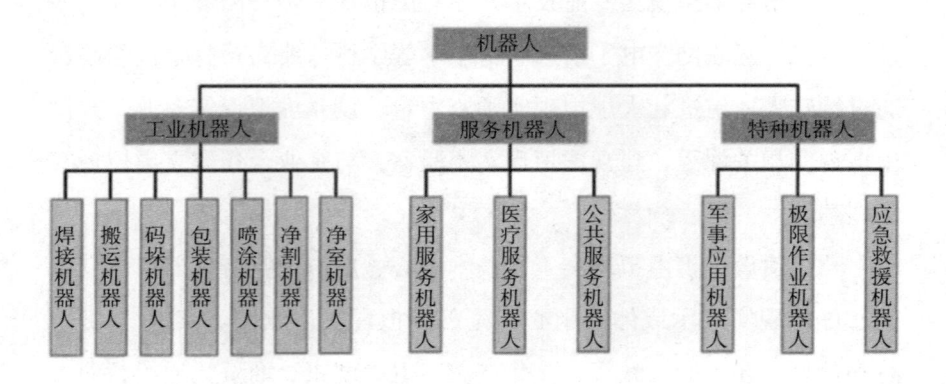

图 3-2　机器人的主要类型

工业机器人

工业机器人是集机械、电子、控制、计算机、传感器、人工智能等多学科先进技术于一体的自动化、智能化装备，是智能制造的重要支撑。

美国是工业机器人的发源地，早在 1962 年就研制出世界上第一台工业机器人。1978 年，美国 Unimation 公司推出通用工业机器人 PUMA，标志着工业机器人技术已经完全成熟。

根据国际机器人联合会发布的《2018 年世界机器人报告》，2017 年，全球的工业机器人销量高达 38 万台，同比增长 29%。其中中国是最大的买家，在 2017 年买下 13.8 万台设备，超过全球总销量的 1/3，同比增长 58%。

2013 年 12 月，工业和信息化部印发了《关于推进工业机器人产业发展的指导意见》，提出了七大任务：围绕市场需求，突破核心技术；培育龙头企业，形成产业集聚；突出区域特色，推进产业布局；推动应用示范，促进转型升级；加强总体设计，完善标准体系；强化公共服务，创新服务模式；推进国际合作，提升行业水平。

为了破解浙江经济长期以来过多依赖低端产业、过多依赖低成本劳动力、过多依赖资源要素消耗、过多依赖传统市场和传统商业模式的问题，浙江省委、省政府于2013年做出了加快推进"四换三名"的重大决策。其中"四换"是指腾笼换鸟、机器换人、空间换地、电商换市，"三名"是指名企、名品、名家。

2013年，浙江省政府提出实施"555机器换人"推进计划，即未来5年每年实施5000个项目，投入5000亿元。通过"机器换人"，浙江省在2013年一年就减少普通劳动用工70万人。2014年1~8月，全省规模以上工业企业的人均劳动生产率、利润同比分别增长9.1%、10.6%，全省万元工业增加值用工人数下降了9.1%，减少了60万简单劳动为主的操作工人。浙江众泰控股集团引进12台全自动智能焊接机器人，生产线员工从120人减至30人，产品一次性合格率提高至99%[①]。

广东一家企业的负责人说，以前这家企业的一个工作岗位需要雇用两个工人，实行两班倒，一年下来工资加"五险一金"等福利需要花费10万元。现在花10万元买一台工业机器人，可以根据订单情况决定是否开启机器、开启多长时间，想什么时候开就什么时候开，想什么时候关就什么时候关，非常方便，一年就可以收回成本。在传统人工生产方式下，企业无法做到想什么时候辞退工人就什么时候辞退工人，想什么时候招到工人就什么时候招到工人。因此，在东南沿海地区，许多企业愿意购买工业机器人来替代工人。富士康昆山工厂通过使用工业机器人，工人数量从11万人减少到了5万人。许多专家学者担心中国人口老龄化以及现行计划生育政策造成劳动力短缺。其

---

① 洪枫，朱艺艺."机器换人"浙江样本调查[J].金华日报，2014-12-21.

实通过推广工业机器人可以大大减少产业经济发展对青壮年劳动力的需求，这样的担心大可不必。

服务机器人

目前，生活类的机器人有智能狗、食品制作机器人、扫地机器人、导购机器人、机器人模特等。

1999年，日本索尼公司推出犬型机器人爱宝（AIBO），当即销售一空。2009年6月9日，在东京"国际食品机械和技术展"上，东洋理机工业株式会社推出了什锦烧机器人。什锦烧机器人能够用刮铲制作什锦烧，将什锦烧盛入盘中双手奉上，问用户喜欢什么样的调料。

2002年，美国iRobot公司推出了吸尘器机器人Roomba（见图3-3），它能避开障碍，自动设计行进路线，还能在电量不足时，自动驶向充电座。

图3-3　吸尘器机器人Roomba

2014年，在广交会会展中心，科沃斯（ECOVACS）推出了导购机器人"旺宝"（Benebot）可以与人类进行视频或音频对话，使消费者迅速了解商品信息。

特种机器人

特种机器人包括太空机器人、海洋机器人、危险品作业机器人、消防机器人和军用机器人等。2012 年，"发现号"航天飞机的最后一项太空任务是将首台人形机器人送入国际空间站。这位机器宇航员被命名为"R2"，它的活动范围接近于人类，并可以执行那些对人类宇航员来说太过危险的任务。在寻找马航 370 的过程中，澳大利亚海军使用了美国制造的"蓝鳍金枪鱼"水下机器人（见图 3-4）。

图 3-4 "蓝鳍金枪鱼"水下机器人

目前出现的军用机器人有扫雷机器人、无人战斗机、无人攻击武器和后勤机器人等。

在武器方面，美军海军研制出了 X-47B 无人驾驶空战系统（UCAS）。美国陆军一直在开发自主旋翼飞机狙击系统，该系统由一挺遥控狙击步枪和一架无人自主直升机组成，将用于城市作战或其他需要部署狙击手的任务中。2009 年 4 月 8 日，在马萨诸塞州沃尔瑟姆，美国陆军测试了高等武装机器人系统（MAARS）——一部可变形的机器人。美军的机器人"士兵"如图 3-5 所示。

图 3-5 美军的机器人"士兵"

在后勤方面，谷歌的智能机器驮驴已用于美军士兵搬运沉重的背包，士兵们可轻装上阵。美国开发了一种名为"寻血猎犬"（Bloodhound）的医疗机器人，这种机器人能够找到受伤的士兵，对其生命机能进行检查并为其提供吗啡。

与发达国家相比，中国机器人产业仍存在较大差距。

一是产业基础薄弱。关键零部件仍严重依赖进口，造成国产机器人成本居高不下。精密减速机、控制器、伺服系统以及高性能驱动器等关键零部件大部分依赖进口，成本占到整体生产成本的70%以上。采购核心零部件的成本就已高于国外同款机器人整体售价，让国内企业很难在国际竞争中胜出。

二是产业支撑体系有待完善。国内缺乏机器人公共技术服务平台，在机器人标准规范方面缺乏国际话语权，机器人专业技术人才严重短缺。我国机器人研发以高校和科研院所为主，科研成果转化率低。机器人是个跨学科的专业，而我国高校普遍存在学科分割的现象。企业研发各自为政，存在重复研发的现象。

三是自主品牌机器人市场影响力弱，推广应用难度大。目前，国产机器人的市场份额仅占约30%，且主要处于行业低端、产业下游。例如，我国自主品牌工业机器人以中低端的三轴、四轴为主，高端的六轴关节机器人占比不足6%[①]。

2014年6月，习近平总书记在与中国科学院院士和中国工程院院士座谈时指出"要把我国机器人水平提高上去，而且要尽可能多地占领市场"[②]。目前，机器人和智能制造已被纳入国家科技创新的优先重点领域。

今后，我国要进一步加大机器人关键零部件的研发力度，夯实中国机器人产业的基础。完善产学研联动机制，建立一批机器人协同创新中心。打破高校院系、学科分割的局面，组建一批机器人研究机构，培养跨学科人才。支持校企合作建立机器人实训基地，培养实用型人才。规划建设一批机器人产业园区，促进机器人产业集聚发展。

[①] 王邵军. 工业机器人产业发展现状及对策 [EB/OL]. 中国皮书网，2015-06-18.
[②] 资料来源：《在中国科学院第十七次院士大会、中国工程院第十二次院士大会上的讲话》（2014年6月9日），人民出版社单行本，第7~8页。

> **延伸阅读：《机器人产业发展规划（2016—2020年）》**
>
> 2016年3月，工业和信息化部、国家发展改革委和财政部联合印发了《机器人产业发展规划（2016—2020年）》，提出了五项主要任务。
>
> 一是推进重大标志性产品率先突破，聚焦智能制造、智能物流，面向智慧生活、现代服务、特殊作业等方面的需求，突破弧焊机器人、真空（洁净）机器人、全自主编程智能工业机器人、人机协作机器人、双臂机器人、重载AGV（自动导引运输车）、消防救援机器人、手术机器人、智能型公共服务机器人、智能护理机器人十大标志性产品。
>
> 二是大力发展机器人关键零部件，全面突破高精密减速器、高性能伺服电机和驱动器、高性能控制器、传感器和末端执行器五大关键零部件。
>
> 三是强化产业基础能力，加强机器人共性关键技术研究和标准体系建设，建立机器人创新中心，建设国家机器人检测评定中心。
>
> 四是着力推进应用示范，围绕制造业重点领域实施应用示范工程，针对工业领域以及救灾救援、医疗康复等服务领域，开展细分行业推广应用，培育重点领域机器人应用系统集成商及综合解决方案服务商。
>
> 五是积极培育龙头企业，支持互联网企业与传统机器人企业跨界融合，以龙头企业为引领形成良好的产业生态环境，带动中小企业向"专、精、特、新"方向发展，形成全产业链协同发展的局面。

如何发展3D打印产业

3D打印是一种以计算机数字化模型为基础，运用粉末状金属或塑料等可黏合材料，通过逐层打印的方式来构造物体的技术，是增材制造（Additive Manufacturing）的主要实现形式。

与传统的"去除型"制造不同，"增材制造"无须原胚和模具，能直接根据计算机图形数据，通过增加材料的方法制造出任何形状的物体，简化产品的制造程序和工艺，缩短产品的研制和生产周期，提高生产效率，降低生产成本。

3D打印最早出现在美国。1984年，美国人查尔斯·胡尔将光学技术应用于快速成型领域，并于1986年成立了世界上第一家生产3D

打印设备的公司——3D Systems，由此拉开了3D打印的帷幕。2017年，全球3D打印市场规模达到73.36亿美元，同比增长17.4%。

根据3D打印材料和工艺的不同，目前市场上主流的3D打印技术包括三维打印快速成型（3DP）、熔融沉积成型（FDM）、光固化成型（SLA）、选区激光烧结成型（SLS）、激光熔覆成型（LMD）、电子束熔化成型（EBM）、聚合物喷射成型（PolyJet）等。

（1）三维打印快速成型技术。通过将液态连接体铺放在粉末薄层上，以打印横截面数据的方式逐层创建各部件，创建三维实体模型。

（2）熔融沉积成型技术。将丝状的热熔性材料加热融化，三维喷头在计算机的控制下根据截面轮廓信息将材料选择性地涂敷在工作台上，快速冷却后形成一层截面，适用于小塑料件。

（3）光固化成型技术。以光敏树脂为原料，通过计算机控制激光按零件的各分层截面信息在液态的光敏树脂表面进行逐点扫描，被扫描区域的树脂薄层产生光聚合反应而固化，形成零件的一个薄层，主要用于复杂、高精度的精细工件快速成型。

（4）选区激光烧结成型技术。通过预先在工作台上铺一层粉末材料，然后让激光在计算机控制下按照界面轮廓信息对实心部分粉末进行烧结，层层堆积成型，主要用于铸造业直接制作快速模具。

近年来，3D打印技术在汽车、医疗卫生、服装鞋帽（见图3-6）、建筑、食品、航空航天、军工等行业都有所应用。英国《经济学人》杂志在《第三次工业革命》一文中，将3D打印技术作为第三次工业革命的重要标志之一。

当前，3D打印技术已经从研发转向产业化应用，其与信息网络技术的深度融合，将给传统制造业带来变革性影响。加快3D打印技术发展，尽快形成产业规模，对于推进我国工业转型升级具有重要意义。

图 3-6　2013 年巴黎时装周上展示的 3D 打印的时装和鞋

经过多年的发展，我国 3D 打印技术与世界先进水平基本同步，在高性能复杂大型金属承力构件 3D 打印等部分技术领域已达到国际先进水平，成功研制出光固化、激光选区烧结、激光选区熔化、激光近净成型、熔融沉积成型、电子束选区熔化成型等工艺装备。3D 打印技术及产品已经在航空航天、汽车、生物医疗、文化创意等领域得到了初步应用，涌现出一批具备一定竞争力的骨干企业。

目前，我国 3D 打印产业化仍处于起步阶段，与先进国家相比存在较大差距，尚未形成完整的产业体系，离实现大规模产业化、工程化应用还有一定距离。关键核心技术有待突破，装备及核心器件、成型材料、工艺及软件等产业基础薄弱，政策与标准体系有待建立，缺乏有效的协调推进机制。

当前，新一轮科技革命和产业变革正在孕育兴起，与我国工业转型升级形成历史性交汇。世界工业强国纷纷将 3D 打印作为未来产业发展新的增长点加以培育，制定了发展 3D 打印的国家战略和具体推动措施，力争抢占未来科技和产业制高点。我国推动高质量发展，急需采用包括 3D 打印技术在内的先进技术改造提升传统产业。不断释放的市场需求将为 3D 打印技术带来难得的发展机遇和广阔的发展空间。为此，应把握机遇，整合行业资源，营造良好发展环境，努力实现 3D 打印产业跨越式发展。

2015 年 2 月，工业和信息化部、发展改革委、财政部联合印发了《国家增材制造产业发展推进计划（2015—2016 年）》，提出着力突破增材制造专用材料，加快提升增材制造工艺技术水平，加速发展增材制造装备及核心器件，建立和完善产业标准体系，大力推进应用示范。

如何发展区块链产业

区块链是由多个参与方共同记录和维护的分布式数据库，该数据库通过哈希索引形成一种链状结构，其中数据的记录和维护通过密码学技术来保护其完整性，使得任何一方都难以篡改、抵赖、造假。

区块链技术提供了不同组织机构在非可信环境下建立信任的可能性，降低了电子数据取证的成本，带来了建立信任的范式转变，在特定场景下可以产生巨大的价值所示。

区块链的特性如下所示。

（1）去中心化：不依赖额外的第三方管理机构或硬件设施。

（2）难以篡改：数据全网传播和同步，篡改成本极为高昂；

（3）自治性：对"人"的信任改变为对机器的信任。

（4）智能化：在区块链上部署智能合约，可以执行复杂的业务逻辑。

（5）隐私性：加密技术的使用，有利于保护用户的身份或其他隐私信息。

（6）安全性：不会因为某个节点的原因影响整个系统的功能和安全。

近年来，我国产业区块链呈现高速发展态势。根据工业和信息化部信息中心发布的《2018年中国区块链白皮书》，截至2018年3月底，我国以区块链为主营业务的企业数量达456家，涉及区块链公司股权投资事件数量达249起，区块链产业初具规模。

目前，我国区块链产业链条已经形成。从上游的硬件制造、平台服务、安全服务，到下游的产业技术应用服务，再到保障区块链产业发展的行业投融资、媒体、人才服务，各领域的公司已经基本完备，协同推动区块链产业发展。

腾讯、阿里巴巴、百度、京东等互联网行业巨头纷纷开展区块链技术研发和场景应用。例如，腾讯采用TrustSQL核心技术构建企业级区块链基础服务平台，并在供应链金融、医疗、数字资产、物流信息、法务存证、公益寻人等多个领域进行应用。阿里巴巴利用区块链技术去中心化、分布式存储及防篡改的特性建立了公益、正品追溯、租赁房源溯源、互助保险等多个应用场景，申请专利数量达80多件。百度实施了国内首单区块链技术支持证券化项目和区块链技术支持交易所ABS（资产支持证券）项目。京东建立了"京东区块链防伪追溯平台"，从解决商品的信任痛点出发，精准追溯到商品的存在性证明特质，解决ABS参与各方的信任问题，在区块链的系统架构上完成交易，确认资产的权属和资产的真实性。

区块链技术具有分布式、防篡改、高透明和可追溯的特性，非常符合金融机构的业务需求，目前已在支付清算、信贷融资、金融交易、证券、保险、租赁等细分领域得到应用。例如，民生银行与中信银行合作推出首个国内信用证区块链应用，中国平安的资产交易、征信两大应用场景都已上线，招商银行推出了国内首个区块链跨境支付应用，微众银行通过基于区块链的机构间对账平台把对账时间从 T+1 日缩短至 T+0，实现了日准实时对账。在防范和化解重大金融风险、创新金融监管模式等方面，区块链技术可以发挥重要作用。

随着区块链技术和应用的快速迭代，区块链从金融行业扩展到电子信息存证、版权管理和交易、产品溯源、数字资产交易、物联网、智能制造、供应链管理等领域。例如，安妮股份基于区块链的版权存证服务，已为百万作品提供了确权服务，部分解决了内容创作者的痛点和难点。沃尔玛基于区块链的食品供应链协作模式使农田到门店的追溯过程从 26 小时缩短到 10 秒钟。在国际贸易中，商品原产地、检验检疫、通关等系列证明文件，各国标准不一，各国有关部门核验这些证明文件的真实性、准确性的成本和难度都比较高，导致国际贸易商品流通效率低。如果采用区块链技术打通各国商品流通信息，可以实现对国际贸易全程溯源，通过证明文件互认互信实现快速通关，提高国际贸易的效率，促进国际贸易便利化。

区块链产业在快速发展过程中出现了一些不容忽视的问题。在区块链产业发展初期，一些不法分子通过 ICO（首次代币发行）进行非法集资、传销甚至诈骗。2017 年 9 月，中国人民银行等 7 个部委联合发布了《关于防范代币发行融资风险的公告》，要求各类代币发行融资活动应当立即停止。一些媒体对区块链过分炒作；一些企业对区块链进行虚假宣传，存在投机行为；一些区块链项目不切实际。例如，有的项目从本质上并没有真正利用区块链技术，只是打着区块链的旗号，获得了与实际价值完全不符的估值。有的项目脱离了实际需求，纯属忽悠。

目前区块链技术还存在一定漏洞。例如，区块链需要引入大量公共资源参与其中，如果参与计算的节点数太少，则会面临 51% 被攻击的可能性。再如，在区块链中，私钥存储在用户终端本地。如果用户的私钥被窃取，将使用户的数字资产造成严重损失。此外，还有可能通过网络攻击造成网络堵塞，迫使区块链网络出现硬分叉，导致对整个区块链系统的可信性受到质疑。除了区块链本身的技术漏洞，网络参与主体责任划分、账本数据最终归属、成本偏高、交易区块具有选择性等问题，也会导致区块链技术在应用过程中存在较大风险。

国务院在区块链方面出台了一系列政策文件。2016 年 12 月，国务院印发了《"十三五"国家信息化规划》，提出加强区块链、基因编辑等新技术基础研发和前沿布局。2017 年 1 月，国务院办公厅印发了《关于创新管理优化服务培育壮大经济发展新动能加快新旧动能接续转换的意见》，提出创新体制机制，突破院所和学科管理限制，在人工智能、区块链、能源互联网等交叉融合领域，构建若干产业创新中心和创新网络。2017 年 11 月，国务院印发了《关于深化"互联网＋先进制造业"发展工业互联网的指导意见》，提出促进人工智能、虚拟现实、区块链等新兴前沿技术在工业互联网中的应用研究与探索。

有关部门一方面要推广应用区块链技术，培育和发展区块链产业；另一方面也要及时制定相关政策法规，依法加强对区块链行业的监管，规避区块链技术和应用风险。

典型案例：广东省佛山市禅城区运用区块链技术构建智信城市

2017 年 6 月，广东省佛山市禅城区在一门式"政务服务"改革形成的真实自然人和法人数据库基础上，运用区块链技术探索社会信用体系建设，创新打造 IMI（I AM I，即"我是我"）身份认证平台，改变原来以第三方授信为主的单点信用模式，构建"自信＋他信＋你信"的信用机制。实施"智信城市"计划，着力营造摩擦小、效率高、成本低的信用社会。目前，佛山市禅城区已形成 14 项区块链创新应用成果。

（1）区块链 + 政务服务。通过区块链 + 信息共享，深化"一门式"政务服务模式改革，推出"零跑腿"App，市民办事足不出户便可全程"网上办"。目前已推出 59 项"零跑腿"政务服务事项，其中 5 项事项实现即办即有，整体运行实现零差错。此外，搭建新市民综合服务平台，接入 IMI 身份认证平台，通过打通各个公共服务部门的信息孤岛，让市民能随时随地掌握行政审批事项办理进度，了解个人可享受的各项社会服务。新市民综合服务平台自启动建设以来，通过大数据分析，主动、精准地为非户籍常住人口推送均等化公共服务。

（2）区块链 + 共享社区。在基层党建的引领下，以物业小区为单元，以共享小屋为载体，建设和谐共享社区平台，搭建点对点党群服务体系。利用 IMI 身份认证平台对社区居民进行身份认证，降低系统资料外泄风险，避免用户身份信息被随意篡改，通过党员带头群众参与，推出"物品"和"技能"共享，打通服务供需两端，以"爱心积分"兑换服务的形式，激励党员和群众参与共享热情，打造熟人社区，实现共建共治共享。目前和谐共享社区线上平台已在 7 个试点社区以党员带头先行的方式开展试运行。

（3）区块链 + 社区矫正。推动公、检、法、司部门之间信息互通互联，实现对社区矫正工作的动态监督，促进社区矫正工作公开、透明、规范运行，预防和减少社矫人员的重新犯罪问题。通过构建服刑人员信用评价体系，助力社矫人员"自证清白"，重塑心理和人生，顺利回归社会。

（4）区块链 + 公证。依托区块链技术，通过对各职能部门数据的提取比对和互用互享，实现公证业务的无纸化申请，减少假证和错证发生率，极大提升"公证"事项的办理效率。目前，市民办理出生医学证明、学历、学位、无犯罪记录等 20 项公证业务已实现"零跑腿"，并杜绝了假证和错证。

（5）区块链 + 食品安全。给菜市场的食品配上唯一的身份 ID，从生产到运输，再到销售等各个环节的信息都记录到区块链上，消费者可以随时查询、验证、最终确认其来源，打造菜篮子的"安全卫士"，让老百姓吃得放心。此外，对中小学生配餐进行溯源，参与主体包括猪贩、肉联厂、猪肉批发商、配餐企业、监管部门。

（6）区块链 + 医疗健康。利用区块链技术，搭建"盘古健康 e 园"App，市民通过互联网即可完成预约挂号、预防接种、智能叫号、在线缴费、健康档案等就医功能。目前，正在佛山市第一人民医院、佛山市中医院、佛山市禅城区向阳医院试点推进。搭建儿童青少年眼健康综合平台，利用区块链技术，为辖区每位学生建立眼健康档案，实现儿童眼健康从筛查到治疗的全过程数字化管理。目前，已在全区选取 10 所小学和 3 所中学试点探索开展中小学生眼健康数字化管理建设工作。

（7）区块链 + 门禁。在流动人员出租屋管理中，通过门禁系统对接 IMI 后，屋主只需要在"IMI"App 进行授权，访客就可以通过扫描二维码进入家中，而且访客的信息也会实时反馈到屋主的手机中，是谁、什么时候进入等信息一目了然。

如何发展数字内容和数字创意产业

数字内容产业

数字内容产业是信息技术与文化创意高度融合的产业形式，包括数字传媒、数字娱乐、数字学习、数字出版等，如网络新闻、动漫游戏、电子图书、网络直播等。

2011年12月，国务院办公厅印发了《关于加快发展高技术服务业的指导意见》，把"数字内容服务"作为八大重点领域之一，提出加强数字文化教育产品开发和公共信息资源深化利用，构建便捷、安全、低成本的数字内容服务体系。促进数字内容和信息网络技术融合创新，拓展数字影音、数字动漫、健康游戏、网络文学、数字学习等服务，大力推动数字虚拟等技术在生产经营领域的应用。进一步推进人口、地理、医疗、社保等信息资源深度开发和社会化服务。

2016年11月底，国务院印发了《"十三五"国家战略性新兴产业发展规划》，提出实施数字内容创新发展工程。依托先进数字技术，推动实施文化创意产品扶持计划和"互联网+"中华文明行动计划，支持推广一批数字文化遗产精品，打造一批优秀数字文化创意产品，建设数字文化资源平台，实现文化创意资源的智能检索、开发利用和推广普及，拓展传播渠道，引导形成产业链。

2016年12月，国务院印发了《"十三五"国家信息化规划》，提出逐步完善数字版权公共服务体系，促进数字内容产业健康发展。

2017年3月，全国人大代表马化腾提交了《关于充分发挥数字内容产业竞争力掌握全球文化产业主导权的建议》的提案，指出了我国数字内容产业发展面临的一些问题：社会对数字内容产业正面评价不足，与其战略位置不匹配；我国原创优质内容匮乏，与全球巨大文化市场不相匹配；推动中华文化"走出去"的高端人才稀缺，与数字内容市场的繁荣不相匹配；数字内容产业面临国内监管和国外政策门槛的双重压力。他建议重新定位数字内容产业在国家战略中的地位，加强翻译与运营人才培养，为我国数字内容的创作、创新营造适度宽松的政策环境，加强海外市场培育与维权。

2017年10月，党的十九大报告提出加强互联网内容建设，建立网络综合治理体系，营造清朗的网络空间。

近年来，网络新闻、网络音乐、网络文学、网络游戏、网络视频、网络直播等基于互联网的数字内容产业快速发展。根据中国互联网络信息中心发布的第44次《中国互联网络发展状况统计报告》，截至2019年6月，我国网络新闻用户规模达6.86亿，占网民整体的80.3%；网络音乐用户规模达6.08亿，占网民整体的71.1%；网络文学用户规模达4.55亿，占网民整体的53.2%；网络游戏用户规模达4.94亿，占网民整体的57.8%；网络视频用户规模达7.59亿，占网民整体的88.8%；网络直播用户规模达4.33亿，占网民整体的50.7%。

数字创意产业

2016年11月底，国务院印发了《"十三五"国家战略性新兴产业发展规划》，提出促进数字创意产业蓬勃发展，创造引领新消费。以数字技术和先进理念推动文化创意与创新设计等产业加快发展，促进文化科技深度融合、相关产业相互渗透。

1. 创新数字文化创意技术和装备

适应沉浸式体验、智能互动等趋势，加强内容和技术装备协同创新，在内容生产技术领域紧跟世界潮流，在消费服务装备领域建立国际领先优势，鼓励深度应用相关领域最新的创新成果。

（1）提升创作生产技术装备水平。加大空间和情感感知等基础性技术研发力度，加快虚拟现实、增强现实、全息成像、裸眼三维图形显示（裸眼3D）、交互娱乐引擎开发、文化资源数字化处理、互动影视等核心技术创新发展，加强大数据、物联网、人工智能等技术在数字文化创意创作生产领域的应用，促进创新链和产业链紧密衔接。鼓励企业运用数字创作、网络协同等手段提升生产效率。

（2）增强传播服务技术装备水平。研发具有自主知识产权的超感影院、混合现实娱乐、广播影视融合媒体制播等配套装备和平台，开拓消费新领域。大力研发数字艺术呈现技术，提升艺术展演展陈数字化、智能化、网络化应用水平，支持文物保护装备产业化及应用。研究制定数字文化创意技术装备关键标准，推动自主标准国际化，完善数字文化创意技术装备和相关服务的质量管理体系。

2.丰富数字文化创意内容和形式

通过全民创意、创作联动等新方式，挖掘优秀文化资源，激发文化创意，适应互联网传播特点，创作优质、多样、个性化的数字创意内容产品。

（1）促进优秀文化资源创造性转化。鼓励对艺术品、文物、非物质文化遗产等文化资源进行数字化转化和开发。依托地方特色文化，创造具有鲜明区域特点和民族特色的数字创意内容产品。加强现代设计与传统工艺对接，促进融合创新。提高图书馆、美术馆、文化馆、体验馆数字化、智能化水平，加强智慧博物馆和智慧文化遗产地建设，创新交互体验应用。

（2）鼓励创作当代数字创意内容精品。强化高新技术支撑文化产品创作的力度，提高数字创意内容产品原创水平，加快出版发行、影视制作、演艺娱乐、艺术品、文化会展等行业数字化进程，提高动漫游戏、数字音乐、网络文学、网络视频、在线演出等文化品位和市场价值。鼓励多业态联动的创意开发模式，提高不同内容形式之间的融合程度和转换效率，努力形成具有世界影响力的数字创意品牌，支持中华文化"走出去"。

3.提升创新设计水平

挖掘创新设计产业发展内生动力，推动设计创新成为制造业、服务业、城乡建设等领域的核心能力。

（1）强化工业设计引领作用。积极发展第三方设计服务，支持设计成果转化。鼓励企业加大工业设计投入，推动工业设计与企业战略、品牌深度融合，促进创新设计在产品设计、系统设计、工艺流程设计、商业模式和服务设计中的应用。支持企业通过创新设计提升传统工艺装备，推进工艺装备由单机向互联、机械化向自动化持续升级。以创意和设计引领商贸流通业创新，加强广告服务，健全品牌价值体系。制定推广行业标准，推动产业转型升级。支持建设工业设计公共服务平台。通过工业设计推动中国制造向中国创造、中国速度向中国质量转变。

（2）提升人居环境设计水平。创新城市规划设计，促进测绘地理信息技术与城市规划相融合，利用大数据、虚拟现实等技术，建立覆盖区域、城乡、地上地下的规划信息平台，引导创新城市规划。从宏观、中观、微观等多层面加强城市设计，塑造地域特色鲜明的风貌。鼓励建筑设计创作，完善招投标制度和专家评标制度，扩展建筑师执业服务范围，引导建筑师参与项目策划、建筑设计、项目管理，形成激励建筑师创作的政策环境。加大建筑师培养力度，培育既有国际视野又有文化自信的建筑师队伍。倡导新型景观设计，改善人居环境，进一步提高装饰设计水平。

4.推进相关产业融合发展

推动数字文化创意和创新设计在各领域应用，培育更多新产品、新服务以及多向交互融合的新业态，形成创意经济无边界渗透格局。

（1）加快重点领域融合发展。推动数字创意在电子商务、社交网络中的应用，发展虚拟现实购物、社交电商、"粉丝经济"等营销新模式。推动数字创意在教育领域的应用，提升学习内容创意水平，加强数字文化教育产品开发和公共信息资源深度利用，推动教育服务创意化。提升旅游产品开发和旅游服务设计的文化内涵和数字化水平，促进虚拟旅游展示等新模式创新发展。挖掘创意"三农"发展潜力，提高休闲农业创意水平，促进地理标志农产品、乡村文化开发，以创意民宿推动乡村旅游发展和新农村建设。推动数字创意在医疗、展览展示、地理信息、公共管理等领域应用。构建数字创意相关项目资源库和对接服务平台，创新使用多种形式的线上线下推广手段，广泛开展会展活动，鼓励行业协会、研究机构积极开展跨领域交流合作。

（2）推进数字创意生态体系建设。建立涵盖法律法规、行政手段、技术标准的数字创意知识产权保护体系，加大打击数字创意领域盗版侵权行为力度，保障权利人合法权益。积极研究解决虚拟现实、网络游戏等推广应用中存在的风险问题，切实保护用户生理和心理健康。改善数字创意相关行业管理规制，进一步放宽准入条件，简化审批程序，加强事中事后监管，促进融合发展。

第四章
推进产业数字化

习近平总书记在全国网络安全和信息化工作会议上强调，要推动产业数字化，利用互联网新技术新应用对传统产业进行全方位、全角度、全链条的改造，提高全要素生产率，释放数字对经济发展的放大、叠加、倍增作用。要推动互联网、大数据、人工智能和实体经济深度融合，加快制造业、农业、服务业数字化、网络化、智能化。本章从推进两化融合，发展智能制造、工业互联网，推进产品信息化等角度论述了如何推进工业数字化转型以及如何推进农业农村数字化转型、如何推进服务业数字化转型、如何推进企业数字化转型。

如何推进信息化与工业化融合

两化融合是指信息化与工业化在技术、产品、管理、产业等各个层面相互交融，并催生工业电子、工业软件、工业信息化服务业等新产业的过程。

信息化与工业化融合（简称"两化融合"）最早是在党的十七大报告中被提出来的。党的十七届五中全会进一步提出"推动工业和信息化深度融合"（简称"两化深度融合"）。党的十八大报告再次提出"推动信息化和工业化深度融合、工业化和城镇化良性互动、城镇化和农业现代化相互协调，促进工业化、信息化、城镇化、农业现代化同步发展"。推动两化深度融合，是促进我国工业转型升级、走中国特色新型工业化道路的重要举措。

两化融合包括技术融合、产品融合、业务融合和产业衍生四个方面，需要从企业、行业、区域三个层次推动，如图4-1所示。

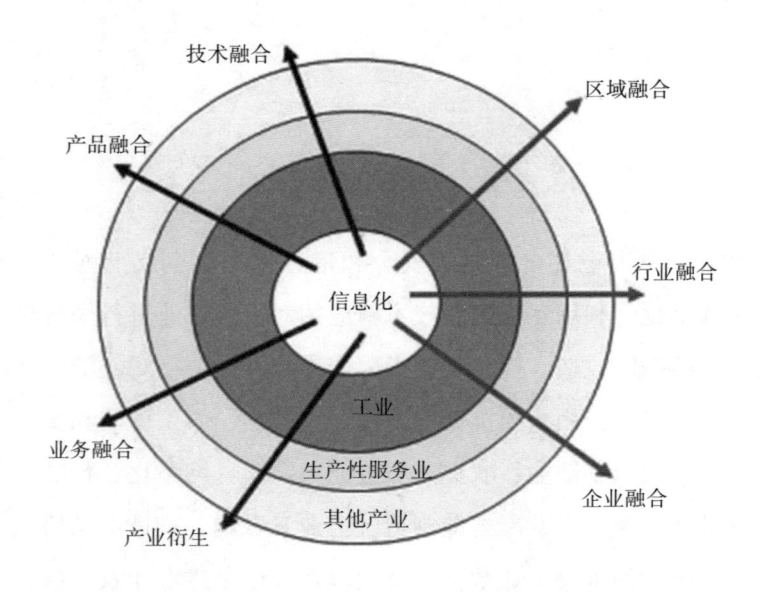

图 4-1 两化融合总体框架

技术融合是指工业技术与信息技术的融合，产生新的技术，推动工业技术创新。例如，机械技术和电子技术融合产生的机械电子技术，工业和控制技术融合产生的工业控制技术。

产品融合是指电子信息技术融入产品，提高产品的技术含量和附加值。例如，一般情况下，数控机床比同类型的普通机床的售价要高。产品融合是提高产品档次和利润的重要方法。

业务融合是指信息技术应用到企业研发设计、生产制造、经营管理、市场营销等各个环节，提高企业市场竞争力。例如，在研发设计采用 CAD（计算机辅助设计）、3D 打印技术等，在生产制造环节采用集散控制系统（DCS）、制造执行系统（MES）等，在经营管理环节采用 ERP（企业资源计划）、SCM（供应链管理）、CRM、BI 等，在市场营销环节利用电子商务平台销售产品。

产业衍生是指信息化与工业化融合之后催生出的新产业，如汽车电子、船舶电子、航空电子、机械电子等工业电子产业，工业控制、工业仿真等工业软件产业，企业信息化咨询等工业信息化服务业。

两化深度融合是指信息化与工业化在更大的范围、更细的行业、更广的领域、更高的层次、更深的应用、更多的智能实现彼此交融，是两化融合发展的高级阶段。从范围来看，两化融合工作从省、自治区、直辖市、地级市向县级市、区县、乡镇、园区延伸。从行业来看，两化融合的行业分类指导更细，如从原材料工业到建材行业再到水泥行业。从领域来看，两化融合从单个企业的信息化向产业链信息化、产业集群信息化延伸。从层次来看，两化融合不只是停留在信息技术应用层面，还引发商业模式变革，催生新的业态。从应用来看，物联网、云计算、移动互联网、大数据等新一代信息技术将在工业领域得到广泛应用。从智能来看，企业生产经营的自动化、智能化程度更高，涌现出一批"智慧企业""智慧行业""智慧产业"。

如果说以前的两化融合只是把两种物质搅在一起，产生"混合物"，那么两化深度融合将使两种物质起化学反应，产生"化合物"。两化深度融合是两化融合的继承和发展，不是另起炉灶，而是在两化融合实践的基础上，在一些关键领域进行深化、提升。

两化融合发展现状

1. 两化融合组织政策体系逐步完善

在组织机构建设方面，2008 年国务院机构改革组建工业和信息化部，负责推进信息化与工业化融合。之后，工业和信息化部成立了由 15 个司局组成的促进两化融合工作组，并制订了《促进两化融合工作组成员司局主要任务计划》。2009—2011 年，全国各省、自治区、直辖市及其下属的地市、区县相继开展政府机构改革，组建工业和信息化主管部门，并把推进两化融合作为工业和信息化主管部门的重要职能。

在规划和政策制定方面，工业和信息化部、科技部、财政部、商务部、国资委联合印发的《关于加快推进信息化与工业化深度融合的若干意见》明确了国家推进两化深度融合的指导思想、基本原则、发展目标、主要任务以及政策措施。2013年8月，工业和信息化部印发了《信息化和工业化深度融合专项行动计划（2013—2018年）》，提出实施"企业两化融合管理体系"标准建设和推广行动、企业两化深度融合示范推广行动、中小企业两化融合能力提升行动、电子商务和物流信息化集成创新行动、重点领域智能化水平提升行动、智能制造生产模式培育行动、互联网与工业融合创新行动、信息产业支撑服务能力提升行动。目前，全国绝大部分省市都制定了两化融合方面的政策，两化融合推进工作正在有序开展。

2. 两化融合试点示范工作成效显著

在国家层面，2009年，工业和信息化部批准了珠江三角洲、上海、重庆、广州、南京、青岛、呼包鄂、唐山暨曹妃甸8个第一批国家级两化融合试验区。2011年，工业和信息化部批准了长株潭、西安-咸阳、柳州-桂林、沈阳、合肥、郑州、昆明、兰州8个第二批国家级两化融合试验区。这些试验区在当地党委和政府的正确领导下，依靠工业和信息化主管部门的牵头组织和社会各界的广泛参与，两化融合取得了明显的经济和社会效益：提升了企业的核心竞争力，催生了一批新型的企业发展模式，增强了中小企业的生存和发展能力，促进了产业转型升级，促进了区域经济发展方式转变，提升了区域绿色安全发展能力，建立了协同推进的工作体系，形成了强有力的政策支持。

在地方层面，许多省市开展了两化融合试点示范工作，确定试验区、示范区、试点示范工程、试点示范项目、试点示范企业等，引导、引领当地两化融合推进工作，示范效应和带动作用非常明显。例如，广东省经济和信息化委员会开展了省级两化融合示范试验区创建工作。江苏省经济和信息化委员会出台了《江苏省信息化和工业化融合示范区认定办法》，开展了省级两化融合示范区、省级两化融合试验区创建工作。浙江省经济和信息化委员会制定了《浙江省产业集群两化深度融合试验区实施方案》。

3. 两化融合有力提升了中国工业企业的竞争力

在研发设计方面，目前我国工业企业普遍利用计算机辅助设计、系统仿真等技术开展研发设计，大幅提高自主创新能力。主要行业大中型企业数字化设计工具普及率超过60%。汽车、飞机等行业实现了研发设计与生产制造系统的综合集成，产业链协同设计体系日臻成熟，降低了研发成本，提高了研发效率。芯片、嵌入式软件等信息技术广泛应用于各类工业产品，改善了产品的功能和性能，提高了产品附加值。自主研制的数控机床等高端智能装备打开了海外市场。自主研发的电力调度控制设备系统占据国内大部分市场。

在生产制造方面，机械、船舶、汽车、纺织、电子等行业生产设备和重大技术装备的数字化、智能化、网络化改造步伐加快，钢铁、石化、有色、纺织、医药等行业过程控制和制造执行系统全面普及，重点行业关键工序数（自）控化率超过50%，大幅提高了产业精准制造、极端制造、敏捷制造能力。

在经营管理方面，重点行业骨干产品生命周期管理、企业资源管理、供应链管理加速普及和综合集成，实现了产销一体、管控衔接和集约生产，促进企业组织扁平化、决策科学化和运营一体化，企业核心竞争力不断增强。

4. 两化融合有力支撑了中小企业健康成长

2008年3月，国家发展改革委、原信息产业部、原国务院信息化工作办公室等8个部门联合印发了《关于强化服务 促进中小企业信息化的意见》。2008年以来，全国各级中小企业主管部门通过制定政策、搭建平台、强化服务，引导社会各界广泛参与，调动和发挥了市场主体的积极性，实现了信息、技术、人才、资金等信息化要素集聚和优化配置，形成了供需互动、合作双赢的中小企业信息化推进机制。

近年来，工业和信息化部把信息化作为提高中小企业创新能力、增强竞争力的重要举措，围绕中小企业信息化的难点问题，积极组织实施中小企业信息化推进工程，以开展调查研究和信息化服务平台试点，组织社会资源、加强公共服务和信息化支持体系建设，总结交流经验、研究典型案例，在中小企业发展专项资金项目中，安排信息化提升企业素质的补助项目等为工作重点，促进中小企业应用信息技术，提高研发、管理和市场开拓能力。

工业和信息化部中小企业司组织实施了中小企业信息化推进工程。通过开展"中小企业健康成长计划""育林计划""电子商务服务商支持中小企业特别行动计划""信用之星计划"等重点计划，精益研发、管理升级、电子商务应用、融资服务等一批面向中小企业的公共服务平台投入应用，有效解决了中小企业创新能力弱、管理水平低、资金不足、市场开拓难等突出困难，为中小企业特别是小微企业的发展壮大创造了有利条件。

5. 两化融合有力促进节能减排和安全生产

近年来，通过信息技术手段开展节能减排和安全生产，工业各行业单位GDP能耗、单位GDP事故死亡率逐年下降。

在节能减排方面，工业企业利用信息化手段实施节能减排的积极性有了较大提高，中国铝业等一些企业把两化融合促进节能减排列为企业降本增效的重点工作。许多企业围绕单体设备、关键环节、单一工序应用信息系统实现节能减排。专业化的能源管理信息系统在钢铁、石化等重点行业得到应用，并向有色、建材等行业扩展。产业链、产业集群范围的两化融合促进节能减排逐渐兴起。为两化融合促进节能减排提供产品和服务的供应商越来越多，涌现出了一批在实践中成长起来的、应用效果比较明显的两化融合促进节能减排公共服务平台。一些地方通过合同能源管理模式，实现了工业企业、信息化服务企业以及政府的多方共赢。

广州珠江啤酒股份有限公司通过采用智能制造技术，单位产量用水节约 31.93%，COD 排放减少 72.03%，二氧化硫排放减少 81.39%（见表 4-1）。

表 4-1　信息化促进广州珠江啤酒股份有限公司节能减排情况

节能减排指标	2005 年	2012 年	下降率 (%)
吨酒综合能耗（公斤/吨）	53.84	36.53	32.15
吨啤酒耗电（千瓦时/吨）	86.59	77.76	10.20
吨啤酒耗煤（公斤/吨）	41.79	26.02	37.74
吨啤酒用水（立方米/吨）	5.48	3.73	31.93
吨酒 COD 排放量（公斤/吨）	0.236	0.066	72.03
吨酒烟尘排放量（公斤/吨）	0.037	0.016	56.75
吨酒二氧化硫排放量（公斤/吨）	0.462	0.086	81.39

在安全生产方面，工业企业已经普遍意识到利用信息化手段加强安全生产管理的重要性，安全生产管理逐步由变被动转为主动、从事后处理转变为事前预防。两化融合促进安全生产行业特征明显，应用重点集中在高危行业的关键环节。在民爆行业，生产线和储运是安全生产的关键点，大多数企业通过在危险工序、库房、装卸点等安装视频监控系统，对生产、运输情况进行实时监控。一些企业利用计算机仿真、虚拟现实等手段，对安全操作的流程、突发事故处理进行模拟，为安全生产培训等提供了新手段，提高了工作人员对安全管理制

度的理解和执行力。

6. 与两化融合相关的新兴产业快速发展

两化融合催生了工业电子、工业软件、支撑两化融合的生产性服务业等新兴产业。近年来，我国信息通信技术产业快速发展。2018年，全国规模以上电子信息制造业增加值同比增长13.1%，实现出口交货值同比增长9.8%，主营业务收入同比增长9%；全国软件和信息技术服务业规模以上企业达3.78万家，累计完成软件业务收入63061亿元，同比增长14.2%（见图4-2）；我国规模以上互联网和相关服务企业完成业务收入9562亿元，比上年增长20.3%（见图4-3）。此外，两化融合还带动

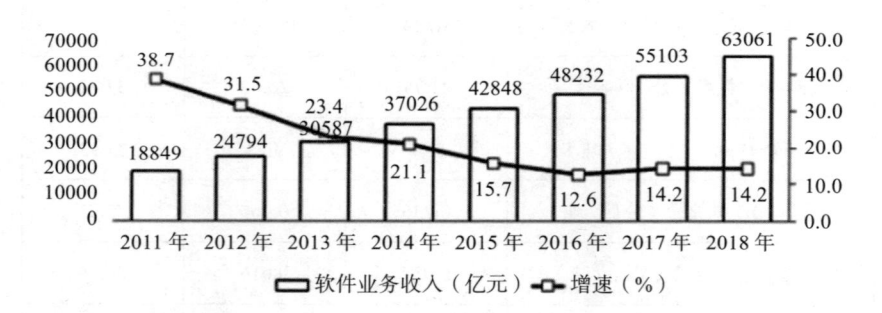

图4-2 2011—2018年，我国软件业务收入增长情况

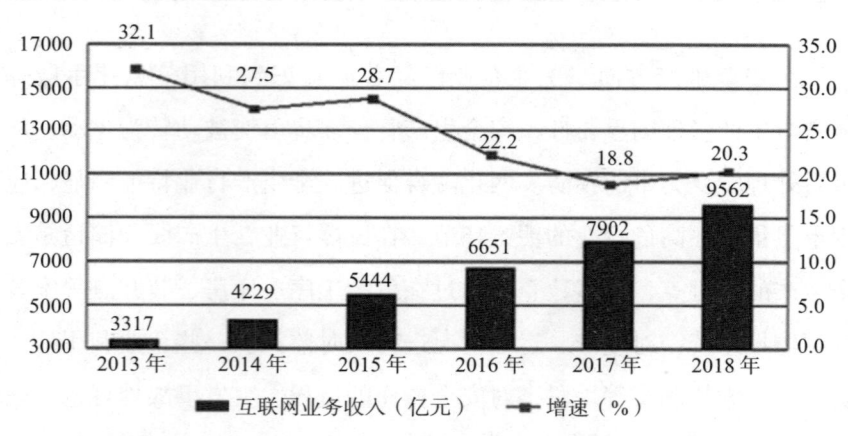

图4-3 2013—2018年，我国互联网业务收入增长情况

了物联网、云计算、移动互联网、大数据、3D 打印等新兴产业的发展。

两化融合发展趋势

在今后一段时间，我国两化融合将向纵深推进和广度扩展。在深度方面，两化融合将更强调企业信息系统的集成化、智能化，强调信息化引发商业模式创新。在广度方面，两化融合将从单一企业向产业链、产业集群延伸，从工业信息化向生产性服务业信息化延伸，从省市向区县延伸。下面具体分析几个两化融合发展趋势。

1. 新一代信息技术的应用将改变企业信息化建设模式

随着物联网、云计算、移动互联网等新一代信息技术的不断成熟和普及，新一代信息技术将引发企业信息化建设和应用模式的变革。物联网技术在车间的应用，使生产设备之间、生产设备与信息系统之间可以无缝连接，这将极大地促进生产自动化，催生一大批"无人工厂"。物联网技术在工业产品的应用，将促进制造业服务化，使传统制造向服务型制造转变。云计算技术的应用，将改变企业信息化自行建设的传统模式，促进企业 IT 服务外包。企业可以不再自行购买信息化建设所需的软硬件，而是向云计算服务商支付一定的服务费，即可使用云平台的软硬件。基于云计算的信息化模式，不但有利于大型企业集团管控所需的数据大集中，而且有利于降低中小企业信息化门槛。移动互联网技术的应用，将促进企业信息系统的移动化，移动版的企业信息化软件将大行其道，移动办公、移动管理、移动电子商务等将逐渐普及，移动智能终端将成为必备的办公和管理工具。

2. 两化融合将从单一企业信息化向产业链、产业集群信息化延伸

现代企业的竞争已经不是单个企业之间的竞争，而是产业链之间的竞争，即企业不但要依靠自己的资源，还必须把经营过程中的有关各方如供应商、制造工厂、分销网络、客户等纳入一条紧密的产业链

中，才能在市场上获得竞争优势。为了实现即时生产，及时了解市场需求动态信息，企业信息系统既要与上游原材料供应商的信息系统对接，也要与下游分销商的信息系统对接。这样，企业把订单生成物料需求（BOM表，即物料清单），由原材料供应商进行备货、供货；企业可以掌握每类产品的销售情况，及时调整生产计划。

改革开放以来，中国以中小企业集聚为特征的产业集群发展迅速，日益显现出"小企业大协作、小产品大市场、小资本大集聚、小产业大规模"的局面，在区域经济和产业发展中日益发挥重要的作用。集群内的许多中小企业对信息化有共性需求，需要通过建设全程电子商务平台等信息化服务平台，提升集群内企业的信息化水平。

3. 传统企业和行业将逐渐向智慧企业和智慧产业演变

随着智能化技术的发展和应用，传统企业将向智慧企业演变，传统行业将向智慧产业演变。现代市场竞争日趋激烈，必须提高企业的"智商"，才能在激烈的市场竞争中获胜。简单地说，智慧企业就是生产经营智能化水平较高的企业。与传统企业相比，智慧企业具有学习和自适应能力，能够灵敏地感知企业内外环境的变化并快速做出反应。今后，商业智能系统等智能化的信息系统将在企业得到越来越广泛的应用。

智慧产业是指数字化、网络化、信息化、自动化、智能化程度较高的产业。智慧产业是智力密集型产业、技术密集型产业，而不是劳动密集型产业。与传统产业相比，智慧产业更强调智能化，包括研发设计的智能化、生产制造的智能化、经营管理的智能化、市场营销的智能化。智慧产业的一个典型特征是物联网、云计算、移动互联网等新一代信息技术在产业领域的广泛应用。成为智慧产业是传统工业转型升级的方向。

加快工业化和信息化深度融合，把数字化、网络化、智能化、绿色化作为提升产业竞争力的技术基点，推进各领域新兴技术跨界创新，构建结构合理、先进管用、开放兼容、自主可控、具有国际竞争力的现代产业技术体系，以技术的群体性突破支撑引领新兴产业集群发展，推进产业质量升级。

——《国家创新驱动发展战略纲要》

推动两化深度融合，应从新技术应用、产品、集成创新、两业融合、产业衍生、产业集群6个方面进行突破。

一是在工业领域推广新一代信息技术。围绕生产制造、经营管理、节能减排和安全生产等重点领域，开展"工业物联网"应用试点示范工作，将物联网技术应用到生产过程控制、生产设备监控、产品质量溯源、物流管理等领域。发展具有协作能力的工业机器人群，建设"无人工厂"（见图4-4）。鼓励大型企业建设私有云，解决工业设计、工业仿真、财务核算等方面所需超大计算力的问题。鼓励市场化运作的专业机构建设面向中小企业的云服务平台，降低中小企业信息化门槛。鼓励企业开发App，发展移动电子商务。鼓励大型企业利用数据挖掘、数据可视化等技术对大数据进行开发利用，更好地驾驭企业和满足客户需求。

图4-4 江中集团的无人化智能工厂

二是推进产品信息化，提高产品的信息技术含量。提高产品的网络化、智能化水平，提高产品的"智商"，从而提高产品的附加值。重点发展智能家电、智能家具、智能化的工业装备、工程机械、智能汽车、无人机等。通过开展产品"智商"评测，引导人们的信息消费。图4-5为智能水杯。图4-6为海尔集团的互联工厂。

图4-5 智能水杯

图4-6 海尔集团的互联工厂

四是以两化融合支撑先进制造业和现代服务业融合（简称"两业融合"），加速"制造业服务化、服务业产品化"过程。在服装、家具等行业推广基于信息化手段的大规模定制。利用信息化手段支撑业务流程外包，实现非核心业务外包，提高企业核心竞争力。推进研发设计、售后服务等生产性服务业信息化。鼓励信息化部门从原企业剥离出来，为原行业甚至其他行业提供信息化产品和服务。

五是培育和发展工业电子、工业软件、工业信息化服务业。在发展工业电子产业方面，整合研发资源，构建产学研合作体系，突破一批关键技术，重点发展汽车电子、船舶电子、机电一体化。在工业软件产业方面，重点发展研发设计软件、生产控制软件，以应用带动嵌入式软件发展。在发展工业信息化服务业方面，大力发展 B2B（企业对企业）电子商务、企业信息化咨询。

六是推进产业集群两化融合。开展调查研究，立足产业集群的共性需求、瓶颈问题和关键环节，找准切入点，开展试点示范，循序渐进地推进产业集群两化融合。采用"政府补一点，平台让一点，企业出一点"的方式，支持一批面向产业集群的、市场化运作的信息化服务平台。

推动两化深度融合，有利于促进工业转型升级，推动制造业高质量发展。因此，各地应把推动两化深度融合作为推动区域经济高质量发展的一项重要举措，加强政策引导，加大资金投入，完善支撑体系，使两化深度融合成为地方经济发展的"助推器"。

延伸阅读：大规模定制

1970 年，美国未来学家阿尔文·托夫勒 (Alvin Toffler) 在《未来的冲击》(*Future Shock*) 一书中提出了一种全新的生产方式设想：以类似于标准化和大规模生产的成本和时间，提供客户个性化需求的产品和服务。1987 年，斯塔特·戴维斯 (Start Davis) 在《未来的完美》(*Future Perfect*) 一书中首次将这种生产方式称为大规模定制 (mass customization，MC)。

2006 年，维尚集团建立了家具企业大规模定制生产系统，日产能力较之前增长了 6~8 倍，材料利用率从 70% 提升至 90%，出错率从 30% 下降至 10%，交货周期从 30 天缩短至 10 天左右，解决了传统家具企业库存大、资金周转慢等问题。青岛红领（酷特）集团通过建立面向 MTM（个性化定制）的服装数字化设计制造一体化系统，生产成本下降了 30%，设计成本下降了 40%，原材料库存减少了 60%，生产周期缩短了 40%，产品储备周期缩短了 30%。

如何发展智能制造和智慧工业

中国是"制造大国""世界工厂"。目前，中国制造业面临土地、劳动力、原材料以及资源、能源、环境等因素的制约，许多企业处于产业链中低端。工业是许多地方的支柱产业，必须大力发展智能制造和智慧工业，推动工业高质量发展。

智能制造

《中国制造 2025》提出把智能制造作为两化深度融合的主攻方向；着力发展智能装备和智能产品，推进生产过程智能化，培育新型生产方式，全面提升企业研发、生产、管理和服务的智能化水平。

智能制造是指企业生产经营和产品的智能化程度都比较高。从企业生产经营的过程来看，研发设计、生产制造、经营管理、市场营销等关键业务环节的自动化、智能化水平较高。从产品来看，产品采用了数字化、网络化、智能化技术，产品的信息技术含量较高。智能制造是制造业发展的高级阶段，是先进制造业的重要内容，是两化深度融合的具体体现。

1. 推动新一代信息技术与现代制造业结合

在车间管理、供应链管理等领域推广物联网技术，发展工业互联网，实现生产设备联网，提高企业生产效率。支持传统软件产品提供商向云服务提供商转型，鼓励企业在工业设计、工业仿真、企业管理等方面应用云计算平台。鼓励企业开发 App，推动传统业务应用系统

App 化，开展微博和微信营销。鼓励企业在生产过程、市场营销等方面开展大数据分析，以便优化生产工艺流程，实现精准营销。鼓励企业在工业设计、产品制造等方面应用 3D 打印技术。

延伸阅读：社会制造[①]

社会制造是指利用 3D 打印、网络制造等技术，通过众包等方式让社会公众充分参与产品的研发设计和生产制造过程，是一种个性化、实时化的生产模式。社会制造将促进传统企业向能够主动、实时地感知并响应用户大规模定制需求的智慧企业转型，把社会需求与企业制造能力有机衔接起来，从而有效地实现供需对接。

---

2. 推进关键业务环节智能化

在研发设计环节，采用智能化的三维数字化设计软件、计算机仿真系统等手段。在生产制造环节，采用工业机器人、制造执行系统等手段。在经营管理环节，采用商业智能系统等手段。在市场营销环节，采用大数据营销等手段。

3. 分类指导，推进各行业、各领域智能化

对于食品、医药、化工等流程型行业，重点发展全自动生产线、工业机器人、在线检测等技术，实现生产控制、产品检测的智能化。对于机械装备、汽车、船舶等离散型行业，重点推广高级排产系统（APS）、MES 等，建设智能化的供应链管理系统，实现生产计划管理、供应链管理的智能化。对于钢铁、有色金属、石化、建材等高能耗、高污染行业，重点发展绿色智能制造，推广变频节能技术，建立智能化的能源管理中心，实现生产工艺流程优化的智能化，促进本行业的

---

① 王飞跃. 从社会计算到社会制造：一场即将来临的产业革命 [J]. 中国科学院院刊，2012(06).

节能减排。对于煤炭、铁路、民用爆炸物、船舶、航空、核电等，重点发展智能化的在线监测和预警系统，实现对设备的运行参数以及温度、压力、浓度等运行环境参数的在线自动监测，当超过设定阈值时系统能够自动报警，并自动采取相应的安全措施。

4. 发展智能制造装备工业

智能制造装备是智能制造的基础。要把发展智能制造和发展智能制造装备工业结合起来，以发展智能制造带动智能制造装备工业的发展，以发展智能制造装备工业来支撑智能制造的发展。大力发展工业机器人产业。推动传统机械装备行业向工业机器人行业转型，提高产品附加值。把工业机器人服务业作为一种新兴的生产性服务业，培育和发展工业机器人服务业。

智慧工业

智慧工业是指数字化、网络化、信息化、自动化、智能化程度较高的工业。智慧工业是智力密集型工业、技术密集型工业，而不是劳动密集型工业。与传统工业相比，智慧工业更强调智能化，包括研发设计的智能化、生产制造的智能化、经营管理的智能化、市场营销的智能化。智慧工业的一个典型特征是物联网、云计算、移动互联网、大数据等新一代信息技术在工业领域的广泛应用。大力发展智慧工业，是推动信息化与工业化深度融合的重要举措，是推进中国工业转型升级的重要途径。

智慧工业已经引起中国政府的重视，工业和信息化部等政府部门制定了一些相关政策。2011年4月，工业和信息化部、科技部、财政部、商务部、国资委联合印发了《关于加快推进信息化与工业化深度融合的若干意见》，把"智能发展，建立现代生产体系"作为推动两化深度融合的基本原则之一。该意见提出把智能发展作为信息化与工业化融合长期努力的方向,推动云计算、物联网等新一代信息技术应用,促进工业产品、基础设施、关键装备、流程管理的智能化和制造资源与能力协同共享,推动工业链向高端跃升。

目前,物联网、云计算、移动互联网等新一代信息技术已在一些工业领域得到应用。例如,物联网技术在产品信息化领域应用,出现了"物联网家电"等新产品。无锡一棉利用物联网技术对产量、质量、机械状态等9类168个参数进行监测,并通过与企业 ERP 系统对接,实现了管控一体化和质量溯源,提升了生产管理水平和产品质量档次。北京市计算中心建成了每秒浮点运算能力达到100万亿次的工业云计算平台,提供 Ansys、Fluent、Abaqus、BLAST、Gromacs 等20余种工业软件,已成功应用于北京长城华冠汽车公司的汽车碰撞仿真等项目。移动互联网技术在企业移动办公、移动视频监控等领域得到应用。

发展智慧工业有利于促进区域经济发展,各地应以加快转变经济发展方式为主线,围绕本地区工业转型升级的总体要求,统筹规划,集中资源,营造环境,加强服务,加强信息技术在重点行业、龙头企业的集成应用和融合创新,大力研发智能产品,发展智能装备,构建智慧企业,打造智慧园区,推动本地区工业向高端化、高质化、集群化、集约化方向发展。

1.推广物联网、云计算等新一代信息技术

一是推进物联网技术在智慧工业中的应用。在汽车、船舶、机械装备、家电等行业推广物联网技术,推动智慧汽车、智能家电、车联网、船联网等的发展。通过进料设备、生产设备、包装设备等的联网,提高企业产能和生产效率。在供应链管理、车间管理等管理领域推广物联网技术。利用物联网技术对企业能耗、污染物排放情况进行实时监测,对能耗、COD、SO_2 等数据进行分析,以便优化工艺流程,采取必要的措施。二是推进云计算技术在智慧工业中的应用。鼓励企业在工业设计、工业仿真等方面应用云计算技术，以提高研发设计效率，降低研发设计成本。鼓励第三方 SaaS 平台运营商向云服务平台运营商转型，支持一批优秀的管理软件提供商建设云服务平台。鼓励中央企业、大型企业集团对数据中心进行升级改造，为企业信息化规模扩展和应用深化提供支撑。三是推进移动互联网技术在智慧工业中的应用。大力发展移动电子商务。支持软件企业开发移动版的 ERP、CRM、SCM 等管理系统，建设面向企业的应用程序商店。鼓励企业实施移动办公，应用移动版管理软件，购买基于智能移动终端的应用程序，建设移动版的企业门户网站。四是推进大数据技术在智慧工业中的应用。支持软件企业开发能够存储、处理和管理大数据的新型数据库管理系统。鼓励大型企业集团建设数据仓库、数据中心，实施商业智能系统，开展数据挖掘和数据联机分析。鼓励大型企业集团把非核心的大数据业务外包给专业的第三方机构。

2. 推进产品智能化

一是把电子信息技术"嵌入"产品，提高产品的技术含量，使产品数字化、网络化、智能化，增强产品的性能和功能，提高产品附加值。例如，在汽车、船舶、机械装备、家电、家具等产品中集成由电子元器件、集成电路、嵌入式软件等构成的信息系统。支持汽车电子、船舶电子、航空电子、机械电子、医疗电子等工业电子工业的发展，发展智能汽车、智能船舶、智能飞机、智能机械装备、智能医疗器械。支持企业把普通机床改造为数控机床，开展机电一体化建设。支持高端智能装备的发展。利用物联网技术提高汽车、工程机械、家电等产品的智能化程度。二是从产品设计到产品使用整个产品生命周期采用信息化手段。在产品设计阶段，采用三维数字化设计软件、工业设计素材库、计算机仿真等手段。在产品制造阶段，采用数控机床、制造执行系统、工业机器人等手段。在产品管理方面，采用产品数据管理系统、产品生命周期管理系统、产品质量管理系统等。在产品使用阶段，利用物联网技术对产品运行情况进行远程监测，对故障进行远程诊断，并将产品缺陷信息反馈到设计和制造部门，以便不断改进产品质量和性能。

3. 推进节能减排和安全生产领域的智能化

一是推进双高行业节能减排的智能化。对于钢铁、有色金属、石化、建材等高能耗、高污染行业，重点发展绿色智能制造，推广变频节能技术，建立智能化的能源管理中心，实现生产工艺流程优化的智能化，促进本行业的节能减排。例如，对于钢铁行业，在炼铁、炼钢、轧钢等工艺中，利用计算机控制技术，实现自动化、精确化生产作业，减少能源、原材料的消耗和污染物排放；研究建立高炉、转炉、精炼、连铸、初轧、热轧、冷轧、中厚板、管材、线材等整个钢铁工艺流程的数学模型，开发相应的计算机控制系统、计算机仿真系统等。二是推进高危行业安全生产的智能化。对于煤炭、铁路、民用爆炸物、船舶、航空、核电等，重点发展智能化的在线监测和预警系统，实现对设备的运行参数以及温度、压力、浓度等运行环境参数的在线自动监测，当超过设定阈值时系统能够自动报警，并自动采取相应的安全措施。在安全信息管理分析、安全生产动态监测监控、安全隐患排查、安全事故应急管理、安全生产调度指挥、特种设备管理、人员安全管理、安全生产综合管理、安全环保健康（HSE）、高危工业产品运输监控和管理、机床数控化安全提升等重点领域推进安全生产信息系统智能化。建立基于物联网的矿山井下人、机、环监控及调度指挥综合信息系统、基于物联网的高危工业产品运输监控管理系统。围绕危险作业场所的安全风险评估、多层防护、人机隔离、远程控制、监测报警、灾害预警、应急处置等方面，深化电子信息技术的综合集成应用。

4.分类指导，推进各行业智能化

对于食品、医药、化工等流程型行业，重点发展全自动生产线、工业机器人、在线检测等技术，实现生产控制、产品检测的智能化。例如，在食品行业，提高批次管理、有效期管理、质量管理、库存管理、批次追溯及召回、配方管理、联产品管理、组合拆解管理、多种包装计量管理、信用额度管理、商品价格促销管理、订单管理、销货管理、销售分析的智能化水平。在医药行业，通过信息化把GMP规范要求固化到计算机系统中，自动对制药企业销售、采购、生产、质量，以及存储等环节根据GMP规范流程进行动态、及时、准确的监控、跟踪、反馈、提醒、报警等管理，保证药品质量。

对于机械装备、汽车、船舶等离散型行业，重点推广APS、MES等，建设智能化的供应链管理系统，实现生产计划管理、供应链管理的智能化。例如，在机械装备行业，发展精益生产、精密制造、敏捷制造、柔性制造、智能制造等先进制造模式，提高生产过程的柔性化、自动化、智能化程度，满足客户日益增长的个性化、多样化需求。推广CAD/CAM/CAE技术、模块化控制技术、M2M技术、无模制造技术、CIMS技术等，鼓励企业对ERP系统和PLM系统进行集成，提高产品质量，缩短产品设计和制造周期，减少原材料和能源消耗，满足产品高效、可靠、多品种、变批量的生产要求。

5.开展智慧企业试点示范工作

智慧企业是指生产经营智能化水平较高的企业，具有学习和自适应能力，能够灵敏地感知到企业内外环境变化并快速做出反应。智慧企业是智慧工业的主体。只有一个工业的大部分企业发展到智慧企业阶段，这个工业才可以算作智慧工业。智慧企业发展的初级阶段主要表现在研发设计、生产制造、经营管理、市场营销等各个关键环节单项应用的智能化程度较高。智慧企业发展的高级阶段则表现在信息化综合集成应用的智能化程度较高,企业拥有"数字神经系统",能够快速感知市场变化,并做出有效反应。

通过开展智慧企业试点示范工作,支持企业部门之间、集团总部和分支机构之间、工业链上下游企业之间的信息共享和业务协同;加强对销售数据、客户数据的挖掘,及时调整市场营销策略。通过生产设备的联网,建设"智慧工厂",提高企业产能和生产效率。在供应链管理、车间管理、节能减排、安全生产等领域推广物联网技术。建立商业智能系统以及辅助决策的、图形化的"仪表盘"系统,通过对企业生产经营过程中的各种数据进行统计分析、联机处理和数据挖掘,实现决策的智能化。建立知识管理系统、E-Learning 系统,促进企业知识不断积淀和有效利用,增强创新能力。

6. 完善智慧工业支撑服务体系

重点支持一批运作规范、支撑力强、业绩突出、信誉良好、公信度高的智慧工业公共服务平台,覆盖研发设计、生产制造、经营管理、市场营销、工业链协同等领域。鼓励有关平台创新运营机制和商业模式。通过政策引导和资金扶持,使平台的布局更加合理,特色更加突出,功能更加完善,服务质量和用户满意度稳步提升,对智慧工业发展的支撑作用明显增强。

发展"智慧物流",推进制造业和物流业联动发展。在物流行业推广物联网、RFID、自动分拣、立体仓库、空间信息技术。支持工业企业围绕库存管理、车间物流等关键环节开展物联网技术应用,提升企业物流的自动化、智能化水平。鼓励工业企业与第三方物流企业进行信息系统对接,提高供应链物流协作效率。建设面向工业集群、专业市场的智能物流信息系统,整合物流资源,提高对中小企业的物流服务水平。加快推进物流园区的信息化、智能化建设,为入驻企业提供良好的信息化服务。

进一步提升各类工业园区的宽带网络基础设施水平,实现园区无线网络全覆盖。进一步完善工业园区综合管理和公共服务平台,提升园区的智能化管理水平,为入驻企业提供"一站式"服务。

在发展智慧工业的过程中,有关政府部门应对重点行业、重点企业、重点产品、重点项目进行政策倾斜或资金支持。发挥政府的桥梁作用,积聚社会资源,形成"多方参与、共建共赢"的局面。坚持以企业为主体,以市场为导向,按市场规律发展智慧工业,做到"不越位、不错位、不缺位"。针对当地工业发展面临的瓶颈问题和制约因素,确定智慧工业发展的重点领域、重点工程、重大专项和重点扶持企业。

建立以政府投入为引导,企业投入为主体,社会投入为重要来源的多元化投融资体系。加强对智慧工业的财政资金投入,支持重点项目建设、人才培训等工作。通过直接投入、补贴、贷款贴息、奖励等多种方式,支持智慧工业核心、关键、共性技术研发及工业化。积极稳妥地引入风险投资机制,完善智慧工业技术创新和工业化的投融资环境。对财务核算制度健全的企业,智能产品和智能装备的研发费用,政府给予一定的资金补贴。由企业和信息化服务商合作开发的、对智慧工业发展有较大促进作用的项目,政府应予以优先资助。

延伸阅读:中美制造业成本差距已很小

2014年4月,波士顿咨询公司发布了一份全球制造业成本报告。根据该报告,中国制造业对美国的成本优势已经由2004年的14%下降到2014年的4%,这就表示目前在美国进行生产只比在中国进行生产贵4%。按照目前的发展趋势,中国对美国的制造业成本差距在2020年左右将不复存在。中美制造业成本差距很小，加上美国政府实施再制造战略，将导致美国制造业企业撤离中国。目前我国制造业劳动生产率不足美国的10%，而在高端制造领域，美国劳动生产率是我国的20倍以上。中国必须大力发展智能制造，实施"机器换人"行动计划，推广工业机器人，鼓励工业企业通过信息化手段来进一步降低生产经营成本，提升中国制造业的国际竞争力。通过"机器换人"，可以有效应对人口老龄化、招工难招工贵等问题。例如，广东樱奥厨具有限公司以前需要50名工人，产品一次合格率只有60%。采用工业机器人后，只需18名工人，产品一次合格率达90%，同样产能厂房面积只需原来的1/3。

如何发展工业互联网和工业物联网

工业互联网

工业互联网作为新一代信息技术与制造业深度融合的产物，日益成为新工业革命的关键支撑和深化"互联网+先进制造业"的重要基石，对未来工业发展产生全方位、深层次、革命性影响。

工业互联网通过系统构建网络、平台、安全三大功能体系，打造人、机、物全面互联的新型网络基础设施，形成智能化发展的新兴业态和应用模式，是推进制造强国和网络强国建设的重要基础，是全面建成小康社会和建设社会主义现代化强国的有力支撑。

2012年底，美国通用电气（GE）公司提出了"工业互联网"（Industrial Internet）的概念。"工业互联网"是指具有互联的传感器和软件的复杂物理机器。工业互联网综合集成了机器学习、大数据、物联网和机器之间（M2M）通信等技术，可以消化来自机器的数据，分析这些数据（往往是实时数据），并以此改进操作。

通用电气全球董事长兼首席执行官杰夫·伊梅尔特将"工业互联网"定义为：智慧的机器加上分析的功能和移动性。工业互联网能带来两个直接好处：一是降低设备的故障率和时间；二是实现资产管理优化，让设备能够在能耗最低、性能最佳的状态中工作。通用电气认为，通过智能机器间的连接并最终将人机连接，结合软件和大数据分析，工业互联网最终将重构全球工业。

2013年4月，德国政府在汉诺威工业博览会上正式提出了"工业4.0"战略。该战略的核心思想就是通过构建信息物理系统（Cyber-Physical System，CPS）来进一步提高德国制造业的竞争力，在新一轮工业革命中占领先机。CPS是一个综合计算机、互联网和工业设备的复杂系统，是典型的工业互联网。

工业互联网是智能制造的核心领域之一。发展工业互联网，有利于提高工业生产效率，促进制造业服务化，推动传统制造业向服务型制造业转型发展。

工业互联网是通用电气这样全球领先企业提出的，有其深厚的时代发展背景和企业发展背景。我们理解"工业互联网"、发展"工业互联网"，要结合中国的国情，不要盲目照搬，不要局限于通用电气对"工业互联网"的解释。

工业互联网包括三个层面，即生产层面的工业互联网、产品层面的工业互联网和商务层面的工业互联网。其中通用电气指的主要就是生产层面的工业互联网。机械装备是工业的"母机"，我国机械装备发展水平与美国、德国、日本等发达国家相比还有很大差距。总体而言，我国产品仍然以中低端为主，产品附加值低，导致出现"国人去日本买马桶盖"现象。另外，越来越多的工业企业通过电子商务销售产品，认同"互联网思维"。在这样的国情背景下，除了生产层面的工业互联网以外，我国还应大力发展产品层面的工业互联网和商务层面的工业互联网。

工业互联网主要包括生产、产品和商务三个层面，需要结合我国工业发展实际情况，有针对性、有重点地发展工业互联网。

第一，夯实工业互联网的基础。俗话说，"基础不牢，地动山摇"。要发展好工业互联网，必须下大力气打好基础。工业互联网的基础包括工业传感器、工业数据实时分析软件和以工业机器人为代表的智能制造装备等。要进一步提高工业传感器的精确性、稳定性和可靠性，发展实时数据库以及相应的大数据分析软件，推进传统机械装备、数控机床等向智能化的工业机器人转型，发展具有3C（计算机、控制和通信）功能的智能制造装备。东南沿海地区面临招工难、招工贵的情况，正是推行"机器换人"的大好时机。

第二，发展生产层面的工业互联网，构建"智慧工厂"。引导有条件的工业企业利用物联网技术对各类生产设备进行联网，对设备运行情况进行在线监控，建设"智慧工厂"。按生产工序把焊接机器人、冲压机器人、搬运机器人等类型的工业机器人联网，发展群体工业机器人。利用大数据分析技术对生产数据进行实时处理，以改进工艺流程。

第三，发展产品层面的工业互联网，打造"智慧产品"。提高产品智能化水平，可以提高产品附加值，推进产品高端化。推进传统工业产品数字化、网络化和智能化，使产品远程可测、可控。重点发展具有互联网接入和数据通信功能的智能汽车、智能家电、智能机械、智能可穿戴设备等产品。

第四，发展商务层面的工业互联网。组织针对工业企业负责人的培训活动，让他们树立"互联网思维"，促进工业企业的商业模式创新。发展电子商务订单驱动型制造业，实现前台网络接单和后台生产系统的有机结合。

2017年11月，国务院印发了《关于深化"互联网+先进制造业"发展工业互联网的指导意见》，提出夯实网络基础，打造平台体系，加强产业支撑，促进融合应用，完善生态体系，强化安全保障，推动开放合作。

工业物联网

物联网是通过射频识别、红外感应器、全球定位系统、激光扫描器等信息传感设备，按约定的协议，把任何物品与互联网连接起来，进行信息交换和通信，以实现智能化识别、定位、跟踪、监控和管理的一种网络。

目前，物联网技术在产品信息化、生产制造、经营管理、节能减排、安全生产等领域得到应用。

1. 产品信息化

产品信息化是指将信息技术物化到产品中，以提高产品中的信息技术含量的过程。推进产品信息化的目的是增强产品的性能和功能，提高产品的附加值，促进产品升级换代。目前，汽车、家电、工程机械、船舶等行业通过应用物联网技术，提高了产品的智能化水平。

在汽车行业，物联网汽车、车联网、智慧汽车等逐渐兴起，为汽车工业发展注入新动力。2010年6月，针对物联网在汽车行业的应用，国际标准化组织提出了全网车（Fully Networked Car，FNC）的概念，其目标是使汽车驾驶更安全、更舒适、更人性化。通用汽车推出了电动联网概念车EN-V，通过整合GPS导航技术、Car-2-Car通信技术、无线通信及远程感应技术，实现了自动驾驶。车主可以通过物联网对汽车进行远程控制。例如在夏季，车主可以在进入停车场前通过手机启动汽车空调。在车辆停放后，车载监控设备可以实时记录车辆周边的情况，如发现偷窃行为，系统会自动通过短信或拨打手机向车主报警。汽车芯片感应防盗系统可以正确识别车主，在车主接近或远离车辆时自动打开或关闭车锁。售后服务商可以监测车辆运行状况，对故障进行远程诊断。Car-2-Car 通信技术可以使车辆之间保持一定的安全距离，避免对撞或追尾事故。

在工程机械行业，徐工集团、三一重工等都已在工程机械产品中应用物联网技术（见图 4-7）。通过工程机械运行参数实时监控及智能分析平台，客服中心可以通过电话、短信等纠正客户的不规范操作，提醒进行必要的养护，预防故障的发生。客服中心工程师可以通过安装在工程机械上的智能终端传回油温、转速、油压、起重臂幅、伸缩控制阀状态、油缸伸缩状态、回转泵状态等信息，对客户设备进行远程诊断，远程指导客户如何排除故障。

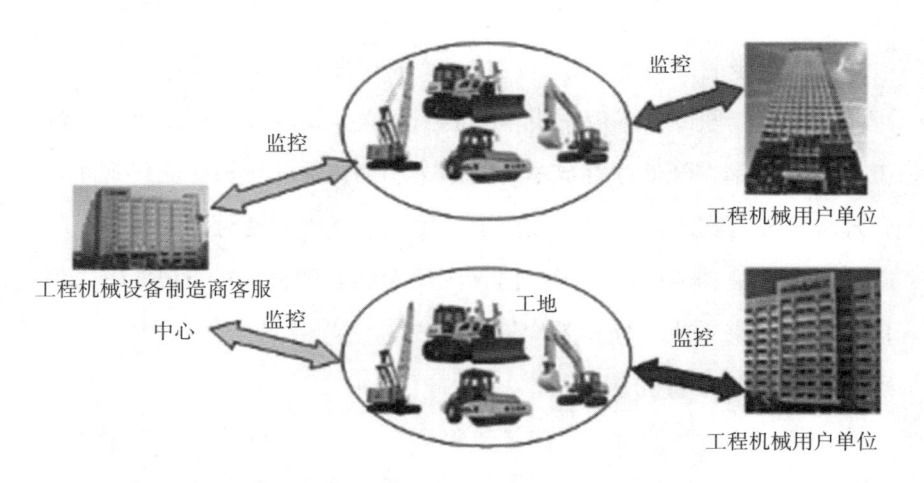

图 4-7　物联网技术在工程机械领域的应用

在家电行业，物联网家电的概念已经出现，物联网技术的发展将促进智能家电的发展。美的集团在上海世博会上展示了物联网家电解决方案。海尔集团推出了物联网冰箱和物联网洗衣机，小天鹅物联网滚筒洗衣机已进入美国市场。小天鹅物联网滚筒洗衣机专门针对美国新一代智能电网进行设计，能识别智能电网运行状态及分时电价等信息，自动调整洗衣机的运行状态以节约能耗。

2. 生产制造

物联网技术应用于生产线过程检测、实时参数采集、生产设备与产品监控管理、材料消耗监测等，可以大幅度提高生产智能化水平。在钢铁行业，利用物联网技术，企业可以在生产过程中实时监控加工产品的宽度、厚度、温度等参数，提高产品质量，优化生产流程。在家电行业，海尔集团在数字化生产线中应用了 RFID 技术，提高了生产效率，每年可节省 1200 万元。

3. 经营管理

在企业管理方面，物联网技术主要应用于供应链管理、生产管理等领域。

在供应链管理方面，物联网技术主要应用于运输、仓储等物流管理领域。将物联网技术应用于车辆监控、立体仓库等，可以显著提高工业物流效率，降低库存成本。海尔集团通过采用 RFID 提高了库存管理水平和货物周转效率，减少了配送不准确或不及时的情况，每年减少经济损失达 900 万元。鹤山雅图仕印刷有限公司的 RFID 应用项目实施三年来，成品处理效率提高了 50%，差错率减少了 5%，人力资源成本减少了 2700 万元。

在纺织、食品饮料、化工等流程型行业，物联网技术已在生产车间、生产设备管理领域得到应用。例如，无锡一棉开发建立了网络在线监控系统，可对产量、质量、机械状态等 9 类 168 个参数进行监测，并通过与企业 ERP 系统对接，实现了管控一体化和质量溯源，提升了生产管理水平和产品质量档次。此外，还可以及时、准确地发现某台设备（某眼、某锭）的异常情况，引导维修人员有的放矢地工作。

山东泓坤纺织有限公司车间温湿度监控物联网应用系统由前端设备、控制设备和管理后台组成。前端设备主要是各类温湿度传感器，负责实时采集车间环境数据并上传到控制设备；控制设备负责将各传感器数据通过 GPRS（通用分组无线服务）网络上传到管理后台，并通过 LED（发光二极管）显示屏实时显示温湿度数据。如果环境数据超过既定的阈值，管理后台将通过短信等方式提醒相关工作人员，以便及时采取必要措施。该系统的应用使布机的作业效率从原先的 70% 左右提高到目前的 90%。

4. 节能减排

物联网技术已在钢铁、有色金属、电力、化工、纺织、造纸等"高能耗、高污染"行业得到应用，有效地促进了这些行业的节能减排。智能电网的发展将促进电力行业的节能。江西电网公司对分布在全省范围内的两万台配电变压器安装传感装置，对运行状态进行实时监测，实现用电检查、电能质量监测、负荷管理、线损管理、需求侧管理等高效一体化管理，一年来降低电损 1.2 亿千瓦时。

建立污染源自动监控系统（见图 4-8），就像在排污企业安装了一双"电子眼"，对有效提高排污监管效能有着"多、快、好、省"的显著作用：污染源监测频次多了，所有在线企业监测数据每分钟自动上传，可以更方便、准确地反映企业排污变化情况，也使监测数据更加客观公正；污染源监测数据传输快了，通过互联网，确保了监测数据的及时性；环境管理模式好了，变普查为带着问题查，杜绝了企业

图 4-8　污染源自动监控系统

不正常使用设施的情况，也对企业侥幸不达标排污起到了一定的威慑作用；环境监管人员省了，足不出户即可随时掌握企业排污状况，一定程度上缓解了环境监察人员不足的压力。

5. 安全生产

物联网已成为煤炭、钢铁、有色等行业保障安全生产的重要技术手段。通过建立基于物联网技术的矿山井下人、机、环监控及调度指挥综合信息系统，可以对采掘、提升、运输、通风、排水、供电等关键生产设备进行状态监测和故障诊断，可以监测温度、湿度、瓦斯浓度等。一旦传感器监测到瓦斯浓度超标，就会自动拉响警报，提醒相关人员尽快采取有效措施，避免发生瓦斯爆炸和透水事故。通过井下人员定位系统，可以对井下作业人员进行定位和跟踪，并识别他们的身份，以便在矿难发生时及时营救。

2012年7月，通用电气投资1.7亿美元在美国纽约州东部城市斯克内克塔迪新建了一家电池生产厂。该工厂厂房面积1.6平方米，共安装了一万多个传感器，用于实时监测生产过程中的温度、气压、湿度、生产配料、能源消耗等方面的情况，管理人员可以通过平板电脑随时获取这些数据，对生产进行实时监督，以便尽早发现问题和安全隐患。

2015年8月12日晚11点半左右，位于天津滨海新区的瑞海国际物流公司危险品仓库发生爆炸，造成165人死亡。如果瑞海国际物流公司采用物联网技术对危险品仓库的温度、挥发气体浓度等进行实时在线监测，一旦超过警戒值就自动报警，这场悲剧就有可能避免。

物联网产业发展问题

虽然近年来我国物联网产业发展非常迅猛，物联网技术在工业领域的应用也越来越广泛，但仍然存在一些不容忽视的问题[①]。

1. 核心技术受制于人

目前，物联网核心技术主要掌握在欧美、日本等发达国家，我国具有自主知识产权的核心技术和产品少，部分领域还没有掌握核心技术，长期受制于人；大部分技术领域落后于国际先进水平，以跟随为主，处在产业链低端。在传感器、芯片、关键设备制造、智能通信与控制、海量数据处理等核心技术上与发达国家还存在较大差距。近年来，工业领域的信息安全问题开始凸现，如伊朗核设施遭到震网病毒破坏。核心技术受制于人，很容易引发工业物联网的信息安全问题，制约了物联网技术在军工、核电等工业领域的应用。

2. IPv6 地址资源严重不足

工业物联网要求网中每个设备或产品要有一个 IP 地址。我国 IPv4 地址即将枯竭，急需使用 IPv6 地址。与美国等西方发达国家相比，我国 IPv6 地址拥有量严重不足。根据中国互联网络信息中心发布的第 44 次《中国互联网络发展状况统计报告》，截至 2019 年 6 月，我国拥有 IPv6 地址 50286 块 /32。而美国在 2010 年就已经拥有 15 亿个 IPv6 地址。此外，我国还存在 IPv6 地址分配区域不平衡问题，一些工业发达地区的 IPv6 地址资源不足。

3. 应用不够深入

总的来看，当前多数工业物联网还停留在感知层面，即通过传感器对生产设备的运行情况进行在线监测，无法满足智慧工业、智慧企业发展的需求。实际上，比信息获取更深层次的应用是信息处理，进而通过操作执行机构做出有效反应。目前，工业物联网中的智能计算还没有引起足够重视，与工业自动控制系统还缺乏结合，使工业物联

[①] 王汝林. 当前物联网发展必须重视的战略问题 [EB/OL]. 中国物流与采购网，2010-10-11.

网的效能没有得到充分发挥[①]。

如何发展工业物联网

发展工业物联网，可以从以下几个方面着手。

1. 消除工业物联网发展的制约因素

当前，制约工业物联网发展的主要因素是核心技术、IPv6 地址资源、标准规范和信息安全等。要消除这些制约因素，应通过财政资金支持、税收优惠等政策措施支持有关企业联合高校和科研院所开展工业物联网核心技术攻关。做好 IPv6 地址资源申请工作，合理分配 IPv6 地址资源。组织各方力量开展工业物联网标准研究和制订工作，做好工业物联网标准宣贯和实施工作。开展工业物联网信息安全风险评估，及时发现并消除安全隐患。

2. 以推广应用带动工业物联网发展

一是推进物联网技术在产品信息化中的应用。鼓励企业将物联网技术嵌入工业产品，提高产品网络化、智能化程度。重点在汽车、船舶、机械装备、家电等行业推广物联网技术，推动智慧汽车、智能家电、车联网、船联网等的发展。推进电子标签封装技术与印刷、造纸、包装等技术融合，使 RFID 嵌入工业产品。二是推进物联网技术在生产和管理领域的应用。通过进料设备、生产设备、包装设备等的联网，发展具有协作能力的工业机器人群，建设无人工厂，提高企业产能和生产效率。在供应链管理、车间管理等管理领域推广物联网技术，提高企业管理效率和智能化水平。三是推进物联网技术在节能减排和安全生产领域的应用。利用物联网技术对企业能耗、污染物排放情况进行实时监测，对能耗、COD、SO_2 等数据进行分析，以便优化工艺

---

① 陈柳钦.物联网：国内外发展动态及亟待解决的关键问题[J].决策咨询通信，2010(05):15−25.

流程，采取必要的措施。利用物联网技术对工矿企业作业设备、作业环境、作业人员进行实时监测，对温度、压力、瓦斯浓度等数据进行分析，当数据超标时自动报警，以便有关人员及时采取措施；或者自动停机、切断电源、加大排风功率等，以避免重大安全生产事故发生。

3.加强工业物联网政策引导和人才培养

发展工业物联网要与智慧城市建设、工业转型升级等工作相结合。目前，我国许多城市在开展智慧城市建设工作。物联网是智慧城市的关键技术之一，应把发展工业物联网作为建设智慧城市、发展智慧工业、构建智慧企业的重要内容。工业转型升级资金应对预期效益好、带动面广的工业物联网项目进行重点支持。

加快工业物联网人才培养。与工业物联网有关的专业包括计算机科学、电子工程、自动化、通信工程、机电工程、管理科学与工程、企业管理等。有关高校应及时调整专业和课程设置，开设跨院系、跨专业的物联网通选课，培养复合型人才。积极探索、建立校企合作培养工业物联网人才的新模式。

如何推进产品信息化

企业信息化不只是企业管理信息化，还包括产品信息化。信息化与工业化在产品层面深度融合，其重要表现就是将电子信息技术"嵌入"产品，提高产品的技术含量，使产品数字化、网络化、智能化，增强产品的性能和功能，提高产品附加值。

产品信息化的内涵

产品信息化包括两个方面。

一是将电子信息技术物化到产品中。例如，在汽车、船舶、机械装备、家电、家具等产品中集成由电子元器件、集成电路、嵌入式软件等构成的信息系统，形成智能装备、智能家电、智能水杯、智能鞋、智能箱包、智能手机、智能手表、智能仪器仪表等智能产品。

（1）智能手表。苹果公司的智能手表 iWatch 在 2010 年 5 月上市，中文输入、通话记录、短信、彩信、免提通话、情景模式、日历、闹钟、计算器、单位换算、音乐播放、游戏等功能。

（2）智能眼镜。谷歌公司的智能眼镜采用了增强虚拟现实技术，拥有智能手机的所有功能，镜片上装有一个微型显示屏，用户无须动手便可上网，可以用自己的声音控制拍照、摄像、电话、搜索、定位。谷歌眼镜为盲人出行带来了福音，通过提示周边的路况，使盲人在一定程度上可以"看见"周围的世界。

（3）智能衣服。在 2013 年的巴黎时装周上，展示了一款织入 LED 颗粒的时装，非常绚丽（见图 4-9）。2014 年 5 月，英特尔发布了一款智能体恤。这款体恤植入了许多传感器。这些传感器可以监测用户的心率等指标。体恤可以通过蓝牙技术自动把监测数据传到用户智能手机中的专用 App，用户可在手机上了解身体指标的变化。体恤也可以把用户身体监测传给医生，医生可以远程判断用户的身体状

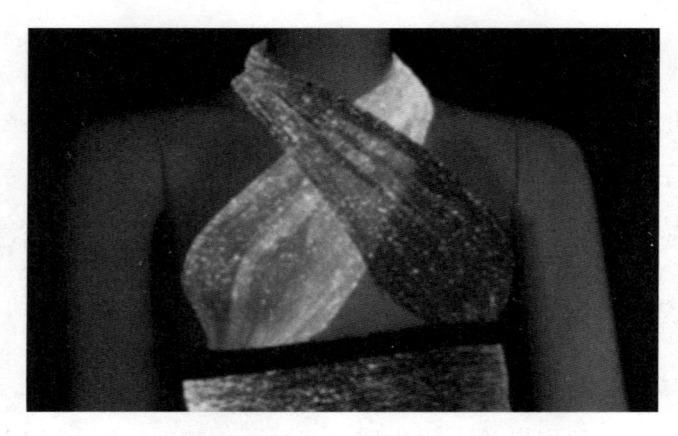

图 4-9　嵌入 LED 的衣服

况。这款体恤还可以监测用户当前的情绪。

（4）智能鞋。2013年3月，在SXSW（西南偏南）大会上，谷歌推出了一款智能鞋（见图4-10）。该产品是谷歌"艺术、复制和代码"（Art，Copy&Code）项目的研发成果之一。这款智能鞋由谷歌和创意设计机构YesYesNo以及Studio 5050合作完成。鞋子内部装配了加速器、陀螺仪等装置，通过蓝牙与智能手机进行连接，可以监测鞋子使用情况。鞋子还配有一个扬声器，可以把传感器收到的鞋子信息以俏皮的语音评论方式播放出来。如果在传统鞋中嵌入定位芯片，老人和小孩穿上这种鞋后如果走失，家人就可以快速找到他们。对于温州、晋江等地，大力发展智能衣服、智能鞋，是实现传统鞋帽行业转型升级的重要途径。

图 4-10　智能鞋

二是产品从设计到使用整个过程都采用信息化手段。在产品设计阶段，采用三维数字化设计软件、工业设计素材库、计算机仿真等手段。在产品制造阶段，采用数控机床、制造执行系统、工业机器人等手段。在产品管理方面，采用产品数据管理系统、产品生命周期管理系统、产品质量管理系统等。在产品使用阶段，利用物联网技术对产品运行情况进行远程监测，对故障进行远程诊断，并将产品缺陷信息反馈到设计和制造部门，以便不断改进产品质量和性能。例如，对于如食用油、化妆品等无法嵌入电子信息技术的产品，采用产品数据管理系统、产品全生命周期管理系统等信息化手段对产品本身进行信息表达和管理。

推进产品信息化的必要性

产品技术含量低是中国制造业发展的短板，也是造成我国资源环境问题的原因之一。例如，出口 8 亿件衬衫才能换回一架波音飞机。创造同一数量的社会财富，如果产品技术含量低，就要消耗更多的资源，同时造成的污染也更大。因此，提升产品的信息化和智能化水平，加快产品升级换代，使产品从中低端市场走向高端市场，是中国制造业转型升级的重要途径。

产品信息化推进策略

推进产品信息化，政府部门应加强政策引导。制定针对产品信息化的财政投入、税收优惠、信贷支持、政府采购等方面的激励政策，编制《产品信息化指导目录》，开展信息化产品认证，引导企业加大新产品研发投入，积极采用新技术、新工艺、新设备、新材料。鼓励企业研制嵌入产品的传感器、控制器、电子显示屏等电子元器件和硬件设备，鼓励企业研制嵌入产品的微型操作系统、嵌入式软件。鼓励企业研制产品信息化整体解决方案，开展针对产品信息化的专业服务。鼓励企业利用信息化手段建立产品全生命周期管理体系，记录产品设计、加工、检验、销售、使用、维修保养、报废等方面的信息，实现产品的可溯源性。

如何发展工业云

发展现状

目前，云计算技术已在工业设计、工业仿真、在线软件、企业数据中心等领域得到初步应用。

1. 工业设计

由于工业设计涉及大量的图形图像数据处理，特别是 3D 图形渲染，需要超强的计算能力。而云计算具有超大规模的计算能力，可以为工业设计提供计算力支持。原先工业设计依赖图形工作站，设计效率受图形工作站性能的限制。应用云计算技术，可以使产品三维设计周期大大缩短。

云计算还推动了 CAD 等工业设计软件厂商的服务化转型，即从原先的卖产品转向卖服务。例如，2010 年 10 月，Autodesk 公司推出了基于云计算的网络版 CAD 软件——AutoCAD WS。用户通过网络浏览器和移动设备（如 iPhone、iPad）查看、编辑和共享 AutoCAD 设计及 DWG 格式文件，还可以利用谷歌地图的集成服务，帮助用户在实际环境中更好地展示设计效果。

2. 工业仿真

云计算技术可广泛应用于工业仿真领域，如加工工艺分析、装配工艺分析、模具设计优化、机械零部件设计与性能分析、车辆等复杂机电设备性能及装配工艺分析与设计、汽车碰撞模拟仿真失效分析、工程电磁兼容性分析、虚拟装配、虚拟焊接等，如图 4-11 所示。

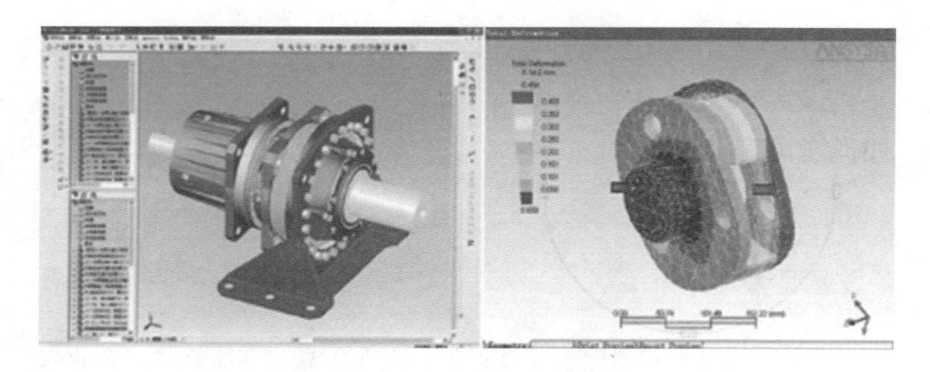

图 4-11　工业仿真示意图

3. 在线软件

通过将各类工业软件和管理软件部署在云服务平台，以 SaaS 模式为中小企业提供软件应用服务，可以显著降低中小企业的信息化门槛。利用云服务平台，中小企业无须购买各类昂贵的应用软件，只需向云服务平台运营商支付一定的服务费，就可以在线应用 ERP、CAD 等软件。例如，苏州靖峰能源科技有限公司每年只需向 SaaS 服务商交纳 7000 多元，而如果采用传统自行建设方式，需要一次性投入 15 万元。

4. 企业数据中心

国际上，波音、通用等跨国公司都在建设基于云计算的下一代数据中心。我国大型工业企业在几十年的信息化过程中，积累了一大批硬件设备和软件，相继建立了企业数据中心，这些数据中心成为企业信息化的枢纽。随着云计算技术的发展，国内一些大型工业企业的数据中心逐渐向私有云方向转型。例如，中国医药集团采用云计算技术完成了企业数据中心改造工作。

延伸阅读：“企业上云”行动计划

近年来，越来越多的地方政府实施"企业上云"行动计划，通过"企业出一点，厂商让一点，政府补一点"，支持中小企业购买云服务，应用云计算平台，降低中小企业数字化转型门槛。

2017年4月，浙江省信息化工作领导小组印发了《浙江省"企业上云"行动计划（2017年）》，提出重点推进10个专项行动：工业企业上云行动、农业企业上云行动、服务业企业上云行动、科技企业上云行动、个体工商户上云行动、"企业上云"宣传培训行动、典型应用试点示范行动、云计算产业生态体系建设行动、云计算技术和产品创新行动、"云上浙江"创新创业行动。

2017年6月，济南市政府印发了《济南市"企业上云"行动计划(2017—2019年)》，提出到2019年全市新增上云企业突破一万家，培育国内领先的云平台服务商2～3家、行业云应用平台3～5个、云应用服务商70家。

发展对策

为了在工业领域推广云计算技术，促进工业转型升级，有关部门应做好如下几个方面的工作。

1. 推进云计算技术在研发设计领域的应用

鼓励企业在工业设计、工业仿真等方面应用云计算技术，以提高研发设计效率，降低研发设计成本。鼓励研发设计软件提供商、第三方服务机构搭建面向中小企业的研发设计云服务平台，提高中小企业研发设计水平。鼓励在高新技术产业园、新型工业化基地、工业园区、产业集群等建设市场化运作的研发设计云服务平台。

2. 推进云计算技术在企业管理领域的应用

鼓励第三方SaaS平台运营商向云服务平台运营商转型，支持一批优秀的管理软件提供商建设云服务平台，为中小企业应用在线管理软件提供服务，降低中小企业信息化门槛，提升中小企业管理水平。

3. 推进大型企业建设基于云计算的下一代数据中心

鼓励中央企业、大型民营企业集团对数据中心进行升级改造，为企业信息化规模扩展和应用深化提供支撑，减少企业数据中心机房能耗，降低企业数据中心运行维护成本，促进企业数据中心智能化、低碳化。把云计算应用于企业大数据，建设数据云。

4. 为云计算技术在工业领域应用创造好条件

研究制定《中华人民共和国数据保护法》，加强对云计算平台中企业数据的保护。进一步提高云计算平台的信息安全水平和应用的可靠性，让工业企业用得放心。做好云计算标准化工作，进一步规范云计算服务市场。鼓励云计算服务商创新商业模式，促进云计算服务商与工业企业的对接。

随着云计算技术的发展和成熟，云计算技术不仅是构建智慧企业的关键技术之一，而且将改变企业信息化建设模式，催生出新的信息化服务模式。工业云服务平台的建设，将进一步降低中小企业的信息化门槛。可以预见，云计算技术的推广应用将成为推动信息化与工业化深度融合的重要内容，也将成为工业转型升级的强大助推器。

如何发展工业大数据

党的十九大提出加快建设制造强国，加快发展先进制造业。对于工业企业来说，大数据可以应用于研发设计、生产制造、经营管理、市场营销、节能减排、安全生产等领域。大数据是工业4.0的核心。发展工业大数据，是发展智能制造、推进工业供给侧结构性改革的重要举措。

《促进大数据发展行动纲要》提出发展工业大数据。推动大数据在工业研发设计、生产制造、经营管理、市场营销、售后服务等产品全生命周期、产业链全流程各环节的应用，分析感知用户需求，提升产品附加价值，打造智能工厂。建立面向不同行业、不同环节的工业大数据资源聚合和分析应用平台。抓住互联网跨界融合机遇，促进大数据、物联网、云计算和3D打印技术、个性化定制等在制造业全产业链集成运用，推动制造模式变革和工业转型升级。

2016年12月，工业和信息化部印发了《软件和信息技术服务业发展规划（2016—2020年）》，提出发展工业大数据。支持研发面向研发设计、生产制造、经营管理、市场营销、运维服务等关键环节的大数据分析技术和平台，推动建立完善面向全产业链的大数据资源整合和分析平台，开展大数据在工业领域的应用创新和试点示范。依托高端装备、电子信息等数据密集型产业集聚区，支持建设一批工业大数据创新中心、行业平台和服务示范基地，丰富工业大数据服务内容、创新服务模式。

2016年12月，工业和信息化部印发了《大数据产业发展规划（2016—2020年）》，提出深化工业大数据创新应用。

（1）夯实工业大数据发展基础。第一，加强工业大数据基础设施建设规划与布局，推动大数据在产品全生命周期和全产业链的应用，推进工业大数据与自动控制和感知硬件、工业核心软件、工业互联网、工业云和智能服务平台融合发展，形成数据驱动的工业发展新模式，探索建立工业大数据中心。第二，加快工业大数据基础设施建设。加快建设面向智能制造单元、智能工厂及物联网应用的低延时、高可靠、广覆盖的工业互联网，提升工业网络基础设施服务能力。加快工业传感器、射频识别、光通信器件等数据采集设备的部署和应用，促进工业物联网标准体系建设，推动工业控制系统的升级改造，汇聚传感、控制、管理、运营等多源数据，提升产品、装备、企业的网络化、数字化和智能化水平。

（2）推进工业大数据全流程应用。支持建设工业大数据平台，推动大数据在重点工业领域各环节的应用，提升信息化和工业化深度融合发展水平，助推工业转型升级。加强研发设计大数据应用能力，利用大数据精准感知用户需求，促进基于数据和知识的创新设计，提升研发效率。加快生产制造大数据应用，通过大数据监控优化流水线作业，强化故障预测与健康管理，优化产品质量，降低能源消耗。提升经营管理大数据应用水平，提高人力、财务、生产制造、采购等关键经营环节业务集成水平，提升管理效率和决策水平，实现经营活动的智能化。推动客户服务大数据深度应用，促进大数据在售前、售中、售后服务中的创新应用。促进数据资源整合，打通各个环节数据链条，形成全流程的数据闭环。

（3）培育数据驱动的制造业新模式。深化制造业与互联网融合发展，坚持创新驱动，加快工业大数据与物联网、云计算、信息物理系统等新兴技术在制造业领域的深度集成与应用，构建制造业企业大数据"双创"平台，培育新技术、新业态和新模式。利用大数据，推动"专精特新"中小企业参与产业链，与中国制造2025、军民融合项目对接，促进协同设计和协同制造。大力发展基于大数据的个性化定制，推动发展顾客对工厂（C2M）等制造模式，提升制造过程智能化和柔性化程度。利用大数据加快发展制造即服务模式，促进生产型制造向服务型制造转变。要以大数据推动智能制造、网络化协同制造、大规模定制、服务型制造、平台型制造、社会化制造、软件定义制造等新一代制造业发展。

（4）实施工业大数据创新发展工程。加强工业大数据关键技术研发及应用。加快大数据获取、存储、分析、挖掘、应用等关键技术在工业领域的应用，重点研究可编程逻辑控制器、高通量计算引擎、数据采集与监控等工控系统，开发新型工业大数据分析建模工具，开展工业大数据优秀产品、服务及应用案例的征集与宣传推广。

建设工业大数据公共服务平台，提升中小企业大数据运用能力。支持面向典型行业中小企业的工业大数据服务平台建设，实现行业数据资源的共享交换以及对产品、市场和经济运行的动态监控、预测预警，提升对中小企业的服务能力。

重点领域大数据平台建设及应用示范。支持面向航空航天装备、海洋工程装备及高技术船舶、先进轨道交通装备、节能与新能源汽车等离散制造企业，以及石油、化工、电力等流程制造企业集团的工业大数据平台开发和应用示范，整合集团数据资源，提升集团企业协同研发能力和集中管控水平。

探索工业大数据创新模式。支持建设一批工业大数据创新中心，推进企业、高校和科研院所共同探索工业大数据创新的新模式和新机制，推进工业大数据核心技术突破、产业标准建立、应用示范推广和专业人才培养引进，促进研究成果转化。

如何推进农业农村数字化转型

农业农村农民问题是关系国计民生的根本性问题，必须始终把解决好"三农"问题作为全党工作重中之重。党的十九大报告提出实施乡村振兴战略。推进农业农村数字化转型，是实施乡村振兴战略的重要内容。

根据农业农村部信息中心发布的《2019全国县域数字农业农村发展水平评价报告》，2018年全国县域数字农业农村发展总体水平达到33%。全国已有77.7%的县（市、区）设立了农业农村信息化管理服务机构；县域财政总计投入数字农业农村建设资金129亿元；县域城乡居民人均电信消费突破500元；农业生产数字化水平达18.6%；行政村电子商务服务站点覆盖率达64%；县域农产品网络零售额为5542亿元，占农产品交易总额的9.8%；益农信息社覆盖49.7%的行政村。

对于地方政府来说，在实施乡村振兴战略过程中，要大力发展农业互联网和设施农业，提高农业生产效率；大力发展精准农业、智慧农业、互联网＋农业、农业农村大数据，促进农业农村现代化；大力发展"互联网＋乡村旅游"，促进全域旅游发展；大力发展农村电商，推进农产品上行，让农民不但把农产品卖出去，还能卖个好价钱。

农业农村大数据

在农业领域，大数据可以应用于农产品产量预测、农业病虫害预警、农产品价格走势分析等领域，有利于精准农业和智慧农业的发展，促进农业组织化、规范化、品牌化。

我国已进入传统农业向现代农业加快转变的关键阶段。突破资源和环境的制约，需要运用大数据提高农业生产精准化、智能化水平，转变农业生产方式。突破成本"地板"和价格"天花板"双重挤压的制约，需要运用大数据推进农业供给侧结构性改革，提高农业全要素生产率。提升我国农业国际竞争力，需要运用大数据分析全球农业发展情况，增强我国农业在国际市场上的话语权、定价权和影响力。引导农业发展，需要运用大数据提升农业综合信息服务能力，让农民有更多的获得感。推进农业主管部门的治理能力现代化，需要运用大数据分析掌握农业经济运行情况，促进决策科学化。

我国农业农村数据历史长、数量大、类型多，但长期存在底数不清、核心数据缺失、数据质量不高、共享开放不足、开发利用不够等问题，无法满足农业农村发展需要。随着农村网络基础设施建设加快和网民人数的快速增长，农业农村数据载体和应用市场的优势逐步显现，特别是"互联网＋农业"、农业物联网的快速发展，各种类型的海量数据快速形成，发展农业农村大数据具备良好基础和现实条件，为解决我国农业农村大数据发展面临的困难和问题提供了有效途径。

2015年8月底,国务院印发了《促进大数据发展行动纲要》,提出发展农业农村大数据,实施现代农业大数据工程。构建面向农业农村的综合信息服务体系,为农民生产生活提供综合、高效、便捷的信息服务,缩小城乡数字鸿沟,促进城乡发展一体化。加强农业农村经济大数据建设,完善村、县相关数据采集、传输、共享基础设施,建立农业农村数据采集、运算、应用、服务体系,强化农村生态环境治理,增强乡村社会治理能力。统筹国内国际农业数据资源,强化农业资源要素数据的集聚利用,提升预测预警能力。整合构建国家涉农大数据中心,推进各地区、各行业、各领域涉农数据资源的共享开放,加强数据资源发掘运用。加快农业大数据关键技术研发,加大示范力度,提升生产智能化、经营网络化、管理高效化、服务便捷化能力和水平。

2015年12月,农业部出台了《关于推进农业农村大数据发展的实施意见》,提出建设国家农业数据中心,推进数据共享开放,发挥各类数据的功能,完善农业数据标准体系,加强数据安全管理,支撑农业生产智能化,实施农业资源环境精准监测,开展农业自然灾害预测预报,强化动物疫病和植物病虫害监测预警,实现农产品质量安全全程追溯,实现农作物种业全产业链信息查询可追溯,强化农产品产销信息监测预警数据支持,服务农业经营体制机制创新,推进农业科技创新数据资源共享,满足农户生产经营的个性化需求,促进农业管理高效透明。

2016年10月,农业部办公厅印发了《农业农村大数据试点方案》,决定在北京、天津、上海、江苏、安徽、江西、山东、湖南、广东、广西、重庆、四川、贵州、云南、青海、新疆等21个省(区、市)开展农业农村大数据试点,建设生猪、柑橘、花生、马铃薯、大蒜、绿叶菜、大闸蟹、普洱茶 8 类农产品单品种大数据。

农村电子商务

农村电子商务是指农产品、农业生产资料、农民消费品和服务的网上交易活动。农村电子商务是转变农业发展方式、促进农业现代化的重要手段，是精准扶贫的重要载体。发展农村电子商务发展，可以推动农民创业就业、开拓农村消费市场、带动农村扶贫开发，有利于推动农业升级、农村发展、农民增收，破解"三农"问题。

（1）建立和完善县乡村三级电商服务体系，以"互联网+"整合农村电商资源。在发展电子商务方面，与城市相比，农村有许多特殊之处。例如，农村缺乏电子商务人才。许多农民不会使用电脑，不会上网。许多农民家庭没有电脑，没有接入互联网。许多快递公司的物流配送业务只到县里，到不了村，农村电商物流存在"最后一公里"问题。农村地广人稀，农民网上购物或销售农产品比较分散，缺乏规模效应。许多农民对商品价格比较敏感。目前，在农村电商领域活跃多股力量，如阿里巴巴、京东等大型电子商务平台运营商，赶街网、乐村淘等专业农村电商企业，供销社、邮政等传统力量。不少地方虽然建立了县级电商运营中心、乡镇电商服务中心和村级电商服务站，但没有形成合力。需要建立县、乡、村三级电商服务信息平台，整合农村电商资源，以信息流带动订单流、物流、资金流、人才流等。

发展农村电商，其实不需要让每个农民都搞电子商务，每个村至少有一个农民搞就可以了，由他们为其他农民在网上代购、代销。采用"农民+公司+电商平台"的方式，可以促进农产品网上销售。通过团购方式，可以使农民以比较低的价格买到生活用品和农业生产资料，让农民得到实惠。要通过"互联网+物流"的方式解决农村电商物流"最后一公里"问题，把农产品上行物流和工业品下行物流结合起来，充分利用当地农民的拖拉机、三轮车、小货车、小轿车以及农村公交车等运输车辆，以捎带的方式减少空驶率，以集中装车发车的方式降低农村电商物流成本。

（2）要着力解决"痛点"问题，保障农民权益，方便农民生活。目前，由于农民收入低、辨别能力低，一些不法商贩谋求暴利，而政府缺乏有效的监管手段，许多农村成为"三无"产品的倾销地，假化肥、假农药、假种子等坑害农民利益。农村电商发展要解决好网上假货问题。对于农业生产资料，如果通过三级电商服务平台或专业的电商平台（如沃农资）直接从正规厂商团购，既可以让农民买到正品，还可以更便宜。

农村电商不能局限于实物商品的买卖，还要拓展到服务的交易。许多地区农民缴费，买保险，买汽车票、火车票、飞机票、电影票等不方便。如果三级电商服务平台或专业的电商平台具有交费、购票等功能，可以为农民提供便利。此外，通过农村电商与"互联网＋教育""互联网＋医疗"相结合，在一定程度上解决农村老人医疗健康、留守儿童教育的问题。

传统农户分散经营，无法形成规模效应。对于有特色农产品或产业集群的地方，可以打造区域品牌，发展产业互联网。农村集贸市场和农产品批发市场要进行互联网化转型，采取O2O经营方式。采用B2B的农产品批发模式，比农民自己网上零售能更快、更多地把农产品销售出去，解决农产品滞销问题。

延伸阅读：电子商务进农村综合示范工作

从2014年开始，财政部、商务部、国务院扶贫办每年开展电子商务进农村综合示范工作。

2014年7月，财政部、商务部印发了《关于开展电子商务进农村综合示范的通知》，共安排中央资金 48 亿元，在江西、黑龙江、四川、河北等 8 个省 56 个区县开展电子商务进农村综合示范工作。

2019 年 4 月，财政部办公厅、商务部办公厅、国务院扶贫办综合司印发了《关于开展 2019 年电子商务进农村综合示范工作的通知》，中央财政资金重点支持以下三个方向。

（1）农村流通基础设施。支持建设农村产品（含农副产品、手工艺品、乡村旅游、民俗等特色产品及服务等）分级、包装、预冷等产地初加工和商品化预处理设施，完善产、供、销全链条服务，提高农村产品商品化率。支持农村传统流通企业转型升级，重点建设本地化、连锁化的服务和营销体系，实现线上线下融合发展，提升农村流通水平。支持建设完善县、乡、村三级物流配送体系，整合商贸物流快递资源，开展共同配送，降低物流成本；鼓励有条件的地区合理规划，在区域节点建设仓储物流中心，发展智慧物流。用于农村流通基础设施建设的资金比例原则上不低于 50%。

（2）农村电商公共服务体系。支持农村电商服务体系的建设改造，整合邮政、供销、快递、金融、政务等资源，拓展便民生活、代买代卖、信息咨询、职业介绍、旅游出行等服务功能，推进智慧乡村服务应用。支持县级电商公共服务中心建设和升级，统筹推进品牌、标准、品质控制、金融、物流、培训等服务。农村电商公共服务体系应坚持市场化原则，突出服务，强化可持续运营机制。硬件建设应坚持实用、节约原则，充分利用现有设施设备、闲置厂房。公共服务中心资金使用比例原则上不高于 15%。

（3）农村电子商务培训。支持对基层干部、合作社员、创业青年、具备条件的贫困户等开展农村电商培训。重点强化培训机制，注重服务质量而非数量，增强培训的针对性，提升美工、产品设计、宣传、营销等实操技能；注重培训后服务而非"一锤子"培训，建立农村电商培训转化机制，加强电商培训与就业用工的对接，加强创业孵化。如实做好培训记录。

（3）与相关工作相结合，拓展农村电商内涵。发展农村电商要与当前乡村振兴战略、脱贫攻坚战、创新创业、全域旅游、"一带一路"倡议等工作结合起来。我国贫困地区主要集中在农村，特别是偏远地区的农村。开展电商扶贫，实现贫困村农产品上行，可以促进农民增收，脱贫致富。有的地方优先卖贫困户的农产品，让贫困户从事与电商配套的包装、装卸等工作，增加他们的收入，这种做法很好。对于返乡农民和大学生来说，从事农村电商，门槛低，工作时间灵活。现在，越来越多的城里人在周末和节假日到乡村旅游，国家旅游局也在积极发展全域旅游。把农村电商和"互联网+旅游"相结合，可以带动农产品的线上和线下销售。把农村电商和"互联网+农业"相结合，可以实现农产品产供销一体化，发展订单农业。农村电商的发展，需要有物流配送、电子支付、人才培训、品牌营销、标准认证、质量安全、包装、信用等相关服务的配套支撑。建设电商产业园，并不是简单地盖一栋楼或几栋楼，而是要通过良好的配套、优质的服务等吸引电商企业以及提供电商配套服务的企业入驻。要完善当地农村电商产业链、生态圈，培育和发展农村电商服务业。鼓励有条件的农村结合"一带一路"倡议，发展跨境电商。

2019年5月，中共中央办公厅、国务院办公厅印发了《数字乡村发展战略纲要》，提出加快乡村信息基础设施建设，发展农村数字经济，强化农业农村科技创新供给，建设智慧绿色乡村，繁荣发展乡村网络文化，推进乡村治理能力现代化，深化信息惠民服务，激发乡村振兴内生动力，推动网络扶贫向纵深发展，统筹推动城乡信息化融合发展。其中在发展农村数字经济方面的主要任务如下。

（1）夯实数字农业基础。完善自然资源遥感监测"一张图"和综合监管平台，对永久基本农田实行动态监测。建设农业农村遥感卫星等天基设施，大力推进北斗卫星导航系统、高分辨率对地观测系统在农业生产中的应用。推进农业农村大数据中心和重要农产品全产业链大数据建设，推动农业农村基础数据整合共享。

（2）推进农业数字化转型。加快推广云计算、大数据、物联网、人工智能在农业生产经营管理中的运用，促进新一代信息技术与种植业、种业、畜牧业、渔业、农产品加工业全面深度融合应用，打造科技农业、智慧农业、品牌农业。建设智慧农（牧）场，推广精准化农（牧）业作业。

（3）创新农村流通服务体系。实施"互联网+"农产品出村进城工程，加强农产品加工、包装、冷链、仓储等设施建设。深化乡村邮政和快递网点普及，加快建成一批智慧物流配送中心。深化电子商务进农村综合示范，培育农村电商产品品牌。建设绿色供应链，推广绿色物流。推动人工智能、大数据赋能农村实体店，促进线上线下渠道融合发展。

（4）积极发展乡村新业态。推动互联网与特色农业深度融合，发展创意农业、认养农业、观光农业、都市农业等新业态，促进游憩休闲、健康养生、创意民宿等新产业发展，规范有序发展乡村共享经济。

如何推进服务业数字化转型

要积极运用数字化技术改造传统服务业，发展现代服务业。对于商贸流通行业，要大力发展电子商务和新零售等；对于交通物流行业，要大力发展"互联网+物流"、无车承运、智慧供应链等；对于金融行业，要规范发展互联网金融、供应链金融、刷脸支付、众筹、区块链等；对于文化旅游行业，要大力发展网络游戏、数字视听、"互联网+文化"、"互联网+旅游"、智慧旅游等；对于卫生健康行业，要大力发展智慧医疗、"互联网+健康"、"互联网+养老"等；对于教育行业，要大力发展"互联网+教育"、慕课等。

商贸流通业数字化转型

1. 电子商务和新零售

电子商务是指通过互联网等信息网络销售商品或者提供服务的经营活动。电子商务不仅是实物的网上交易，还包括服务的网上交易。电子商务不是虚拟经济，可以带动工业、农业、物流业等实体经济发展。电子商务不只是淘宝、天猫、京东等B2C电子商务，还包括B2B电子商务。新零售是零售行业的数字化、网络化、智能化、可视化，有利于促进消费升级，推进生产、流通、消费一体化。近年来，全国各地大中城市出现了许多无人超市，如阿里巴巴的盒马鲜生、腾讯的超级物种等。

2. 商贸流通大数据

在商贸流通行业，通过对顾客购物行为进行大数据分析，可以发现顾客偏好，有针对性地开展个性化营销，实现精准营销。

沃尔玛是最早通过利用大数据而受益的企业之一，拥有世界上最大的数据仓库。早在2007年，沃尔玛就建立了一个数据中心，其存储能力高达4PB以上。通过对消费者的购物行为等非结构化数据进行分析，沃尔玛成为最了解顾客购物习惯的零售商，并创造了"啤酒与尿布"的经典商业案例。

塔吉特是全美第二大零售商。通过分析消费者数据，塔吉特的年营业收入从2002年的440亿美元增加到2010年的670亿美元。每位消费者初次到塔吉特刷卡消费时，都会获得一组消费者识别编号，内含消费者姓名、信用卡卡号及电子邮件等个人资料。日后凡是消费者在塔吉特消费，计算机系统就会自动记录消费内容、时间等信息。再加上从其他管道取得的统计资料，塔吉特便能形成一个庞大数据库，运用于分析消费者喜好与需求。

英国最大的连锁超市特易购（Tesco）已运用大数据技术采集并分析其消费者行为数据集。特易购首先在大数据系统内给每个消费者确定一个编号，然后通过消费者的刷卡消费、填写调查问卷、打客服电话等行为采集他们的相关数据，再用计算机系统建立特定模型，对每个消费者的海量数据进行分析，得出特定消费者的消费习惯、近期可能的消费需求等结论，以此来制定有针对性的促销计划并调整商品价格。

2015年9月，国务院办公厅印发了《关于推进线上线下互动加快商贸流通创新发展转型升级的意见》，提出开展商务大数据建设和应用，服务监管创新，支持电子商务产品品牌推广。

延伸阅读：数字贸易

数字贸易是指通过信息网络传输完成产品服务的商业活动。

近年来，数字贸易成为国际贸易的新方向。2015年5月，欧盟委员会公布了"数字化单一市场"《Digital Single Market，DSM》战略的详细规划。2018年9月，美国、墨西哥、加拿大就《美国—墨西哥—加拿大协定》达成一致，全面取代《北美自由贸易协定》，其中数字贸易作为《美国—墨西哥—加拿大协定》独立章节。2019年9月，美国和日本就数字贸易达成初步协议。

与"一带一路"沿线国家发展数字贸易，建设21世纪数字丝绸之路，是实施"一带一路"倡议的重要举措。

2018年4月，习近平总书记在全国网络安全和信息化工作会议上强调，要以"一带一路"建设等为契机，加强同沿线国家特别是发展中国家在网络基础设施建设、数字经济、网络安全等方面的合作，建设21世纪数字丝绸之路。

2019年4月，国家主席习近平在第二届"一带一路"国际合作高峰论坛开幕式上指出，我们要顺应第四次工业革命发展趋势，共同把握数字化、网络化、智能化发展机遇，共同探索新技术、新业态、新模式，探寻新的增长动能和发展路径，建设数字丝绸之路、创新丝绸之路。

文化旅游业数字化转型

在旅游行业，运用大数据可以开展游客客源分析、游客行为分析，对景点景区人群踩踏进行预警，对旅游市场进行精确监管，科学、合理地开展旅游景区规划和评价。

2015年1月，国家旅游局出台了《关于促进智慧旅游发展的指导意见》，提出建立完善旅游信息基础数据平台，推进数据开放共享。规范数据采集及交换方式，逐步实现统一规则采集旅游信息，统一标准存储旅游信息，统一技术规范交换旅游信息，实现旅游信息数据向各级旅游部门、旅游企业、电子商务平台开放，保证旅游信息数据的准确性、及时性和开放性。加快改变旅游信息数据逐级上报的传统模式，推动旅游部门和企业间的数据实时共享。开放有关旅游行业发展数据，建立开放平台，定期发布相关数据，并接受游客、企业和有关方面对于旅游服务质量的信息反馈。鼓励互联网企业、OTA 企业与政府部门之间采取数据互换的方式进行数据共享。鼓励旅游企业、航空公司、相关企业的数据实现实时共享，鼓励景区将视频监控数据与国家智慧旅游公共服务平台实现共享。

宁夏回族自治区旅游局建立了宁夏智慧旅游运行监测管理服务平台，包括 13 个子系统。对导游实行二维码认证，以便识别黑导游。对旅游大巴进行实时监控。可按空间范围、特定人群发送旅游信息。

对于旅游主管部门，要开展旅游大数据试点示范工作。运用大数据提高旅游市场监管水平，推进旅游市场治理现代化。开放旅游行业的公共数据资源，发展全域旅游大数据。

对于旅游景区管理部门，要积极运用物联网、云计算、移动互联网、大数据等新一代信息技术，构建智慧景区。运用大数据开展旅游目的地精准营销，优化景区规划建设，提高景区管理水平，提升游客服务水平。

对于旅游大数据产品和服务提供商，要深入分析旅游行业的痛点（黄牛、黑导、枪店、欺客宰客等），提供相应的解决之道。基于后台大数据，通过 App 为游客提供全程的、基于位置的、一体化的信息服务，让游客省钱、省力、省心，提高游客满意度。

服务业数字化转型方向，如表 4-2 所示。

表 4–2 服务业数字化转型方向

行业类型	发展方向	典型实例
商贸流通	电子商务、新零售	淘宝、天猫、京东商城、苏宁易购、拼多多、猪八戒网、盒马鲜生、超级物种
交通	"互联网+交通"、智慧交通	四川汽车票务网
物流	"互联网+物流"、无车承运、智慧物流	专线宝
金融	互联网金融、供应链金融、刷脸支付、众筹、区块链	支付宝、余额宝、微信支付、阿里小贷、义乌农商行
文化旅游	"互联网+文化"、数字文创、"互联网+旅游"、智慧旅游、旅游大数据	携程旅行、同程旅游、马蜂窝旅游、赛导游
医养健康	"互联网+医疗健康"、健康大数据、智慧养老	春雨医生、会诊网

如何推进企业数字化转型

中小企业是我国国民经济和社会发展的重要力量，促进中小企业发展，是保持国民经济平稳较快发展的重要基础，是关系民生和社会稳定的重大战略任务。在全国绝大多数地方，当地中小企业占企业总数都在 99% 以上。推进中小企业数字化转型，促进中小企业健康发展，是发展数字经济的重要内容。

中小企业信息化

中小企业信息化推进工程实施以来，我国中小企业信息化发展水平显著提升，但仍然存在一些突出问题：中小企业信息化意识弱，在信息化建设方面普遍存在"缺人才、缺技术、缺资金"，中小企业信息化服务市场还有待规范。在经济新常态下，推进中小企业信息化要做好如下五个方面的工作。

第一，加强对两类人群的培训。建议各级中小企业主管部门组织针对地方党政领导干部的培训，让他们充分认识推进中小企业信息化对当地"稳增长、调结构、转方式"、促进地方经济发展的重要作用，树立"信息化思维"。组织针对中小企业负责人的，让他们充分认识信息化的商业价值。

第二，夯实网络基础设施，建设公共服务平台。结合实施"宽带中国"战略，进一步改善中小企业集聚区的宽带网络基础设施条件。推进中小企业公共服务平台网络建设，逐步实现服务资源的互联互通。支持面向中小企业的云计算平台。对符合条件、应用效果明显的云计算平台，优先纳入国家级中小企业公共服务平台。

第三，把信息化作为中小企业服务体系建设的重要内容，培育和发展中小企业信息化服务业。以信息化提升融资担保、技术创新、知识产权、法律维权、质量管理、管理咨询、创业辅导、市场开拓、人员培训等服务水平。各级中小企业主管部门可通过 App、微博、微信等为中小企业提供政策类信息服务。把中小企业信息化服务业纳入高技术服务业、科技服务业、生产性服务业并在相关专项中予以重点支持。组织供需对接活动，激发市场需求。通过建立信用档案、信用信息披露等方式进一步规范中小企业信息化服务市场。

第四，推进产业集群信息化，发展县域经济。对于水平型产业集群，支持市场化力量建设产业集群信息化服务平台，在电子商务、软件应用、行业资讯等方面为集群内的中小企业提供服务。鼓励有实体专业市场的产业集群建设全程电子商务平台，开展 O2O 业务。对于垂直型产业集群，支持大型企业为与之配套的中小企业提供信息化接口，开展网上采购、网上下单等业务，帮助中小企业建网站、开发 App，开展支持核心业务的信息化建设，实现产业链协同和即时生产。

第五，开展试点示范。对于中型企业，在信息化综合集成、物联网应用、智能制造、智慧企业建设等方面开展信息化试点；对于小微企业，在单项应用、电子商务、网络营销、云平台应用等方面开展信息化试点。建设一批国家级中小企业信息化示范区，鼓励地方政府建设中小企业信息化示范区。每年在全国中小企业中遴选一批信息化示范企业，组织编写《中小企业信息化优秀案例集》，树立标杆，为其他中小企业开展信息化建设提供参考依据。

第六，实施"互联网+小微企业"行动计划。支持小微企业利用互联网创新研发模式、生产模式、管理模式和商业模式，向互联网转型，顺应互联网时代的商业环境。支持平台型企业利用互联网整合小微企业信息化服务资源，为小微企业提供云计算、云存储、云安全、大数据等服务。完善基于互联网的小微企业信息化服务体系，为小微企业提供一站式的、个性化的、全生命周期的信息化服务。支持互联网金融企业通过大数据分析评估小微企业的信用状况，为小微企业提供融资、担保等服务。

延伸阅读：互联网+产业集群

产业集群是一群在地理上邻近而且相互联系的企业和机构，它们具有产业联系而相互影响。通过联系和互动，在区域中产生外部经济，从而降低成本，并在相互信任与合作的学习氛围中促进技术创新。产业集群是县域经济的重要支撑，分为水平型产业集群、垂直型产业集群、混合型产业集群。改革开放以来，中国以中小企业集聚为特征的产业集群发展迅速，日益显现出"小企业大协作、小产品大市场、小资本大集聚、小产业大规模"的局面，在区域经济发展中发挥着重要作用。2016年6月，工业和信息化部印发了《促进中小企业发展规划（2016—2020年）》，提出实施"互联网+产业集群"行动。要鼓励产业集群通过互联网提高产业链协同水平，创新产业组织方式。支持产业集群中的中小企业顺应互联网时代，在技术创新、管理升级、市场营销等方面运用互联网思维，创新生产经营方式和商业模式。

智慧企业

智慧企业是指生产经营智能化水平较高的企业，是企业信息化发展的高级阶段。与传统企业相比，智慧企业拥有"数字神经系统"，具有自学习和自适应能力，能够灵敏地感知到企业内外环境变化并快速做出反应。构建智慧企业，关键是通过信息化手段提高企业的感知能力、反应速度和管理决策智能化水平。

第一，提高生产经营的智能化水平。在研发设计方面，应用3D打印、智能仿真等技术。在生产制造方面，采用工业机器人、工业物联网技术，提高生产效率，减少用工需求。在经营管理方面，采用BI系统或企业经营"仪表盘"系统，让企业负责人像驾驶汽车一样驾驭企业；建立知识库、知识管理系统和E-Learning系统，使企业知识得以不断积淀，管理层和员工可以快速掌握有关业务知识。在市场营销环节，对销售数据、客户数据进行大数据分析，及时调整市场营销策略。

第二，加强企业信息化综合集成应用。对企业信息资源进行整合，建立统一的信息平台，推动各业务信息系统的互联互通，实现部门之间、集团总部和分支机构之间、产业链上下游企业之间的信息共享。构建打通研发设计、生产制造、经营管理和市场营销等各个环节的信息流，建立起一个从设计到销售再到设计的"信息闭环"，实现对市场的快速反应。

第三，建立互联网思维。在互联网时代，企业需要互联网思维。要用互联网思维创新企业的商业模式。采用互联网众包/众筹模式解决技术和产品研发难题。采用互联网金融模式解决融资难问题。通过微博、微信等开展网络营销，采用O2O模式扩大产品销路。开发能够接入互联网的产品，使产品能够远程控制、远程监测，提高产品附加值，促进产品服务化。

> **延伸阅读：Zara（飒拉）通过信息化实现对市场的快速反应**
>
> 西班牙知名服装企业 Zara 以快速反应著称于流行服饰业界。2003 年，Zara 公司是当时全球唯一的一家可以在 15 天内将生产好的服装配送到全球 40 个国家或地区连锁店的时装公司。Zara 公司通过信息化建设，其服装从开始设计到在专卖店上架，不超过三周的时间。Zara 公司每年设计出 12000 多款新衣服，从设计到生产只需要 10～15 天，而 Gap（盖普）公司和 H&M 公司则需要花费 3～5 个月的时间。Zara 公司每周两次从专卖店反馈回服装销售信息，使 Zara 公司的库存大大降低，存货周转率高达每年 11 次。

大数据在企业中的应用

大数据是工业 4.0 的核心，是构建智慧企业的关键技术之一。大数据在企业研发设计、生产制造、经营管理、市场营销、客户服务、科学决策、项目管理、节能减排、安全生产等许多领域具有广阔的应用前景。

1. 以大数据实现精准研发和精准设计

在制定研发计划之前，要进行相关专利检索和专利分析，开展专利咨询，绘制专利地图，避免重复研发。在产品设计时，采集消费者购买行为、对商品的评价等方面数据，开展消费者偏好分析、流行趋势分析，进行个性化设计，迎合消费者喜好。从设计到生产、销售，再回到设计，形成一个闭环。西班牙 Zara 公司是一家服装企业，运用大数据等技术手段之后，新款服装上市周期从三个月缩短到三周，款式种类从 4000 种达到 12000 种。

2. 以大数据实现大规模定制

浙江报喜鸟服饰股份有限公司拥有数千兆版型组合数据、10 亿条业务数据、20 万条面辅料数据。基于数字驱动的大规模个性化定制模式，使该公司从一家传统制造企业走向了"数字 + 制造 + 服务"的前沿，克服了服装个性化生产品质和生产效率低的瓶颈，生产效率提高 50%，全品类服装定制从下单到交付时间每套服装平均 15 天缩减至 7 天，定制生产的产能从 200 套/日扩大到 1000 套/日（不含团购定制），合格率从 95% 提升到 99%，定制产能年增长 50% 以上，物耗下降 10%，能耗下降 10%，生产人员精简 10% 左右。

3. 大数据推动制造业服务化

在工程机械行业，徐工集团、三一重工等都已在工程机械产品中应用物联网技术。企业不仅知道工程机械卖到什么地方，还知道工程机械一天运行多长时间。通过工程机械运行参数实时监控及智能分析平台，客服中心可以通过电话、短信等纠正客户的不规范操作，提醒进行必要的养护，预防故障的发生。客服中心工程师可以通过安装在工程机械上的智能终端传回油温、转速、油压、起重臂幅、伸缩控制阀状态、油缸伸缩状态、回转泵状态等信息，对客户设备进行远程诊断，远程指导客户如何排除故障。

4. 以大数据促进企业决策科学化

建立商业智能系统以及辅助决策的、图形化的"仪表盘"系统，通过对企业生产经营过程中的各种数据进行统计分析、联机处理和数据挖掘，实现决策的智能化。通过移动客户端，老板们即便出差在外，也可以实时掌控企业的生产经营状况。

5. 以大数据实现精准营销，促进客户服务人性化

在塔吉特的数据库资料里，统计师们根据顾客内在需求数据，精准地选出其中的 25 种商品，对这 25 种商品进行同步分析，基本上可以判断出哪些顾客是孕妇，甚至还可以进一步估算出她们的预产期，在最恰当的时候给她们寄去最符合她们需要的优惠券，满足她们最实际的需求。曾经有一位父亲到一家塔吉特店中投诉，商店竟然给他还在读书的女儿寄婴儿用品的优惠券。但这位父亲与女儿进一步沟通才发现自己女儿真的已经怀孕了。

6. 以大数据提高大型工程项目中标率

运用大数据技术对拟投标项目的预期成本和预期利润进行快速计算，做到心中有数。在项目投标时，可以给出比较合理的报价。在谈判时，可以知道让步空间和底线，做到胸有成竹。佛山市顺德区的一家民营科技企业，就是运用大数据在项目竞标中打败的强大的对手德国西门子公司，赢得了一个7亿美元的大项目。

7. 以大数据促进企业节能减排

通过大数据分析优化生产和管理，减少能源消耗和污染物排放。宝钢集团有限公司的能源管理系统可以对包括水、电、风、气（汽）全部公共能源设施的统一管理与调度，实时了解钢厂的能源需求和消耗状况，采用综合平衡和燃料转换使用等方法，有效地减少了高炉煤气的排放，提高了转炉煤气的回收率。2004年，宝钢集团有限公司不锈钢分公司采用能源管理系统之后，高炉煤气放散率由最初的30%下降到10%以内。目前，宝钢分公司高炉煤气放散率控制在2%以内。

8. 以大数据促进企业安全生产

对危险源进行实时监测，分析事故发生发展规律，开展事故预警和安全生产风险评估，从被动的应急管理走向主动的风险管理。

阳煤集团建立了动态实时的数字煤矿安全监管系统，初步实现了对矿井瓦斯的多级安全监管。该系统以所属各矿井检测系统为基础，以各个矿井检测系统检测数据为来源，实现全集团全部检测系统的矿井检测数据的联网。有了这套系统，建立的不仅是地面矿-集团公司-省局三级管理机构对煤矿井下现场作业环境的全面动态实时监测监控，同时为井下瓦斯情况进行分析，进而为预防瓦斯事故，超前正确决策提供了及时的技术数据分析信息和资料。通过这套系统，一旦发生瓦斯浓度超过标准的情况，瓦斯超限的地点和浓度数值都能够实现风电闭锁，并在第一时间通过手机短信通知到相关各级责任人，从而保证用最短的时间做出正确决策。

实践表明，运用大数据可以优化企业的生产经营管理，降低研发设计成本、原材料成本、能耗成本、流动资金占用成本、劳动力成本、产品质量成本、市场营销成本、交易成本等生产经营成本。

延伸阅读：信息化的商业价值

在提高生产经营效率方面，通过信息化可以缩短研发周期，提高劳动生产率，提高按期交货率，提高财务决算速度等。在降低生产经营成本方面，通过信息化可以减少库存资金占用，降低原材料采购成本，降低产品销售成本，降低人力资源成本，降低研发设计成本，降低生产制造成本，降低经营管理成本等。此外，信息化还可以提高产品质量，提高工作精准性，提高企业产能，减少资源能源消耗，减少污染物排放，减少应收账款，提高客户满意度等。例如，信息化可以提高产品合格率，降低库存盘点误差率，减少原材料损耗等。

例如，大连升隆机械有限公司的信息化工作就取得了显著成效（见表4-3）。

表4-3　大连升隆机械有限公司信息化前后生产经营指标变化情况

事项	信息化前	信息化后
产品设计周期（天）	7	1
产品制造周期（天）	15	8
订单响应速度（天）	20	10
按期交货率（%）	60	80
劳动生产率（万元/人）	3.3	5.5
财务决算周期（天）	15	10
成本核算周期（天）	12	6
设备利用率（%）	80	95
流动资金周转率（次/年）	12	26
原材料采购成本（万元）	56	18

（续表）

事项	信息化前	信息化后
原材料耗损率（%）	12	8
原材料消耗量（吨）	9360	9080
万元产值能耗（吨标准煤）	0.026	0.021
库存率（%）	60	40
库存周转天数（天）	176	121
库存盘点误差率（%）	1	0.3
车间工人数量（人）	420	305
管理人员数量（人）	103	75
产品合格率（%）	97	99
短缺件次数（次/月）	3	1

企业要树立大数据思维，学会用数据说话，用数据管理，用数据决策，用数据创新。企业应用大数据，要做好如下一些工作。

（1）归集相关数据。整合企业自身的数据资源，通过大数据交易中心购买其他企业的数据资源，收集互联网上的数据资源以及用户生成的数据资源。

（2）建立应用场景。把大数据应用于研发设计、生产制造、经营管理、市场营销、客户服务、领导决策、项目管理、节能减排、安全生产等领域。

（3）完善相关制度。建立和完善企业数据资源管理制度，促进数据采集、存储、管理、处理、分析等规范化。

（4）开展数据分析。企业可以充分发挥自身力量开展大数据分析。当自身力量不足时，可以委托专业机构来进行大数据分析。

（5）设立管理部门。有条件的企业可以成立专门的大数据部，统筹企业的大数据工作。设置首席数据官（CDO）岗位，负责企业的大数据工作。

（6）保障数据安全。企业可以采用数据加密、入侵检测等手段，开展数据容灾备份，避免信息泄露和数据丢失。

第五章
国外数字经济发展情况

数字经济是全球经济增长的重要驱动力，在提高劳动生产率、培育新的经济增长点、实现包容性增长和可持续增长方面正发挥着重要作用。数字经济合作成为多边、双边合作新亮点。目前，全球有 30 多个国家制定了数字经济发展战略。2019 年 9 月，联合国贸易和发展会议（UNCTAD）发布了《2019 年数字经济报告》（Digital Economy Report 2019），分析了数字经济对发展中国家的影响。

美国

1998 年，美国商务部公开采用"数字经济"来描述信息通信技术给美国经济以及世界经济带来的变革。之后，美国商务部经济与统计管理局多次发布数字经济白皮书，如 2000 年发布的《浮现中的数字经济》。

2011 年 6 月，美国政府确立了智慧制造 4 个方面的优先行动计划。在为智能制造搭建工业建模与仿真平台方面，为虚拟工厂企业创建社区平台（包括网络、软件），为生产决策开发下一代软件和计算架构工具箱，在工厂优化软件和用户界面中融入人类因素和决定，为多个行业和不同技能水平扩展能源决策工具的可用性，如能源仪表板、自动数据反馈系统、移动设备的能源应用程序。

在可负担的工业数据采集和管理系统方面，为所有行业建立一致、有效的数据模型，如数据协议和接口、通信标准等。开发稳定的数据采集框架，如传感器或数据融合、机器和用户接口、数据记录和检索工具。

在业务系统、制造工厂和供应商企业级集成方面，通过仪表板报表、度量、常用的数据架构和语言等常用报告和评级方法优化供应链绩效。开发开放的平台软件和硬件以传输和集成中小企业和原始设备制造商之间的数据，如数据共享系统和标准，常用参考架构。集成产品和制造过程模型，如软件、网络、虚拟化和实时仿真、数据传输系统。

在智慧制造的教育和培训方面，加强教育和培训以为智慧制造建立人才队伍，如培训模块、课程、设计标准、学习者接口。

2016年底，美国商务部成立数字经济咨询委员会，为政府部门、企业和消费者提供发展数字经济的建议。

美国商务部数字经济咨询委员会提出从以下4个方面来测算数字经济发展水平：（1）公司、行业和家庭等经济不同领域的数字化程度；（2）数字化的效果或产出，如搜索成本、消费者盈余和供应链效率；（3）对实际GDP和生产率等经济指标的综合影响；（4）新出现的数字化领域。

据埃森哲咨询公司2016年发布的《数字颠覆：增长倍增器》报告测算，2015年美国数字经济总量已占国内生产总值的33%。2016年，美国数字经济总量为11万亿美元，约占GDP的59.2%。中国数字经济总量只有美国数字经济总量的34.5%。

美国比较重视数字经济发展过程中的网络安全问题。2016年底，美国加强国家网络安全委员会向白宫呈报了《关于保护和发展数字经济的报告》，对当前美国网络安全形势进行了分析和研判。

2018年，美国政府发布了《数据科学战略计划》、《美国国家网络战略》和《美国先进制造业领导力战略》，提出加强大数据专业技术人才培养，大力发展互联网产业和智能制造。

目前，美国数字经济发展指数排名全球第一。2018年9月，阿里研究院和毕马威联合发布了《2018全球数字经济发展指数》，美国、中国、英国、韩国、瑞典、挪威、日本、丹麦、新加坡、荷兰分列2018全球数字经济发展指数前十名。

美国信息技术领域基础研究、应用型专利、技术的商业转化能力、产品全球化程度等均处全球领先地位。在全球十大互联网公司中，有7个是美国公司。作为全球最发达的经济体，美国产业发展成熟、配套设施完善。美国传统行业巨头经过几十年持续的信息化建设，已经完成数字化转型。

德国

2010年12月，德国联邦政府发布了"数字德国2015"（Digital Germany 2015）战略，提出通过数字化获得新的经济增长和就业机会，具体内容包括发展电子能源（E-Energy）和智能电网；研发电动汽车，建设智能交通系统；在工业领域推广云计算技术等。

2013年4月，德国联邦政府提出实施"工业4.0"战略。通过大力发展智能制造，构建信息物理系统，进一步提高德国制造业的竞争力，在新一轮工业革命中占领先机。

2016年3月，德国联邦政府发布了"数字战略2025"。这是继"数字议程"之后，德国联邦政府首次就数字化发展做出系统安排。

德国"数据战略2025"确定了十大重点任务：（1）2025年前在德国建设千兆光纤网络；（2）引导新的创业潮流，支持创业，促进新公司和现有公司之间的合作；（3）为投资和创新设立监管框架；（4）推进设备智能联网；（5）保障数据安全，维护数据主权；（6）支持中小企业创新商业模式；（7）利用工业4.0推进德国工业现代化；

（8）将数字化技术的研发和创新带入全球顶尖水平；（9）实现全生命周期的数字化教学全覆盖；（10）设立数字化管理局。

德国提出在柏林和德累斯顿建立两个大数据中心，推动大数据创新在"工业4.0"、生命科学、医疗健康领域的应用，并促进ICT、信息安全、微电子、数字服务等领域的投资。

英国

2015年2月，英国政府发布了《2015—2018数字经济战略》（Digital Economy Strategy 2015—2018），旨在帮助英国业界用数字化技术进行创新。该战略提出了5个目标：鼓励数字化创新者，聚焦用户，武装数字化创新者，促进基础设施、平台和生态系统发展，保障可持续性。2016年，英国数字经济总量约为1.43万亿美元，约占GDP的54.5%。

2017年3月，英国政府发布了《英国数字化战略》（UK Digital Strategy）。该战略设定了明确途径以帮助英国在启动并推进数字化业务、试用新型技术或者实施先进技术研究方面占据优势地位，并将此作为政府计划的一部分以将英国建设为一个现代化、具备动态的全球性贸易大国。

《英国数字化战略》提出了如下七大战略任务。

1. 连接性：为英国建立世界一流的数字化基础设施。
2. 数字化技能与包容性：为每个人提供掌握其所需数字化技能的途径。
3. 数字化部门：让英国成为建立并发展数字化业务的最佳平台。
4. 宏观经济：帮助每一家英国企业顺利转化为数字化企业。
5. 安全的网络空间：让英国提供全球最为安全的在线生活与工作环境。

6. 数字化政府：确保英国政府在全球为民众提供在线服务方面处于领先地位。

7. 数据：释放数据在英国经济中的重要力量，并提高公众对使用数据的信心。

2017年5月，《数字经济法案》正式生效。该法案引入宽带普遍服务义务（USO），让英国每个家庭和企业都有权获得最低速率为10Mbps的宽带服务；授权Ofcom审查宽带USO；赋予终端用户便捷切换运营商的权利（尤其在同一个供应商处购买多种服务时），并确保出现问题时获得适当的补偿；通过设定访问色情网站或应用程序的年龄验证、对垃圾邮件发件人和骚扰电话呼叫者进行处罚、增加对在线版权侵犯的量刑选项等措施保护在线消费者。

2018年，英国政府发布了《数字宪章》《国家计算战略实施计划》和《产业战略：人工智能领域行动》，制定了数字经济规则，提出大力发展云计算产业和人工智能产业。

俄罗斯

俄罗斯总理梅德韦杰夫在2014年俄罗斯经济现代化和创新发展会议上指出，与IT系统相关的工业生产新技术正在改变传统生产概念和组织方式，俄罗斯尽管在这一领域已有一定的科研基础（如数学模型和新材料等），但如果将其联系到生产和实体经济时，情况并不乐观。

梅德韦杰夫在2016年俄罗斯经济现代化和创新发展会议上指出，生产流程数字化已经成为趋势，没有计算机建模、没有数控机床的现代工业是无法想象的。

企业数字化程度不高，是造成俄罗斯劳动生产率低于欧美国家的重要原因之一。2015年，俄罗斯企业应用ERP的比例只有15.7%，俄罗斯数控机床保有量只有10%。

2017年6月，俄罗斯总统普京指出，发展数字经济是俄罗斯经济领域第一要务。2017年7月，俄罗斯联邦政府发布了《俄罗斯联邦数字经济规划》。该规划明确了以下5个基本方向。

（1）规范性管理。针对数字经济监管领域的变革和能力（知识）建立常态化管理机制；取消主要的法律限制，建立单独的法律机制以解决建设数字经济中的首要任务；形成与数字经济发展相关的综合性立法协调关系；采取措施开展与现代技术利用、数据收集和应用相关的经济活动；在欧亚经济联盟范围内制定数字经济发展政策，制定协调统一的法律监管方式，以促进数字经济在欧亚经济联盟空间的发展；为发展数字经济监管能力建立方法论基础。

（2）人才和教育。为培养数字经济领域的人才创造关键条件，改善教育制度，使其为数字经济提供合格人才；建立以数字经济需求为基础的劳动力市场；建立动员体制以掌握必要的能力，动员人才参与数字经济发展。

（3）培育研发能力和技术储备。为发展数字经济领域的研究与开发建立制度环境；建立数字经济领域技术储备；培养数字经济的擅长领域。

（4）信息基础设施。发展通信网络，在考虑数字技术本身要求的同时确保国家、商业、公民在收集和传输数据方面的经济需求；发展俄罗斯数据中心体系，确保向国家、商业和公民提供普遍的、稳定的、安全的和高效的、有条件的数据存储和处理服务，并允许数据存储和处理服务的出口；应用数字平台的数据以保证国家、商业和公民的需求；建立高效的数据收集、处理和存储体系，确保向国家、商业和公民提供最新的可靠的关于空间物体的数据。

（5）信息安全。使用俄罗斯技术确保信息在传输和处理过程中的完整性、保密性、可认证和普适性；优先使用国产软件和设备；应用俄罗斯加密标准的信息保护技术[①]。

2017年8月，俄罗斯成立隶属政府信息技术运用委员会（由梅德韦杰夫负责）的数字经济分委员会，负责数字经济规划的落实。

近年来，俄罗斯电子商务快速发展。据俄罗斯电子商务公司协会统计，2013—2016年，俄罗斯B2C电子商务市场规模分别为5440亿卢布、7130亿卢布、7600亿卢布和9200亿卢布（见图5-1）。在由俄罗斯通信与大众传媒部、俄罗斯统计局和俄罗斯高等经济大学共同编制的《数字经济指标：2017》中，明确将电子商务列为俄罗斯数字经济的重要内容之一。

图5-1 2013—2017年俄罗斯B2C电子商务市场规模（单位：亿卢布）

澳大利亚

2011年7月，澳大利亚政府发布了《澳大利亚数字经济战略》，

[①] 张冬杨，俄罗斯政府正式批准《数字经济规划》，见 http://www.ccpitecc.com/article.asp?id=7438，2017-08-21.

确定了数字社区、老人宽带、数字企业、网上零售、智慧电网和智慧城市、可持续的公路管理、远程医疗试验、医疗福利、教育和技能服务、远程教育项目、远程工作论坛、一次性告知（Tell Us Once）、服务供给改革、政府数据网站、消灭数字鸿沟和法律援助服务16个方面的行动计划，提出到2020年使澳大利亚成为世界领先的数字经济体。

（1）数字社区。为了帮助更多的澳大利亚家庭上网，缩小数字鸿沟，澳大利亚政府将在三年内为数字社区计划提供2380万澳元的资金。计划的重点是每40个社区建立一个信息化服务站，这些社区最先从国家宽带网络受益。通过这些信息化服务站，当地居民将能够体验到NBN（国家宽带网），接受培训以发展数字化技能。这些技能对安全地参与数字经济活动并建立信任是必要的。

（2）老人宽带。确保老年人拥有足够的技能和信心参与国家宽带网络驱动的数字经济活动，政府将从2011年7月起连续4年为老人宽带计划提供1040万澳元的支持。

（3）数字企业。为了让更多的企业和非营利组织获得与政府部门在线打交道的利益，政府将在三年内为数字企业计划投入1240万澳元，为中小企业和非营利组织提供建议和支持。这一举措将帮助这些机构通过在线参与实现更大的成本节约，增强生产力，提高市场营销水平。

（4）网上零售。为了确保零售业在数字经济中利益最大化，政府主办了一个网上零售论坛，提供便利的网络设施，以突出一个充满活力的澳大利亚网上零售行业的重要性，促进行业对话。政府还要求生产力委员会对零售业的经济结构和绩效进行调查，并考虑到零售行业中结构变化的驱动力，包括全球化，以及越来越多的家庭和企业参与的数字经济活动。

（5）智慧电网和智慧城市。为探讨国家宽带网络和其他公用设施的协同效应，在2009年，澳大利亚政府投入一亿澳元实施智慧电网和智慧城市项目，推出澳大利亚第一个商业规模的智能电网。此外，为了减轻道路拥堵和减少二氧化碳排放，政府将与产业界合作推广远程工作。

（6）可持续的公路管理。为了缓解交通拥堵，改善交通需求管理以及各大城市交通网络的整体效率，政府计划在三年内投入6140万澳元资助智慧基础设施技术的发展。

（7）远程医疗试验。为了支持医疗系统有效地集成数字化技术和宽带服务，以提高效率，改善患者的康复率，政府将进行两个远程医疗试验。第一个试验将在阿米德尔和凯马进行，为那些居住在医疗条件很差的家里的老年人提供高品质的、基于NBN的远程医疗服务。另外一个试验将在汤斯维尔进行，为患有Ⅱ型糖尿病的人提供高品质的监控和视频会诊服务。

（8）医疗福利。为了确保卫生系统更多地采用远程医疗方式，政府将从2011年7月1日起扩展医疗保险时间表以涵盖远程医疗服务项目。

（9）教育和技能服务。为促进创新教育用途的国家宽带网络，政府将在接下来的4年内实施基于NBN的教育和技能服务项目，就如何通过国家宽带网络改进在线和交互教育与技能进行试验，并将资助、策划、开发和实施这些项目。

（10）远程教育项目。为了帮助教育系统确保高速宽带课堂环境和在家学习的好处，政府将为基于国家宽带网络的远程教育项目提供资助。通过新南威尔士州新英格兰技术和继续教育学院与新英格兰大学之间的合作伙伴关系，项目将使用最先进的虚拟交互培训室、实验室和社区学习能力。该项目将展示继续教育服务和资源的潜力。

（11）远程工作论坛。为了鼓励所有经济部门更多地通过NBN进行远程工作，政府将举办一个远程工作论坛，汇集来自产业界和公共服务部门的高级执行案例，为不断增加的远程工作探索。

（12）一次性告知。为促进以客户为中心的政府服务更高效和低成本，政府将在 2011—2012 年投入 230 万澳元用于调查和测试初步发展，通过实施一次性告知计划使公民更容易使用和获得政府服务。这笔资金将用于技术试验和商业案例的研究范围，探索改进包括允许个人向多个机构同时更新信息，用以前提交给政府机构的信息预填表格，以及在一个地方查看所有政府通信。

（13）服务供给改革。为确保服务供给的现代化和灵活性，政府在人性化服务框架中实施了服务供给改革计划，以改变人们接受服务以及与政府互动的方式。随着时间推移，这项工作可以成为实时交互的客户服务工具，如互联网语音协议和高清晰度视频会议。

（14）政府数据网站。为促进由企业和社区提供的在线应用和服务的发展创新，政府开通了 data.gov.au 作为政府信息的数据目录。该网站以开放许可证方式，提供联邦政府、各州政府及领地政府的数据，旨在鼓励公众访问和重用政府资源。

（15）消灭数字鸿沟。为了确保那些生活在大城市和生活在偏远地方的澳大利亚人平等地享受数字社会带来的好处，数字社区和数字企业计划将有助于缩小这些差距。类似的远程医疗试验和基于 NBN 的远程教育试点项目将出现在地方并使本地化发展专长。

（16）法律援助服务。为展示国家宽带网络在改进地方服务提供方面的能力，基于 NBN 的地方法律援助服务计划将启动法律援助服务主动提供，吸引和留住在选定地区的工作人员。

2016 年 10 月，澳大利亚工业、创新和科学部发布《澳大利亚数字经济升级报告》，从以下 6 个方面概述了澳大利亚近年来数字经济的相关政策和发展情况。

（1）建设人们负担得起的、泛在的高速宽带网络。澳大利亚通过国家宽带网络计划进行了多技术混合网络改革，提高网速，降低成本。开展"移动黑点计划"，提升主要运输线路沿线、小社区和易遇自然灾害地区的移动网络覆盖范围，2016年6月，该计划三期工程再次投入6000万澳元，至此总投入达2.2亿澳元。

（2）政府数字化转型和政府数据开放。澳大利亚政府于2011年开始实行政府数字化转型。2015年7月数字化转型办公室（DTO）成立，领导政府服务转型为公民提供更好的服务。同时作为国家创新和科学议程（NISA）的一部分，该办公室还开拓了数字化市场服务，使小企业获得政府技术支持，与大企业在公平的环境中竞争。

从2013年开始，澳大利亚政府开始推动公开数据议程，在网站（data.gov.au）公开出版了超过7000个附加的数据集。编制开放数据手册向数据存储人员和用户中心提供如何简化流程方面的信息。组织进行"开放数据500"调查，了解澳大利亚组织使用公共数据的情况，并为评估开放政府数据集的社会和经济价值提供基础。实施DataStart开放数据计划，促进新创企业利用政府开放数据开发可持续业务。

（3）加大科研投入促进科技创新。澳大利亚政府认识到创新和科学是澳大利亚经济增长、维持高收入、抓住下一波经济浪潮的关键。作为国家创新和科学议程的一部分，投入5100万澳元装备年轻人，使其能够创造和使用数字技术；投入1300万澳元鼓励女性从事STEM研究；投入100万澳元改善签证制度，包括为STEM和ICT专业的学生增加永久居留权的途径；投入4800万澳元激发下一代澳大利亚人的STEM素养；投入2600万澳元提高澳大利亚在量子计算研究方面的世界级能力；向Data 61（澳大利亚最大的大数据公司）投入7500万澳元，建设和维护澳大利亚世界领先的数据研究能力。

（4）确保网络安全。网络安全被澳大利亚政府视为国家性的重大问题。2016年4月颁布的《澳大利亚网络安全战略》以强有力的网络安全保障国家的创新、增长和繁荣，并提出未来4年5个主题行动：全国性的网络合作、稳固的网络防御能力、全球性责任及影响、发展与创新、网络智能国家。

澳大利亚建立网络安全中心,提升政府能力水平及未来工作平台。建立联合网络威胁共享中心,创建在线网络威胁共享门户,改善公共和私营部门之间的信息共享。建立国家网络安全技术人才储备,解决网络安全专业人才问题。加大网络安全投入力度,2016年2月澳大利亚国防部发布的《国防白皮书》指出政府将投入了6.32亿澳元增强网络能力。国家创新和科学议程投入3050万元建立网络安全成长中心为企业创造机会。

(5)参与国际合作。澳大利亚政府与中国、日本和韩国签署了自由贸易协定,加入世界贸易组织(WTO)信息技术协定(ITA),成为跨太平洋伙伴关系协定(TPP)12个参与国之一,促使其出口行业更具竞争力。澳大利亚重新被入选国际电信联盟(ITU),加入OECD数字经济工作组,积极参与国际论坛,推动数字经济政策。NISA投入3600万澳元改善澳大利亚国际创新和科学合作,其中1100万澳元将被用于建立五个创业项目落地与孵化中心(分别在特拉维夫、硅谷、上海、柏林和新加坡),将为澳大利亚在全球创新热点地区提供短期运营的基础。

(6)建立灵活的监管框架。法律法规在保护消费者和企业的同时,不能阻碍数字经济的发展。澳大利亚政府制定国家数字识别战略来帮助个人参与政府决策;明晰监管机构的权利确保其权利的分级方式有效;引入立法促进众包股权融资;任命生产力委员会审查金融系统数据的可访问性和使用效率;承诺修改现有金融监管的优先领域,使其技术中立,并不妨碍创新和金融系统的竞争;发布金融科技声明,确保具有竞争力和商业吸引力的众包资助框架。

澳大利亚政府对数字经济监管体系进行了三次评估,分别是电信监管和结构改革审查,评估电信产业支持竞争的长期战略;频谱审查,促进频谱管理框架更简单、有效、灵活和可持续，以支持创新技术和服务；区域、农村和偏远地区电信服务的充分性评估，以减少数字鸿沟。

2018年12月，澳大利亚工业、创新与科学部发布了题为《澳大利亚技术未来：实现强大、安全和包容的数字经济》的战略报告，从技能、包容性、数字政府、数字基础设施、数据、网络安全和监管7个方面提出了澳大利亚发展数字经济的对策措施。在数据方面的关键举措包括加大数据科学研究领域的投入，开放公共数据资源，发展数据驱动型产业，开放并利用卫星图像数据。

日本

1997年5月，日本通产省在相关报告中将数字经济定义为具备如下四种特征的经济形态：没有人员、物体和资金的物理移动的经济是可能的；合同的签订、价值转移和资产积累可用电子手段完成；作为经济基础的信息技术将高速发展；电子商务将广泛拓展，数字化将渗透人类生活的各个方面。

2000年，日本政府专门成立了IT战略总部。2001年，日本政府制定了《e-Japan战略》，集中力量开展宽带网络基础设施建设。2003年，日本政府制定了《e-Japan战略Ⅱ》，目标是将信息技术应用到食品、医疗、中小企业、金融、行政和就业等领域。2004年，日本政府制定了《U-Japan战略》，提出建设泛在网络社会，从网络、终端、平台和应用这四个层面构建信息技术与经济社会的联系。2009年，日本政府制定了《i-Japan战略2015》，提出面向数字经济新时代的战略政策，实现信息产业在经济社会的普惠性。2011年，日本制定了《推进ICT维新愿景2.0版》，打造强大的数字经济。2012年，日本政府制定了《日本复兴战略》，明确将通过发展数字经济来振兴日本经济。

2013年6月，日本政府发布了《创建最尖端IT国家宣言》（Declaration to be the World's Most Advanced IT Nation），计划2013—2020年以公共数据资源开放和大数据应用为核心，把日本建设成为世界最高水准、信息技术广泛应用的社会。该宣言要点如下。

（1）向民间开放公共数据。2013年度内启动居民可浏览中央各部委和地方省厅公开数据的网站（试用版）。从2014年度正式实施。

（2）促进大数据的广泛活用。促进个人数据的流通与运用。明确个人数据的活用规则。2013年度内确定改革相关制度方针。

（3）活用信息技术，实现农业及其周边相关产业的高水平化。使农业经营体共享经过积累并分析的农业现场的相关数据及新技术。实现农业的知识产业化。

（4）构筑医疗信息联结网络。2016年之前，根据门诊数据及处方笺，确立地区和企业的国民健康管理对策。计划于2018财政年度之前，在日本普遍建立医疗信息联网体制，以便使医疗和护理以及居民生活支援服务等机构共有医疗信息。

（5）活用信息技术，对社会基础设施进行维护管理。2020年之前，通过使用传感器的远程监控，对日本20%的重要基础设施实施检修。

（6）改革国家及地方的行政信息系统。2018年之前，将目前1500个政府信息系统减半。2021年之前原则上将所有的政府信息系统云计算化，减少三成运行成本。加快地方政府信息系统云计算化。

根据日本总务省发布的《2013年信息通讯白皮书》，充分利用"大数据"将给日本带来每年7.77万亿日元的经济效益。2015年，日本大数据市场规模达到947.76亿日元，增幅达到32.3%。预计到2020年，日本大数据技术和服务市场规模将达到2889.45亿日元，复合年均增长率约为25%。

目前，日立、NEC、富士通、NTT DATA、电通等知名公司都开展了大数据应用。从 2012 年 6 月起，日立公司向用户企业提供数据分析高手服务（Data Analytics Meister Service），用来帮助用户企业通过活用大数据创造出新的商业价值。例如，构建活用大数据的企业形象，选定活用大数据实施方案，具体运用验证及安装工作等。2013 年 6 月，日立公司建立了 300 人的囊括并统辖全世界大数据关联部门的专门组织机构。

2012 年 11 月，NEC 宣布将利用脸部验证技术"Neo-Face"提供基于云计算的各种大数据分析服务。例如，通过设置于店铺内的摄像机所拍照的消费者脸部数据，可自动识别消费者的年龄、性别以及来店经历。它可推算出不同年龄段来店者状况和回头率，分析两者同销售额的关系等，以便采取相应措施增加销售额。

富士通公司利用其数据中心和云计算服务方面的优势，积极拓展由专业数据分析小组所提供的活用大数据的咨询服务。例如，强化社交网络服务（SNS）上的数据分析服务，及时发现社交网络上可用的信息，以便企业能够实时地开展市场营销活动，加强商品规划和消费者支持。2013 年 6 月，富士通公司建立了由 30 名核心业务人员以及 800 多人数据专家和咨询顾问组成的"大数据主导中心"。

2013 年 7 月，NTT DATA 公司集中本企业内部各大数据业务关联部门，成立了专门的"大数据商务推进室"，它囊括了 130 名数据运用专业人才，对用户企业实行一站式服务，包括协助企业挖掘商机并提供相应服务等。

日本电通公司利用 GPS 收集了 70 万人的位置信息，开发出位置信息服务"Draffic"，实现人员流动可视化。"Draffic"把检测区域缩小到 2500 平方米，能更确切地分析消费者在商业设施或商场的流动状况，如来店的人来自何处又将去何处及其人数等[①]。

---

① 金顺英. 日本大数据产业鸟瞰 [EB/OL]. 中云网，2013-07-22.

2016年1月,日本政府制定了《超智能社会5.0战略》。超智能社会5.0是在当前物质和信息饱和且高度一体化的状态下,以虚拟空间与现实空间的高度技术融合为基础,人与机器人、人工智能共存,可超越地域、年龄、性别和语言等限制、针对诸多细节及时提供与多样化的潜在需求相对应的物品和服务,是能实现经济发展与社会问题解决相协调的社会形态,能够满足人们愉悦及高质量生活品质。

2019年6月,在日本大阪召开的G20峰会期间,阿根廷、澳大利亚、巴西、加拿大、中国、欧盟、法国、德国、意大利、日本、墨西哥、韩国、俄罗斯、沙特阿拉伯、土耳其、英国、美国、西班牙、智利、荷兰、塞内加尔、新加坡、泰国和越南24个国家和地区领导人联合发布了《数字经济大阪宣言》。

一些发达国家的数字经济发展战略,如表5-1所示。

表 5-1 一些发达国家的数字经济发展战略

国家	相关发展战略、行动计划和政策文件
美国	《大数据研发计划》《智慧制造优先行动计划》《数据科学战略计划》《美国国家网络战略》《美国先进制造业领导力战略》等。
英国	《2015—2018数字经济战略》《英国数字化战略》《数字经济法案》《数字宪章》《产业战略:人工智能领域行动》《国家计算战略实施计划》等。
德国	"工业4.0"战略、"数字战略2025"等。
俄罗斯	《俄罗斯联邦数字经济规划》
澳大利亚	《澳大利亚数字经济战略》《澳大利亚数字经济升级报告》等。
韩国	《数字世界的人文主义:IT839战略》、《IT韩国未来战略》、"创造经济"战略等。
日本	《e-Japan战略》《U-Japan战略》《i-Japan战略》《创建最尖端IT国家宣言》《超智能社会5.0战略》等。

第六章
国内数字经济发展情况

近年来，我国数字经济快速发展，数字经济融入国民经济的各个领域，为我国经济发展提供了新动能，在优化经济结构、促进产业转型升级等方面的作用日益凸显。我国数字经济在多个方面处于世界领先水平。2018年，我国数字经济规模达到31.3万亿元，增长20.9%，占GDP比重为34.8%。

浙江

浙江省委省政府高度重视发展数字经济。2017年12月，浙江省委书记车俊在浙江省委经济工作会议上指出，把数字经济作为"一号工程"来抓，深化数字浙江建设。

2018年4月，浙江省委书记车俊在浙江省委常委会扩大会议上强调，要坚定不移地把数字经济作为"一号工程"来抓，加快推进"企业上云"行动，统筹抓好国家信息经济示范区等重大创新载体。

2018年6月，浙江省委书记车俊在全省网络安全和信息化工作会议上指出，要高水平谋划、高起点发展数字经济，精心设计好数字经济"一号工程"蓝图，积极利用互联网新技术改造提升传统产业，切实抓好数字经济创新发展的集聚平台建设，着力引进一批创新能力和带动性强的企业和项目。

2018年7月，浙江省省长袁家军在全省数字经济发展大会上强调，要以"数字产业化、产业数字化"为主线，全面实施数字经济"一号工程"，持续加力推进数字经济发展，争创国家数字经济示范省。

2018年7月，浙江省政府召开专题会议审议《浙江省国家数字经济示范省建设方案》《浙江省数字经济五年倍增计划》。2018年9月，浙江省政府办公厅印发了《浙江省数字经济五年倍增计划》。

2019年1月，浙江省省长袁家军在政府工作报告中提出深入实施数字经济"一号工程"。坚持数字产业化、产业数字化，全面实施数字经济五年倍增计划，深入推进云上浙江、数字强省建设。率先开展5G商用，推广应用城市大脑，加快建设移动支付之省，争创国家数字经济示范省。设立100亿元数字经济产业基金。重点打造100个"无人车间""无人工厂"，扶持100个数字骨干企业，推进100个数字化重大项目，实施100个园区数字化改造，力争数字经济核心产业增加值增长15%以上。

杭州、金华、温州、台州、绍兴等一些地市以及瑞安市、永嘉县、宁波市奉化区等区县积极发展数字经济。2018年10月，杭州市委市政府印发了《杭州市全面推进"三化融合"打造全国数字经济第一城行动计划（2018—2022年）》。2018年6月，金华市政府印发了《关于扶持市区数字经济发展十条措施》《金华市数字经济发展三年行动计划（2018—2020年）》。2018年11月，温州市政府印发了《温州市数字经济五年倍增实施方案》。2019年1月，绍兴市政府办公室印发了《绍兴市数字经济五年倍增计划》。2018年11月，台州市委市政府出台了《关于加快数字经济发展的实施意见》。2019年3月，永嘉县政府印发了《永嘉县数字经济发展五年倍增实施方案》。

2018年，浙江省数字经济总量达2.33万亿元，较上年增长19.26%，占GDP的比重达41.54%，总量和增速均居全国第四位。

根据浙江省统计局发布的《2018年浙江省国民经济和社会发展统计公报》，2018年以新产业、新业态、新模式为主要特征的"三新"经济增加值占GDP的24.9%。数字经济核心产业增加值5548亿元，按现价计算比上年增长 13.1%。在规模以上工业中，数字经济核心产业增加值增长 11.8%。在战略性新兴产业中，新一代信息技术和物联网产业增加值增长 19.9%。光纤、智能手机、智能电视、工业机器人等产量快速增长。网络零售额 16719 亿元，增长 25.4%；省内居民网络消费 8471 亿元，增长 25%。电信业务总量 4099 亿元，增长 129.1%。年末移动电话用户 8309 万户，其中使用 3G、4G 移动电话用户 7071 万户。固定互联网宽带接入用户 2648 万户，其中固定互联网光纤宽带接入用户 2349 万户。移动互联网用户 8136 万户。

2017 年度浙江省数字经济发展主要指标，如表 6-1 所示。

表 6-1 2017 年度浙江省数字经济发展主要指标

类别	一级指标	二级指标	单位	数值
基础设施	网络基础设施	城域网出口带宽	Gbps	95663.0
		固定宽带端口平均速率	Mbps	171.1
		每平方公里拥有移动电话基站数量	个/平方公里	3.8
	数字网络普及	固定互联网普及率	户/百人	41.3
		移动互联网普及率	户/百人	126.4
		付费数字电视普及率（含 IPTV）	户/百户	90.4
		信息进村入户覆盖率	%	56.9
数字产业化	创新能力	数字经济核心产业 R&D 经费相当于营业收入比重	%	2.2
		人均拥有数字经济核心产业有效发明专利数	件/万人	6.3
		数字经济核心产业制造业新产品产值率	%	57.7

（续表）

类别	一级指标	二级指标	单位	数值
数字产业化	质量效益	数字经济核心产业增加值占GDP的比例	%	9.4
数字产业化	质量效益	数字经济核心产业劳动生产率	万元/人	35.5
数字产业化	质量效益	数字经济核心产业制造业亩均税收	万元/亩	25.4
产业数字化	产业数字化投入	企业每百人中信息技术人员数量	人/百人	2.1
产业数字化	产业数字化投入	企业每百名员工拥有计算机数	台/百人	22.0
产业数字化	产业数字化投入	信息化投入占营业收入比例	%	0.3
产业数字化	产业数字化应用	企业使用信息化进行购销存管理普及率	%	60.1
产业数字化	产业数字化应用	企业使用信息化进行生产制造管理普及率	%	41.2
产业数字化	产业数字化应用	企业使用信息化进行物流配送管理普及率	%	12.9
新业态新模式	电子商务	人均电子商务销售额	元/人	12075.8
新业态新模式	电子商务	网络零售额相当于社会消费品零售总额比例	%	54.9
新业态新模式	电子商务	工业企业电子商务销售额占营业收入的比重	%	3.4
新业态新模式	数字金融	人均银行机构网上支付、移动支付业务量	笔/人	325.8
政府和社会数字化	数字民生	人均移动互联网接入流量	GB/人	22.9
政府和社会数字化	数字民生	客车ETC使用率	%	37.7

(续表)

类别	一级指标	二级指标	单位	数值
		服务方式完备度	%	85.9
		服务事项覆盖度	%	87.6
	数字政府	办事指南准确度	%	91.2
		在线办理成熟度	%	80.4
		在线服务成效度	%	79.1

福建

2018年4月，福建省委书记于伟国主持召开省委常委会会议、省委网络安全和信息化领导小组会议，提出以更强的机遇意识、更高的目标站位、更宽的战略视野，全力推进处处相连、物物互通、事事网办、业业创新，高水平打造以数字经济为核心的新经济。

2018年6月，福建省委书记于伟国在福建全省网络安全和信息化工作会议上强调，要进一步完善平台载体，加快推动数字产业化和产业数字化转型，力争到2020年数字经济占国民生产总值的35%以上。

2019年2月，福建省委书记于伟国主持召开省委常委会会议暨省委网络安全和信息化委员会第一次会议，强调要加快推进数字经济"一号工程"。实施"互联网+重点产业园区行动计划"，着力培育壮大一批数字经济领域的"专精特新"企业。

2018年1月，福建省政府办公厅印发了《关于加快全省工业数字经济创新发展的意见》，提出夯实工业数字经济产业基础，加快工业企业数字化升级步伐，打造数据驱动的工业新生态。

2018年9月，福建省财政厅、福建省发展改革委印发了《福建省数字经济发展专项资金管理办法》。

2019年1月,福建省省长唐登杰在《2019年福建省政府工作报告》中提出把新一代信息技术、数字创意等战略性新兴产业发展作为重中之重。深化数字福建建设,加快数据资源整合共享,大力发展大数据、物联网、人工智能、5G商用和区块链产业,在制造、金融、医疗、健康、安防、政务等领域,实施100个人工智能应用示范项目,形成100个深度应用场景,推动人工智能与经济社会发展深度融合,推动数字产业化、产业数字化。

根据中国信息通信研究院发布的《中国数字经济发展与就业白皮书(2019年)》,2018年,福建省数字经济总量达1.42万亿元,占GDP的40%,同比增长22%。2018年,福建省数字经济总量位居全国第七名,数字经济增速位居全国第二名。根据福建省经济信息中心发布的《2018年福建省数字经济发展评价报告》,2018年全省数字经济指数为74.6。

根据福建省统计局发布的《2018年福建省国民经济和社会发展统计公报》,2018年全省互联网重点企业实现互联网业务收入610亿元,比上年增长15.1%。全年全省网络零售额3616.7亿元,比上年增长29.0%。限额以上批发和零售企业实现网上零售额995.55亿元,增长19.5%。计算机、通信和其他电子设备制造业增长14.2%,电子信息产业增长14.2%。电信业务总量2023.99亿元,增长122.9%。移动电话用户4553.5万户,移动电话普及率为116.4%。4G电话用户3633.4万户,净增518.7万户。(固定)互联网宽带接入用户1629.1万户,增长18.6%,固定宽带家庭普及率为115.8%,比上年提高25.7个百分点;其中光纤宽带用户1424.9万户,增长33.4%。移动互联网用户3844.9万户,增长9.6%,移动宽带用户普及率为100.9%,比上年提高10.7个百分点。

福建省新一代信息技术产业相关政策和典型案例,如表6-2所示。

表 6-2 福建省新一代信息技术产业相关政策和典型案例

细分行业	相关政策	典型案例
物联网	《福建省人民政府关于加快物联网产业发展八条措施的通知》	福州市马尾区物联网产业基地
云计算	《数字福建云计算工程实施方案》	厦门闽台云计算产业示范区
移动互联网	《福建省加快 5G 产业发展实施意见》	
大数据	《福建省促进大数据发展实施方案（2016—2020 年）》	福州市长乐区中国东南大数据产业园
3D 打印	《福建省关于促进 3D 打印产业发展若干意见》	
人工智能	《福建省人民政府关于推动新一代人工智能加快发展的实施意见》	

福州、泉州等一些地市积极发展数字经济。2018 年 4 月，福州市政府印发了《关于加快数字经济发展七条措施》，提出支持重点企业落地，支持产业集聚，支持市场开放和开拓，支持公共服务平台建设，支持示范工程和试点应用，支持智能化技术改造，支持创新发展。

2018 年 8 月，泉州市政府办公室印发了《关于加快泉州市数字经济发展七条措施的通知》，提出支持软件和信息技术服务业企业做大做强，重点支持集成电路设计产业发展，继续扶持动漫游戏产业发展，支持物联网产业发展，推进"泉企上云"数字化工程，实施工业互联网示范工程，扶持公共服务平台建设。

2019 年 4 月，宁德市发改委印发了《宁德市数字经济招商工作指导意见》，提出把握前沿领域，紧盯新兴产业项目、产业区域转移项目和市场机遇项目，制定招商地图，精准招商、敲门招商、定点招商。依托青拓、上汽、时代新能源、中铝等龙头企业及四大产业集群，招引一批投资强度大、科技含量高的新型工业、物联网硬件、新能源应用装备等电子信息制造企业，促进产业升级。依托各类数字经济产业园规划建设，招引一批大数据、云计算、区块链、物联网、人工智能等新一代信息技术服务业企业，助力产业升级。

广东

作为改革开放先行省，广东正处在转变发展方式、优化经济结构、转换增长动力的关键时期，面临新一轮产业变革和粤港澳大湾区建设的重大战略机遇，充分发挥数据资源富集、产业基础雄厚、融合应用场景丰富的优势，加快发展数字经济。

数据资源丰富

据不完全统计，广东数据存储量超过2300EB，约占全国的20%。到2017年底，广东省政务信息资源共享平台积淀数据超过60亿条；全省政务数据资源6988类、信息项62332项，居全国首位；商贸、港口、航运、物流、海关、商检、医疗、金融、通信等数据均处于全国前列。2016年全省网民规模达到8096万人，互联网普及率达到74.6%，IP地址、网民、域名、网站、网页、网络购物用户等指标居全国前列，智慧医疗、智慧交通等智慧城市领域积累了海量数据。

信息产业基础雄厚

广东是全国信息通信产业大省，电子信息制造业、软件和信息服务业规模多年位居全国第一。2017年规模以上电子信息制造业累计实现销售产值36076.9亿元，位居全国第一，完成增加值8108.1亿元，占全省工业增加值的24.52%。软件和信息服务业总体规模持续扩大，2017年累计实现软件业务收入9317.5亿元，位居全国第一。智能终端产业领先全国，华为、OPPO、vivo三家品牌出货量占据国产手机前三名，市场份额达54%。新型显示产业产能全国领先，拥有全球最大的液晶电视模组生产基地。云计算、大数据、4K电视、人工智能等新一代信息技术产业快速增长，助推数字经济蓬勃发展。

产业数字化进程加快

广东是制造业大省，服务业发达，拥有丰富的数字化应用市场和融合发展空间，产业数字化处于全国领先水平，2017上半年广东在数字产业指数方面增幅超过50%。制造业数字化转型步伐加快，以互联网与制造业融合为主体的融合型数字经济发展趋势明显，正逐步成为制造业转型升级的新动能。2016年全省制造企业的互联网销售率、互联网采购率达到42.6%、41.5%，居全国前列。截至2017年底通过评定的国家级两化融合贯标试点企业64家，占全国1/10。云计算、物联网、大数据在制造业企业的应用率均超过20%。服务行业的数字化水平较高，在医疗服务、教育、娱乐、餐饮住宿、交通物流、金融、零售、旅游等服务业数字化领域均处于全国先进水平，信息消费规模和电子商务交易额居全国首位，跨境电子商务交易量占全国近七成，移动支付占全国三成。

骨干企业实力强劲

广东拥有一大批实力强劲的数字经济骨干企业。其中，华为、TCL、中兴通讯、比亚迪等25家企业入选2017年中国电子信息百强，占全国的1/4；腾讯、网易、有米科技、迅雷等10家企业入选2017年中国互联网企业100强；华为、中兴、金山等19家企业入选全国软件业务收入前百家企业。拥有信息技术领域上市公司123家，数量超过北京和上海之和，总市值1.32万亿，居全国首位。在一些细分行业中涌现出一批单项冠军，海思半导体、中兴微电子等 4 家入选 2016 年中国集成电路设计十大企业，全国人工智能排名前 100 的企业中广东占 16 家，大疆科技是全球消费级无人机领域的领军企业。

基础设施较为完善

广东省信息基础设施建设加速推进，互联网骨干网和城域网不断扩容升级。截至 2017 年底，全省光纤入户率为 79.9%，光纤端口达到 5694.7 万个，总接入用户达到 2642.2 万户，位居全国第一。拥有国家三大互联网国际出口之一和四大海底光缆登陆站之一的汕头国际海缆登陆站，带宽占全国近六成。建成全国最大规模的省级 4G 网络，4G 基站累计 29.7 万座，4G 用户 11751.5 万户，移动互联网用户 1.42 亿户，均居全国首位。全省建设窄带物联网（NB-IoT）基站 3.3 万座。拥有广州、深圳两大国家级超算中心，运算速度和综合技术水平全球领先。依托电信运营商和互联网龙头企业建成一批智能化、绿色化云数据中心。

2018 年 8 月，广东省委书记李希在全省网络安全和信息化工作会议上强调，要坚持发挥信息化驱动引领作用，大力助推经济高质量发展，加快发展数字经济，推动互联网与实体经济深度融合，坚定不移支持网信企业做大做强，推动建设现代化经济体系。

2019 年 1 月，广东省省长马兴瑞在广东省政府工作报告中提出培育电子信息、绿色石化、汽车、智能家电、机器人等世界级先进制造业集群。加大工业机器人推广应用力度，促进工业互联网创新应用，再推进 3000 家工业企业"上云上平台"，推动制造业加速向数字化、网络化、智能化发展。实施数字经济发展规划，推动互联网、大数据、云计算与实体经济深度融合，建设国家数字经济发展先导区。在人工智能综合研究、芯片制造、智能电子等领域培育一批骨干企业，建设若干人工智能产业集群。在珠三角城市群启动5G网络部署，加快5G商用步伐。大力发展4K超高清视频产业。推动共享经济、移动支付等新技术新模式拓展应用。

2019年2月，广东省政府以密件的方式印发了《广东省数字经济发展规划（2018—2025年）》，提出构建数据驱动发展新方式，增强新一代信息技术产业新能级，建设数字基础设施新体系，探索制造业数字化新路径，激发服务业数字化新活力，培育数字经济融合新动能，打造政府数字治理新模式，构筑数字经济发展新格局。

根据中国信息通信研究院发布的《中国数字经济发展与就业白皮书（2019年）》，广东省数字经济发展总量超过4万亿。

根据广东省统计局发布的《2018年广东省国民经济和社会发展统计公报》，2018年全省电子及通信设备制造业增长9.3%，电子计算机及办公设备制造业增长6.7%，高端电子信息制造业增长9.3%，计算机、通信和其他电子设备制造业增长9.4%；互联网和相关服务业营业收入增长30.9%，软件和信息技术服务业营业收入增长19.8%；限额以上单位无店铺零售业态零售额增长10.9%；全省纳入统计的跨境电子商务进出口759.76亿元，增长72%；电信业务总量（按2015年不变价计算）7784.90亿元，增长117.4%；移动电话用户16823万户，增长13.7%。年末4G用户13632万户，全年净增1880万户，占移动电话用户比重达81%。年末（固定）互联网宽带用户3598万户，增长10.8%。年末移动互联网用户15747万户，增长11.2%。

重庆

重庆市委书记陈敏尔高度重视发展数字经济。2018年5月，重庆市委书记陈敏尔在全市网络安全和信息化工作会议上指出，全市上下要牢牢抓住信息化发展的历史机遇，以推进供给侧结构性改革为主线，大力实施以大数据智能化为引领的创新驱动发展战略行动计划，大力发展数字经济，坚持一手抓数字产业化、一手抓产业数字化，挖掘信息商用价值、政用价值、民用价值，抓好核心技术创新、培育引进网信龙头企业、推进网信军民融合、促进网信开放合作等工作，为重庆经济社会发展"赋能"。

2018年8月，首届中国国际智能产业博览会在重庆开幕，中央政治局委员、重庆市委书记陈敏尔在开幕式上强调，我们要以智能化推动高质量发展，紧紧抓住深化供给侧结构性改革这条主线，大力推进数字经济新发展，谋划实施一批引领性、应用性、支撑性产业项目，加快优势产业和重点企业的数字化升级，助推经济发展质量变革、效率变革、动力变革。

2019年1月，重庆市市长唐良智在重庆市政府工作报告中提出持续实施以大数据智能化为引领的创新驱动发展战略行动计划。培育壮大智能产业，一手抓研发创新、一手抓补链成群，着力构建"芯屏器核网"全产业链。培育壮大软件产业、工业互联网服务等信息服务业，为制造业发展赋能。

近年来，重庆市政府坚持把大数据智能化创新作为战略选择，更加注重研发创新，更加注重补链成群，更加注重应用服务，推进智能产业、智能制造、智慧城市协同发展，集中力量建设"智造重镇"和"智慧名城"。2018年，重庆市智能产业销售收入增长19.2%，数字经济增加值占GDP比重达到21.4%。

根据重庆市统计局发布的《2018年重庆市国民经济和社会发展统计公报》，2018年全市新一代信息技术产业增长22.2%，智能手机增长59.4%，液晶显示屏增长56.2%，工业机器人增长68.8%。全市限额以上批发和零售企业实现网上商品零售额比上年增长28.6%，网上商店增长23%。全年规模以上工业中，计算机、通信和其他电子设备制造业增长15.6%。全年完成电信业务总量1541.31亿元，增长152.18%。电信业移动电话交换机容量4099万户。全市移动电话用户3650.73万户。移动电话普及率为118.7部/百人。互联网用户4317.82万户，其中移动互联网用户（不含Wi-Fi用户）3043.98万户，固定互联网宽带接入用户1273.84万户；手机上网用户2851.55万户，增长7.9%。截至2018年底，百度、阿里巴巴、腾讯三大互联网巨头先后落户重庆自贸试验区。

四川

《中共四川省委关于全面推动高质量发展的决定》提出构建电子信息、装备制造、食品饮料、先进材料、能源化工和数字经济"5+1"产业体系，抢占数字经济发展制高点。制定推动数字经济与实体经济深度融合发展的实施意见。争创国家大数据综合试验区，打造成都、绵阳、德阳、宜宾、泸州、内江、眉山、雅安等大数据产业聚集区。深入开展智能制造试点示范，加快建设工业信息安全、工业云制造等制造业创新中心。实施工业互联网创新发展行动，推进企业上云计划，分行业分领域培育工业互联网平台。推动建设一批智能生产线、数字化车间、智慧工厂。实施数字乡村战略，构建基于互联网和大数据的现代农业产业体系。加快推动服务领域数字化转型。发展特色数字文化产品。打造智能化现代供应链体系。扶持大型互联网企业加快发展。积极探索增强现实、区块链技术发展应用。加快建设天府新区人工智能产业集聚区、天府无线通信谷、智能制造产业园。支持设立人工智能研究院。实施人工智能重大专项。推进天府国际机场、中德智能网联汽车等区域性示范和智能制造、智慧交通、智慧医疗等行业示范。实施"宽带中国"战略,全面深化"三网"融合。推进基于 IPv6 的下一代互联网部署和商用化进程。支持成都建设国家下一代互联网示范城市。出台 5G 产业发展行动计划,协同打造 5G 联合创新中心,加快实现 5G 网络县城以上及商用全覆盖。建设覆盖全省的基础设施物联网络。建设一批公共服务、互联网应用服务、重点行业云计算数据中心和灾备中心,打造大数据交换共享平台。

2018 年 6 月 29 日,四川省委书记彭清华在中共四川省委十一届三次全会上作关于《中共四川省委关于全面推动高质量发展的决定》的说明时指出,数字经济具有很强的渗透性和融合性,是实体经济转型升级的"催化剂"和"加速器",还可以通过与众多产业的嫁接,催生出新的产业和新的业态,释放出巨大动能,要作为一项重大战略来实施。要加快发展大数据、云计算、物联网、人工智能产业,抓好智慧城市和智能工厂示范建设,大力发展网络购物、移动支付、共享经济等数字经济新业态新模式,积极创建国家数字经济创新发展试验区。

2019 年 1 月,四川省省长尹力在政府工作报告中提出聚焦 16 个重点领域和数字经济,优化产业结构和区域布局,着力强链补链延链,促进集群发展。加强人工智能、工业互联网、物联网等新型基础设施建设,加快 5G 商用步伐,建设一批数字经济示范基地。

2019 年 3 月,四川省委书记彭清华在华为公司成都研究所调研时指出,四川是我国四大电子信息产业基地之一,四川省委把发展数字经济作为构建"5+1"现代产业体系的重要内容来安排部署,积极创建国家数字经济创新发展试验区,加快发展大数据、物联网、云计算等产业,推动数字经济与实体经济融合发展。推动数字经济发展,政府责无旁贷。

2019 年 8 月,四川省政府印发了《关于加快推进数字经济发展的指导意见》，提出加快发展数字经济核心产业，加快产业数字化转型，加快推进数字化治理，深化智慧社会建设。

根据中国信息通信研究院发布的《中国数字经济发展与就业白皮书（2019年）》，2018年，四川省数字经济总量超过1亿元，增速超过15%，占GDP比重超过30%。

根据四川省统计局发布的《2018年四川省国民经济和社会发展统计公报》，2018年在规模以上工业中，计算机、通信和其他电子设备制造业增长14.4%。在限额以上企业（单位）中，通过互联网实现的商品零售额达801.1亿元，增长31.5%。电信业务总量3295.4亿元，增长165.6%。年末拥有局用交换机容量（含接入网）657.2万门；移动电话交换机容量16388.3万户。年末移动电话用户9068.6万户，移动电话普及率109.2部/百人。固定互联网宽带接入用户2624.5万户，移动互联网用户7740.8万户，长途光缆线路长度7.1万公里，本地网中继光缆线路长度103.5万公里，接入网光缆线路长度168.4万公里。

成都市

成都市委书记范锐平指出，发展新经济是成都推动城市战略转型、经济变道超车、重塑竞争优势的重大抉择。为此，成都市政府专门成立了新经济发展委员会。

2017年11月底，中共成都市委、成都市人民政府印发了《关于营造新生态发展新经济培育新动能的意见》，提出发展数字经济。聚焦新一代信息技术基础领域，加快发展1Pv6、5G、信息终端等下一代信息网络产业。聚焦信息技术软件领域，加快发展大数据、新兴软件服务、物联网、云计算、网络信息安全等信息技术服务产业。聚焦信息技术硬件领域，加快发展集成电路、新型显示、传感控制等电子核心产业。

2018年3月，成都市新经济委员会等六部门联合印发了《成都市推进数字经济发展实施方案》，提出到2022年，成都将基本形成较为完善的数字经济生态体系，数字技术产业健康快速发展，成为驱动创新发展的重要引擎；数字技术与实体经济深度融合，产业数字化能力显著提升，"互联网+"战略深入实施，工业互联网创新发展，成为国内领先的数字经济发展高地。

《成都市推进数字经济发展实施方案》提出成都将聚焦信息技术产业三大重要领域13个重点方向，推进数字经济重点产业加快发展。

（1）聚焦新一代信息技术基础领域，加快发展IPv6、5G、数字终端等下一代信息网络产业，形成创新动力强劲、先进网络技术规模应用、核心企业聚集发展的信息网络产业体系和支撑数字经济发展的信息基础设施，成为国家网络强国战略的核心区。

（2）聚焦信息技术软件领域，加快发展大数据、云计算、物联网、移动互联网、人工智能、网络信息安全等新兴软件服务产业，形成国内领先、国际一流、示范引领作用明显的软件和信息服务产业生态体系，成为世界软件名城。

（3）聚焦信息技术硬件领域，加快发展集成电路、新型显示、传感控制、智能硬件等电子核心产业，形成产业特色鲜明、企业规模聚集、品牌效应显著的电子信息技术产业体系，成为国际知名的电子信息产品制造基地。

《成都市推进数字经济发展实施方案》明确，将聚焦数字技术应用，不断提升数字技术对经济社会发展的支撑能力，形成以应用创新为主要引领和支撑的数字经济生态体系，成为最适宜新经济发育成长的新型城市。主要体现在两大重要领域六大重点方向。

（1）发力提升实体经济能力，加快推进数字技术与实体经济深度融合，加快构建工业互联网网络、平台和安全三大功能体系，以智能制造推动工业经济向数据驱动型创新体系和发展模式转变，以数字技术融合应用推动服务行业服务模式和业态创新，以智能化精准化生产管理技术加快构建都市现代农业体系，实现工业、农业、服务业等各行业各领域信息化水平提升，成为"中国制造2025"示范强市和国家服务业核心城市。

（2）发力提升智慧城市建设水平，大力拓展数字技术与城市各领域融合的深度和广度，以高频次应用需求为突破口，以典型示范带动全面发展，形成协同高效的电子政务体系、方便快捷的民生服务体系和智慧精细的城市治理体系，成为新型智慧城市标杆。

此外，《成都市推进数字经济发展实施方案》围绕加强组织保障、推进空间载体建设、落实产业支持政策、完善信息基础设施、加强人才引进培育等方面提出了有关举措。

2019年1月，成都市市长罗强在政府工作报告中提出加快发展新经济，培育新动能。促进数字经济与实体经济深度融合，大力推动5G、8K、人工智能、物联网、网络安全、氢能等全产业链发展。深化新经济企业梯度培育计划和"双百工程"，发布"城市机会清单"，推进成都造"首台套"示范应用。完善新经济天使投资基金、知识产权运营基金管理，推动优秀科技企业在科创板上市。力争新增独角兽企业两家以上，新经济产值增长18%。

根据原四川省经济和信息化委员会和腾讯研究院联合发布的《四川省"互联网+"数字经济指数报告》，2016年，成都"互联网+"数字经济指数增长超过200%，排名仅次于北京、上海、广州和深圳，名列全国第五。在四川省内，成都数字经济发展水平明显领先于其他城市。2016年，成都市数字经济总量占四川省数字经济总量的51%。

根据成都市统计局发布的《2018年成都市国民经济和社会发展统计公报》，2018年新增新经济企业4.1万家，培育新增独角兽企业

4家。工业机器人、太阳能电池分别增长21.6%、110.1%。限额以上企业（单位）通过互联网实现商品零售额669.5亿元，增长29.4%。八大特色优势产业中，电子信息产品制造业增长14.3%。电信业务总量1105.8亿元，增长144.8%。移动电话用户2867万户，固定互联网用户679.2万户，移动互联网用户2189.6万户。

泸州市

按照《泸州市机构改革方案》，将相关机构的数字资源管理、大数据应用和产业发展相关职责整合，组建泸州市数字经济发展局，作为泸州市政府工作部门。2019年1月，泸州市数字经济发展局举行干部大会和揭牌仪式。

宜宾市

2019年1月，宜宾市政府印发了《关于加快推进数字经济发展的意见》，提出筑牢数字基础设施，加快推动数字产业化，大力促进产业数字化，培养数字经济发展新动能。

云南

2018年6月，云南省委书记陈豪在全省网络安全和信息化工作会议上强调，要优化升级信息网络基础设施，发展壮大数字经济，提升信息化条件下社会治理能力，促进网信军民深度融合发展，切实发挥信息化对经济社会发展的驱动引领作用。

2019年1月，云南省省长阮成发在云南省政府工作报告中提出以资源数字化、数字产业化、产业数字化为主线，坚持特色化、差异化、协同化发展，加速推动信息技术与实体经济深度融合，大力打造数字经济、数字技术的试验场、聚集区。

大力推进资源数字化

高质量建成全省人口、法人、宏观经济、自然资源、电子证照五大数据库。加快建设生态环境、市场监管、综合交通物流、公共安全大数据平台。加快公共数据采集与开发，促进跨部门、跨层级数据汇聚与共享。拓展中国林业大数据中心功能，继续完善国家禁毒大数据云南中心，争取更多国家级数据中心落户云南。

加快推动数字产业化

支持鼓励各行各业和个人上云、用云，深化大数据和云计算的应用。提升电子信息、通信与网络等基础产业，做强云计算、大数据、物联网、人工智能等新兴产业，重点以区块链技术应用为突破口，把云南打造成为区块链技术应用高地。

加快推动产业数字化

以世界一流"三张牌"为重点，探索数字化综合解决方案，打造产业发展的数字引擎。建设区域性国际电力交易平台、能源大数据平台，发展智慧用能、绿色能源交易等新模式新业态，延伸产业链条，打造绿色能源的数字引擎。逐步推进农业生产流程数字化升级，并向数字集成化、高度自动化和数字农业定制化方向发展，建设20个农业物联网应用示范基地，推广绿色产品电子身份证，打造绿色食品的数字引擎。推进健康生活数字化，推动生活性服务业数字化发展，加快发展智慧旅游产业，创建智慧旅游实验室，打造健康生活目的地的数字引擎。深化与国内外一流企业战略合作，大胆探索，以应用试验换产业。

加快建设数字经济聚集区

高标准建设数字经济开发区。选择风景秀美、气候宜人、交通便利的州市县区，优先安排建设用地，积极引入有核心技术的团队、有发展前景的"独角兽"企业和有重大发展潜力的项目，营造"龙头聚集、平台多元、投资活跃、活动丰富"的产业发展环境，推动形成云南数字产业集群。选择一批自然条件好、工作积极主动的州市，开展"数字小镇"试点。

2019年3月，云南省省长阮成发在2019"数字经济与云南创新增长"高端论坛上指出："数字经济是未来10年到20年，乃至更长时期云南经济社会发展的关键所在。尽管云南发展数字经济的基础条件相对薄弱，但是我们必须以强烈的历史使命感和危机感，牢牢抓住信息技术革命带来的机遇，按照'集天下之大成为我所用'的理念，以资源数字化、数字产业化、产业数字化为主线，走以应用试验换产业、以市场换产业的路子，积极、有序、稳妥推进'数字云南'建设，加快推动云南高质量跨越式发展。"

2019年2月，云南省数字经济局挂牌成立。云南省数字经济局主要职责是承担建设"数字云南"领导小组推进"数字云南"建设的日常工作；负责"数字云南"顶层体系设计，研究制定"数字云南"发展规划、支持政策等；组织推进"数字云南"建设各项任务分解落实；督促、检查领导小组决定事项完成情况；组织实施"数字云南"考核评价工作；完成领导小组交办的其他工作。

根据云南省统计局发布的《2018年云南省国民经济和社会发展统计公报》，2018年，全省电子行业增加值同比增长75.5%，拉动云南规模以上工业增长1.3个百分点，成为继电力、石油炼化之后的第三大拉动力。全省通过公共网络实现的商品零售额33.93亿元，比上年增长 39.7%。

贵州

2014—2017 年，贵州省规模以上电子信息制造业增加值、软件业务收入和网络零售交易额年均分别增长 78.9%、35.9% 和 38.2%，大数据对贵州省经济增长的贡献率超过 20%。截至 2018 年 8 月，贵州大数据企业有 8900 多家，大数据产业规模超过 1100 亿元。

2017 年 2 月，贵州省大数据发展领导小组办公室印发了《贵州省数字经济发展规划（2017—2020 年）》，提出了 4 个发展重点和 10 项重大工程。其中 4 个发展重点包括发展资源型数字经济，释放数据资源新价值；发展技术型数字经济，打造信息产业新高地；发展融合型数字经济，激发转型升级新动能；发展服务型数字经济，培育数字应用新业态。

10 项重大工程包括数字经济集聚发展工程、信息基础设施提升工程、数据资源汇聚融通工程、数字政府增效便民工程、企业数字化转型升级工程、民生服务数字化应用工程、新型数字消费推广工程、精准扶贫数字化工程、创新支撑载体打造工程和数字经济安全保障工程。

贵州省成立了大数据发展领导小组，作为全省数字经济发展领导机构，统筹推进大数据和数字经济发展。贵州省大数据发展管理局（贵州省大数据发展领导小组办公室）作为具体牵头单位，负责《贵州省数字经济发展规划（2017—2020 年）》的组织实施。目前，贵州省大数据发展管理局已从事业单位升格为省政府直属机构。

2018 年 2 月，贵州省政府印发了《贵州省实施"万企融合"大行动打好"数字经济"攻坚战方案》，提出 2018—2022 年，每年建设

100个融合标杆项目，实施1000个融合示范项目。到2022年，带动1万户以上实体经济企业与大数据深度融合，数字经济增加值占全省GDP比重达到33%。

2018年6月20日，贵州全省网络安全和信息化工作会议在贵阳召开。贵州省委书记孙志刚强调要在发挥信息化引领作用上下功夫，加快做实"四个融合"，突出抓好"四个强化"，坚定不移推动大数据战略行动向纵深发展。其中"四个融合"是指大数据与实体经济的融合，大数据与乡村振兴的融合，大数据与服务民生的融合，大数据与社会治理的融合，"四个强化"是指强化对现有大数据企业的支持力度，强化对大数据企业的招商力度，强化与大数据融合的高科技企业的招商力度，强化对大数据等高科技领域的人才引进力度。

2018年6月，贵州省政府印发了《关于促进大数据云计算人工智能创新发展加快建设数字贵州的意见》。

2019年1月，贵州省省长谌贻琴在贵州省政府工作报告中提出推动大数据产业创新发展。推动"万企融合"。加快推进数字产业化、产业数字化，启动实施大数据新领域百企引领行动。实施10个以上省级智能制造试点示范项目。

根据贵州省统计局发布的《2018年贵州省国民经济和社会发展统计公报》，2018年规模以上工业中，计算机、通信和其他电子设备制造业增长11.2%。限额以上法人企业（单位）通过公共网络实现的商品零售额87.54亿元，比上年增长16.7%。年末互联网出省带宽9130Gbps，光缆线路长度96.90万千米，互联网用户总数4116.72万户。电信业务总量2191.17亿元，增长165.5%。年末移动电话用户数4248.90万户，增长12%。

其他省市

北京市

2016年8月，北京市政府印发了《北京市大数据和云计算发展行动计划（2016—2020年）》，提出夯实大数据和云计算发展基础，推动公共大数据融合开放，深化大数据和云计算创新应用，强化大数据和云计算安全保障，支持大数据和云计算健康发展。

2018年5月，北京市委书记蔡奇在全市网络安全和信息化工作会议上提出大力发展数字经济，深入实施大数据和云计算发展行动计划，深入研究区块链技术及应用，打造产业集群。

2019年1月，北京市长陈吉宁在北京市政府工作报告中提出实施北京智源行动计划，推动人工智能带动各领域各产业升级和变革。

根据北京市统计局发布的《北京市2018年国民经济和社会发展统计公报》，2018年全年实现新经济增加值10057.4亿元，比上年增长9.3%，占全市GDP的比重为33.2%。在全年规模以上工业中，计算机、通信和其他电子设备制造业增长15.2%。电信业务总量1753.5亿元，增长一倍。年末移动电话用户达到4009万户，移动电话普及率为186.1户/百人。年末固定互联网宽带接入用户数达到634.2万户，增长17.1%；移动互联网接入流量18.2亿G，增长1.3倍。

天津市

2018年4月，天津市委书记李鸿忠主持召开市委常委会扩大会议，强调要把信息化作为推动天津未来发展的命脉，加快推动数字产业化和产业数字化，实现互联网、大数据、人工智能与实体经济深度融合。要以发展智能制造产业为战略方向，全力以赴办好世界智能大会，吸引智能产业发展要素向天津汇聚，打造智能产业高地。

2018年6月，天津市委书记李鸿忠在全市网络安全和信息化工作会议上强调以信息化引领天津经济社会发展。举起智能产业大旗，用好世界智能大会平台，加快构建大智能创新体系。

2019年1月，天津市市长张国清在2019年政府工作报告中提出推进"互联网+智能制造"、大数据应用示范等工程，开展工业企业"上云"行动，推动冶金、石化、轻纺等传统产业智能化改造。加快发展大数据服务，创建国家级大数据产业集聚区、信息安全产业基地，推进国家级电子商务示范基地建设，打造一批本地化、高品质的工业大数据、互联网平台。

根据天津市统计局发布的《2018年天津市国民经济和社会发展统计公报》，2018年全年电信业务总量735.71亿元，增长1.4倍。互联网宽带接入端口909.3万个，增长14.3%。移动互联网用户1421.8万户，固定互联网用户437.9万户，分别增长8.6%和29%。

河北省

河北省委省政府高度重视数字经济发展。2018年4月，河北省委书记王东峰在河北省委召开常委会扩大会议上强调积极运用互联网新技术新应用，深入推进产业创新，促进信息化与新型工业化、城镇化、农业现代化深度融合和军民融合发展，打造互联网产业新高地。

2018年5月，河北省委书记王东峰在全省网络安全和信息化工作会议上强调要全面推动网络信息技术产业发展，推进网络信息技术自主创新，壮大网络信息技术龙头企业，推动网络信息技术产业聚集发展，着力培育壮大数字经济。

2017年11月，河北省省长许勤在会见前来参加中国国际数字经济峰会的嘉宾时指出，发展数字经济是贯彻落实五大发展理念的重要举措，更是顺应时代趋势，抢抓发展机遇的重大战略，能够催生新业态，重塑创新链，重构产业链，与实体经济深度融合，必将有力推动河北经济结构战略性调整，加快新旧动能转换，实现更高质量、更有效率、更加公平、更可持续发展。

2019年5月，中共河北省委常委会召开扩大会议，审议通过了《关于加快发展数字经济的实施意见》。会议强调，要认真贯彻落实党中央关于数字经济发展的决策部署，科学制定河北省实施意见，全面提升数字经济发展水平。要着力推进产业数字化，加快发展大数据、云计算产业，深化河北省与国内外数字经济龙头企业、知名科研机构合作，推动互联网、大数据、人工智能同实体经济深度融合。要创新工作举措，加快京津冀大数据综合实验区建设，积极打造智能雄安、智能冬奥，精心筹办国际数字经济博览会，着力建设数字经济交易平台，完善数字基础设施，提升公共服务水平，有效防范风险，扎实推动全省经济创新发展、绿色发展、高质量发展。

根据中国信息通信研究院测算，2018年河北省数字经济规模达10452亿元，占GDP比重为29%，其中数字产业化规模为711亿元，同比增长6.6%；产业数字化规模为9741亿元，同比增长14.6%。

根据河北省统计局发布的《2018年河北省国民经济和社会发展统计公报》，2018年全省电子信息投资增长29.7%。电子信息产业累计完成主营业务收入1523亿元，约占全省规模以上工业的4%。全年完成电信业务总量2785.3亿元，增长1.5倍。固定互联网宽带接入用户2159.8万户，其中固定互联网光纤宽带接入用户2047.7万户；互联网用户6904.2万户，手机上网用户6299.1万人；移动互联网接入流量 30.9 亿 G，比 2017 年增长 2 倍。

山西省

2019 年 8 月，山西省政府印发了《山西省加快推进数字经济发展的实施意见》和《山西省加快推进数字经济发展的若干政策》。其中《山西省加快推进数字经济发展的实施意见》围绕"网、智、数、器、芯"五大领域确定了重点任务，《山西省加快推进数字经济发展的若干政策》从支持数字基础设施建设、推进经济社会智能化转型、加强引进和培育市场主体、鼓励数字经济创新发展、加强数字经济人才培养 5 个方面提出了 23 条政策措施。

根据山西省统计局发布的《2018 年山西省国民经济和社会发展统计公报》，在战略性新兴产业中，新一代信息技术产业增长 21.2%。限额以上批发零售业单位网上零售额 47.1 亿元，增长 27.6%，占限额以上零售额比重 2.1%。电信业务总量 1370.1 亿元，增长 133.8%。年末移动电话用户 3961.5 万户，其中 4G 移动电话用户 2947.2 万户。全省宽带接入用户 991 万户，增长 12.0%。

内蒙古自治区

2018 年 3 月，内蒙古自治区党委书记李纪恒在区党委理论学习中心组学习会上强调加快构建以数据为支撑的数字经济。

2018 年 6 月，内蒙古自治区党委书记李纪恒在全区网络安全和信息化工作会议上强调要加快推动产业数字化和数字产业化，全力推进信息基础设施建设和信息核心技术创新，不断提升大数据应用和信息惠民水平，着力推进网信军民融合发展，充分发挥信息化对经济社会发展的驱动引领作用。

2019 年 1 月，内蒙古自治区主席布小林在 2019 年政府工作报告中提出发展数字经济，推动互联网、大数据、人工智能和实体经济深度融合。

根据内蒙古自治区统计局发布的《2018年内蒙古自治区国民经济和社会发展统计公报》，2018年全区电信业务总量（按2015年不变价计算）482.6亿元，增长98.0%。年末互联网用户2854.3万户，增长15.9%。其中移动互联网用户2360.3万户，增长15.4%；互联网宽带用户494万户，增长18.4%。

辽宁省

2018年12月，辽宁省委书记陈求发在全省网络安全和信息化工作会议上强调大力发展数字经济。

2019年4月底，辽宁省省长唐一军主持召开省政府第45次常务会议，强调大力发展数字经济是经济转型升级跨越发展的重要内容，是加快构建现代化经济体系的重大举措。加快推动数字产业化，辽宁有基础、有优势，要抢抓机遇、乘势而上，依靠信息技术创新驱动，不断催生新产业新业态新模式，用新动能推动新发展。一要突出重点任务，加快数字辽宁建设。充分发挥政策引导和支持作用，集聚更多资源促进数字经济协调发展，培育发展新动能，拓展增长新空间，推动数字经济成为拉动经济增长的新引擎。二要加强融合应用，推动数字产业发展。紧紧围绕数字产业化、产业数字化，聚焦关键技术创新、公共平台建设、产业生态打造、应用示范推广，推动互联网、大数据、人工智能与实体经济深度融合，加快5G技术推广应用步伐，构建跨境电商数字贸易新业态，释放数字对经济发展的放大叠加倍增作用。三要强化规划引导，努力建设智慧城市。围绕实现社会服务、城市管理、基层治理现代化目标，强化数字技术在基础设施领域的应用，加快推动基层治理体系和治理能力现代化。

根据辽宁省统计局发布的《2018年辽宁省国民经济和社会发展统计公报》，2018年全省计算机、通信和其他电子设备制造业增加值增长30%。全年规模以上工业主要产品产量中，工业机器人6072套，增长18%；光缆374万芯千米，增长12.5%；智能手机279.4万台，增长5.1%。全年实物商品网上零售额实现857.5亿元，比上年增长28.7%。其中限额以上单位通过公共网络实现零售额293.7亿元，增长35.6%。电信业务总量1772亿元，增长1倍。年末移动互联网用户4047.9万户，比上年末增长2.8%。其中手机上网用户3897.3万户，增长2.3%。全年移动互联网接入流量19亿G，比上年增长1.2倍。

吉林省

2018年4月，吉林省委书记巴音朝鲁在吉林省委常委扩大会议上强调，要加快推动"数字吉林"建设，牢牢把握新一轮科技革命、产业变革的重大机遇，按照高质量发展要求，促进互联网、大数据、人工智能与实体经济深度融合，加快制造业、农业、服务业数字化、网络化、智能化，积极培育新产业新业态新模式，推进智慧社会、新型智慧城市和数字政府建设，全面提升全省数字经济发展层次水平，加快实现老工业基地全面振兴。

2018年7月，中共吉林省委十一届三次全会审议通过了《中共吉林省委、吉林省人民政府关于以数字吉林建设为引领加快新旧动能转换推动高质量发展的意见》。全会强调，要加快数字化改造，推动产业转型升级，以数字化引导制造业向智能化方向发展，重塑现代农业三大体系，大力发展数字化服务、数字化贸易、数字化消费，加快实现"有中生新"。要发展数字经济，培育壮大新动能，推动大数据、云计算、物联网、人工智能等新兴产业前沿技术研发应用，催生新技术新产业新业态新模式，培育新的经济增长点，更好实现"无中生有"。

2018年12月，吉林省委书记巴音朝鲁在吉林省委网络安全和信息化委员会第一次全体会议上强调，坚持以数字经济为主攻方向、以数字政府为先导，全面做好深度融合文章，不断提升人民群众的获得感、幸福感、安全感。

吉林省省长景俊海强调，加快数据资源向"数字产业"转变，突出抓好"1+6"融合发展，积极培育新技术新业态新模式，打造智能制造、智慧旅游等数字产业示范新高地，让产业数字化、数字产业化，加快形成数字产业集群，推动科技革命再提速。

根据吉林省统计局发布的《2018年吉林省国民经济和社会发展统计公报》，2018年全省高技术制造业增加值增长14.5%，占规模以上工业增加值的比重为7.1%。电信业务总量1074.42亿元，增长114.9%。互联网络宽带接入用户588.22万户，增长17.3%。移动互联网用户2457.37万户，其中手机上网用户2328.94万户。移动互联网接入流量13.57亿G，比上年增长107.6%。

黑龙江省

2019年5月，黑龙江省委书记张庆伟主持召开省委网络安全和信息化委员会第一次会议，强调大力发展数字经济，加快补齐基础设施短板，切实提高大数据运用水平，以数字化助力黑龙江全面振兴全方位振兴。

2019年1月，黑龙江省省长王文涛在2019年政府工作报告中提出推动互联网、大数据、人工智能和实体经济深度融合，以数字化（智能）车间建设为抓手，大力发展"互联网+先进制造业"。

根据黑龙江省统计局发布的《2018年黑龙江省国民经济和社会发展统计公报》，2018年全省电信业务总量1129.5亿元，增长89.1%。

年末长途光缆线路总长度5.7万公里，增长5.2%。固定互联网宽带接入用户810.7万户，增长22%；移动互联网用户2956.4万户，增长3.4%。

上海市

早在2013年7月，上海市政府就制订了《推进大数据研究与发展三年行动计划（2013—2015年）》，提出重点选取金融证券、互联网、数字生活、公共设施、制造和电力等具有迫切需求的行业，开展大数据行业应用研发，探索"数据、平台、应用、终端"四位一体的新型商业模式，促进产业发展。

2016年9月，上海市政府印发了《上海市大数据发展实施意见》，提出实施政务数据共享开放工程、社会数据交易流通工程、政府治理大数据工程、民生服务大数据工程、产业大数据工程、关键技术突破工程、产业发展支撑工程、数据资源开放创新工程、基础设施布局发展工程、网络和大数据安全保障工程十大工程。

2018年5月，上海市委书记李强在全市网络安全和信息化工作会议上强调做大做强数字经济，推动互联网、大数据、人工智能和实体经济深度融合。

2019年1月，上海市市长应勇在上海市政府工作报告中提出加快落实集成电路、人工智能、生物医药等产业政策，深入实施智能网联汽车等一批产业创新工程，推动中芯国际、和辉二期等重大产业项目加快量产，实现集成电路14纳米生产工艺量产，推进昊海生物、ABB机器人、盛美半导体等项目开工建设。

根据上海市统计局发布的《2018年上海市国民经济和社会发展统计公报》，2018年全市网上商店零售额1506.70亿元，增长15.8%，占社会消费品零售总额的比重为11.9%。全年完成电子商务交易额

28938.2亿元，比上年增长19.3%。其中B2B交易额18552.6亿元，增长14.1%，占电子商务交易额的64.1%；网络购物交易额（含服务类交易）10385.6亿元，增长29.7%，占35.9%。全年实现信息产业增加值3508.30亿元，比上年增长13.7%。其中信息服务业增加值2387.87亿元，增长18.5%。年末神经元感知节点数量超过35万。全市千兆光纤用户覆盖总量达900万户，家庭光纤用户数达644万户。家庭宽带用户平均接入带宽达139M，固定宽带用户感知速率达31.86Mbps，移动通信用户感知速率达25.63Mbps。4G用户数达3252万户，IPTV用户数达397万户。开展i-Shanghai服务优化升级，按新标准新增600处场所，累计开通2600处。年末城域网出口带宽16092GB，互联网国际出口带宽3565GB。

江苏省

2018年4月，江苏省委召开领导干部会议，江苏省委书记娄勤俭强调要充分发挥信息化对经济社会发展的引领和驱动作用，加快推动数字产业化、产业数字化，让人民群众在信息化发展中有更多获得感、幸福感、安全感。

2018年8月底，江苏省省长吴政隆在第十四届中国（南京）国际软件产品和信息服务交易博览会开幕式上指出，数字经济事关全局、方兴未艾、大有可为，在数字经济发展大潮中率先突破、抢占先机，是新时代江苏推动高质量发展走在前列的战略选择。

根据江苏省统计局发布的《2018年江苏省国民经济和社会发展统计公报》，2018年全省高新技术产业产值比上年增长11%，占规模以上工业总产值比重达43.8%。限额以上批发和零售业通过公共网络实现零售额比上年增长25%；住宿和餐饮业通过公共网络实现餐费收入比上年增长49.4%。软件和信息技术服务业、互联网和相关服务业营业收入比上年分别增长 15.2% 和 39%。电子信息制造业增加值增长 11.3%。代表智能制造和高端电子信息产品的新产品产量实现较快增长。3D 打印设备、智能电视、服务器等新产品产量比上年分别增长 51.4%、36.4% 和 26.2%。以智能手机、平板电脑等为代表的通信器材类商品零售额增长 30.8%。电信业务总量 4811.6 亿元，增长 132.7%。年末长途光缆线路总长度 4.04 万公里；年末互联网宽带接入用户 3351.9 万户。

安徽省

2018 年 4 月，安徽省委召开常委会扩大会议，传达学习习近平总书记在全国网络安全和信息化工作会议上的重要讲话精神，安徽省委书记李锦斌指出，要围绕高质量发展，加快信息化发展，推动互联网、大数据、人工智能和实体经济深度融合，切实为改革发展装上信息化的"新引擎"。

2018 年 6 月，安徽省委书记李锦斌在全省网络安全和信息化工作会议上提出要推动新旧动能转换，着力发展数字经济、完善基础设施、推进电子政务，实举措做强数字江淮的"新引擎"。

2018 年 10 月，安徽省政府印发了《支持数字经济发展若干政策》，提出支持数字技术创新，加强市场主体培育，大力培育数字经济平台，打造数字经济产业生态，大力发展"数字+"社会服务，加快发展"互联网+政务服务"，完善信息基础设施，加强人才智力保障，加强财税支持和要素保障，统筹组织实施。

2019 年 1 月，安徽省省长李国英在安徽省政府工作报告中提出加快发展人工智能产业和数字经济。加快"数字江淮"中心建设，完善基础数据统一、资源共享开放的平台功能。建设超级计算中心。扩大 4G 网络覆盖面，加快 5G 商用步伐。打牢资源型数字经济基础，推动大数据产业集聚发展，支持云计算大数据生产应用中心、大数据存储基地建设。提升技术型数字经济水平，开展"建芯固屏强终端"行动，加快智能机器人研发、智能终端创新。推进"中国声谷"规模化、市场化、产业化发展，打造世界级人工智能及智能语音产业集群。拓展融合型数字经济领域，打造一批工业互联网平台，实现5000家企业与云资源深度对接。扩大"智慧+"应用试点示范，让数字经济更广泛地融入生产、服务和生活。

根据安徽省统计局发布的《2018年安徽省国民经济和社会发展统计公报》，2018年全省规模以上工业中，计算机、通信和其他电子设备制造业增长28.8%。新产品中，锂电池增长27.5%，工业机器人增长18.3%。全省纳入统计的786家开展网络零售业务的限额以上企业，实现网上零售额492.2亿元，增长36.1%。全年电信业务总量2257.8亿元，比上年增长171.3%；移动电话用户5727.6万户，每百人拥有电话（含移动）99.8部。年末基础电信运营企业计算机互联网宽带接入用户1662.4万户。

江西省

2018年5月，江西省委书记刘奇在全省网络安全和信息化工作会议上强调，要大力发展信息产业，有力助推经济转型升级。发挥信息化驱动引领作用，加快发展数字经济，大力扶持新一代信息技术产业，深入实施"互联网+"行动，积极改造提升传统产业，推动互联网、大数据、人工智能和实体经济深度融合，深入推进网信军民融合，以信息化培育新动能、推动高质量发展。

2019年3月，江西省委办公厅、省政府办公厅印发了《江西省实施数字经济发展战略的意见》。

2019年7月30日，江西省省长易炼红主持召开第28次省政府常务会议，要求加快培育独特优势、形成核心竞争力，打造数字经济"江西名片"，助推全省数字经济发展和数字江西建设。

根据江西省统计局发布的《2018年江西省国民经济和社会发展统计公报》，2018年全省计算机、通信和其他电子设备制造业增加值增长27.3%。电信业务总量1607.6亿元，增长143.2%。固定互联网宽带接入用户1323.4万户，增长32.7%。

山东省

2019年1月，山东省委书记刘家义到山东省委网信办调研并召开座谈会，强调要突出抓好信息化工作，强化顶层设计，大力发展信息产业，积极培育数字经济，进一步增强信息化驱动引领作用。

2019年7月，山东省省长龚正主持召开省政府常务会议，提出要大力支持数字经济发展，全面落实"互联网+"战略，优化数据资源供给，积极培育市场主体，强化人才支撑，加快推动产业智慧化、智慧产业化、品牌高端化、跨界融合化。

2019年7月，山东省政府办公厅印发了《山东省支持数字经济发展的意见》，提出重点提升数字产业化水平，发展特色高效数字农业，推动智能制造升级，打造智慧服务示范区，加快培育数字化新业态。在加大要素供给方面，提出优化数据资源供给，升级基础设施，降低用电成本，保障建设用地。在强化人才支撑方面，提出多层次培养人才，高质量引进人才，强化激励措施，创新引智方式。在激发创新活力方面，提出激励企业创新投入，支持创新平台建设，鼓励科技资源共享，促进成果转移转化。在培育市场主体方面，提出支持企业做大做强，鼓励各地招大引强，引导产业集聚发展。在加强资金扶持方面，提出支持重大项目建设，加大税费优惠力度，引导社会资本投入，加强金融信贷支持。

根据山东省统计局发布的《2018年山东省国民经济和社会发展统计公报》，2018年全省新登记"四新"经济企业增长31%，新一代信息技术制造业增加值增长6.7%。工业机器人和服务器分别增长71.5%和76.3%。软件业务收入5028.1亿元，增长14.9%；软件业务出口17.8亿美元，增长11.3%。农村电商快速发展，实现网络零售额813亿元，增长30.7%。行政村实现光纤全覆盖。互联网和相关服务营业收入增长8.7%，软件和信息技术服务业增长14.1%。电信业务总量3651.9亿元，增长142.1%；移动电话用户10569.6万户，增长6.3%。互联网宽带接入用户2884.8万户，新增296.1万户。网上零售额3513.6亿元，比2017年增长31.7%。其中实物商品网上零售额2849.3亿元，增长29%；占社会消费品零售总额的比重为8.5%，比2017年提高2.3个百分点。

2019年1月，济南市政府印发了《济南市促进先进制造业和数字经济发展的若干政策措施》，提出培育壮大市场主体，支持集聚发展，支持创新发展，支持技术改造和数字化转型，支持工业互联网发展，支持试点示范，优化发展环境，统筹组织实施。

河南省

2018年8月，河南省委书记王国生在全省网络安全和信息化工作会议上强调要充分发挥信息化的驱动引领作用，推动经济高质量发展。深入践行新发展理念，把信息化建设融入打好产业结构优化升级、创新驱动发展、基础能力建设和新型城镇化"四张牌"各方面，加快建设现代化经济体系。推动互联网与实体经济深度融合，以信息化手段改造提升传统产业，依托智能手机产业基础做大做强电子信息产业，带动产业结构优化升级。依托信息技术发展新产业新业态新模式，深化网信军民融合发展，带动创新驱动发展。

2018年4月，河南省委书记王国生主持召开省委常委会会议，强调充分认识信息化是一个地区发展的竞争力和后劲所在，围绕高质量发展，加快信息化建设，依靠信息技术创新驱动，大力发展数字经济，为产业发展插上智能化翅膀，加快制造业、农业、服务业数字化、网络化、智能化。

2019年9月，河南省省长陈润儿在2019数字经济峰会暨河南智能产业生态建设国际交流会开幕式上指出，数字技术是新一轮科技革命和产业变革的主力军，是高质量发展的重要推动力。河南省把加快推动数字经济发展作为引领经济新常态、培育发展新动力、推动高质量发展的重要举措，加快推动数字产业化、产业数字化，取得了明显成效。

根据河南省统计局发布的《2018年河南省国民经济和社会发展统计公报》，2018年全省高技术制造业增长12.3%，占规模以上工业的10%。全年网上零售额1889.6亿元，比上年增长31.3%。其中实物商品网上零售额1373亿元，增长32.5%。电信业务总量3947.01亿元，增长166.1%。年末移动电话用户9946.95万户，互联网用户11199.61万户。

湖北省

2018年5月，湖北省委书记蒋超良在全省网络安全和信息化工作会议上强调大力发展数字经济，实施集成电路发展工程、"万企上云"工程和智能制造行动计划，充分利用互联网新技术新应用，加大对传统产业改造力度。

2019年1月，湖北省省长王晓东在2019年政府工作报告中提出加快制造业数字化、网络化、智能化、绿色化转型，推动互联网、大数据、人工智能、物联网与制造业融合发展。推进工业互联网标识解析顶级节点高质量运营，加快二级节点建设，培育一批有影响力的工业互联网平台。深入推进楚天云建设。加快 5G 产业化进程。

根据湖北省统计局发布的《2018 年湖北省国民经济和社会发展统计公报》，2018 年全省网上零售额达到 2533.5 亿元，比上年增长 23.5%，其中实物商品网上零售额 1963.6 亿元，增长 33.9%。全省电信业务总量 2035.27 亿元，增长 137.2%。长途光缆线路总长度达到 160.58 万公里。移动电话用户达到 5569.79 万户，互联网宽带接入用户 1480.73 万户。

湖南省

2018 年 7 月，湖南省委书记杜家毫在全省网络安全和信息化工作会议上强调要加快推进产业数字化和数字产业化，以数字经济助推经济结构调整和新旧动能转换。

2018 年 12 月，湖南省委理论学习中心组（扩大）进行集体学习，湖南省委书记杜家毫强调要大力发展智能制造、数字经济，加快推进智慧城市建设，不断完善大数据基础设施和创新服务平台，提高大数据应用能力，引导和推动互联网、大数据、人工智能等与实体经济深度融合，进一步释放大数据生产力，为经济高质量发展培育新动能、注入新活力。

2019 年 1 月，湖南省省长许达哲在 2019 年政府工作报告中提出扶持智能产业、壮大智能企业、研发智能产品、扩大智能应用，培育人工智能及传感器、智能网联汽车等新业态，创建一批绿色工厂和智能制造示范项目、示范车间，建设以中国智能制造示范引领区为目标的现代制造业基地。

根据湖南省统计局发布的《2018 年湖南省国民经济和社会发展统计公报》，2018 年全省高新技术产业增加值占地区生产总值的比重为 23.2%，高技术制造业增加值增长 18.3%。电信业务总量（2015 年不变价）2474.7 亿元，增长 166.5%。年末移动电话用户 6302.9 万户，增长 10.9%。年末互联网宽带用户 1635.3 万户，增长 24.3%。

广西壮族自治区

2018 年 8 月 30 日，广西壮族自治区委书记鹿心社在"数字广西建设大会"上提出以更大决心、更大气魄、更大力度深入实施大数据战略，加快建设数字广西，大力发展数字经济，推动经济结构调整优化，促进新旧动能接续转换，为全区经济持续健康发展奠定坚实基础。

2018 年 8 月，广西壮族自治区政府印发了《广西数字经济发展规划（2018—2025 年）》，提出推动数字产业化加快发展，推动互联网、大数据、人工智能和工业、农业、服务业深度融合，布局壮大数字化向海经济，打造面向东盟的数字经济高地，夯实数字经济发展基础，优化数字经济治理体系，统筹数字经济发展布局。

2019 年 1 月，广西壮族自治区主席陈武在广西壮族自治区政府工作报告中提出促进科技与产业融合发展，夯实科技创新平台，打造数字经济新引擎。支持来宾建设数字经济示范城。

根据广西壮族自治区统计局发布的《2018 年广西壮族自治区国民经济和社会发展统计公报》，2018 年规模以上服务业中，软件和信息技术服务业营业收入比上年增长 17.4%。全年电子元件增长 47.9%，锂离子电池增长 16.9%，光电子器件增长 53.5%。全区规模以上工业中，计算机通信和其他电子设备制造业增长 21.7%。全年完成电信业务总量 2051.51 亿元，比上年增长 188.2%。年末移动电话交换机容量达到 12582 万户，移动电话用户 5045.3 万户，移动电话普及率上升至 102.4 部 / 百人。固定互联网宽带接入用户 1230.6 户，其中固定互联网光纤宽带接入用户 1142.3 万户，移动宽带用户

4108.6万户。互联网用户5465.9万户，互联网宽带接入通达的行政村比重达到100%。全年移动互联网接入流量22.88亿G，比上年增长261.6%。

2018年11月，南宁市政府出台了《南宁市数字经济发展三年行动计划》，提出通过推动数字产业化、产业数字化，推进数字化与工业、农业、服务业实体经济的深度融合，加快互联网、大数据、人工智能等数字产业发展，形成较为完整的大数据产业链，大力发展提质增效的数字经济。

海南省

2018年5月，海南省委书记刘赐贵在全省网络安全和信息化工作会议上强调充分发挥信息化的驱动引领作用，加快发展数字经济，推动海南经济高质量发展。

2019年1月，海南省省长沈晓明在政府工作报告中提出积极发展新一代信息技术产业和数字经济，支持行业龙头企业研发业务和功能区域总部更多在海南布局，带动形成世界级互联网企业集聚发展的态势。加快海南生态软件园等园区建设，发展研发设计、动漫游戏、电子竞技等数字产业。推动互联网、物联网、大数据、商用航天、人工智能和实体经济深度融合，规划建设海甸岛物联网应用创新基地、博鳌乐城智能网联汽车示范区。

根据海南省统计局发布的《2018年海南省国民经济和社会发展统计公报》，2018年末全省移动电话用户1085.32万户，增长7.7%。年末互联网用户1207.49万户，增长0.6%。

西藏自治区

2018年4月，西藏自治区党委书记吴英杰在西藏自治区工业和信息化厅考察时强调要大力发展信息产业和数字经济，实现互联互通、资源共享，积极推进"互联网+"，不断提升服务维护社会稳定、推动经济发展、实施乡村振兴战略和脱贫攻坚等重大工作的能力水平。

2018年7月，西藏自治区党委书记吴英杰在区网络安全和信息化工作会议上强调以信息化推进乡村振兴，积极推动信息化和产业发展深度融合，大力实施"智慧旅游"、推进电子商务。

2019年1月，西藏自治区主席齐扎拉在政府工作报告中提出大力发展数字经济，推进数字西藏建设。推进高新数字产业创新发展。全力推进网络强区、数字西藏建设，制定落实促进信息产业发展优惠措施。深入推进旅游、医疗、养老、教育、交通、社会治理、边境建设等领域的"互联网+"行动。建设自治区级数字经济示范园。

根据西藏自治区统计局发布的《2018年西藏自治区国民经济和社会发展统计公报》，2018年全区电信业务总量111.97亿元，增长142.9%。通信光缆总长度达19.4万公里。年末移动电话用户312.3万户，移动电话普及率上升至94.48部/百人。固定互联网宽带接入用户78.2万户，其中固定互联网光纤宽带接入用户73.7万户，移动宽带用户275.5万户。移动互联网接入流量1.07亿G，比上年增长342.1%。固定宽带家庭普及率达87.53%，其中农村地区宽带用户12.1万户。全区行政村宽带覆盖率达98%。

陕西省

2018年5月，陕西省委书记胡和平在全省网络安全和信息化工作会议上强调要抓住信息革命历史机遇，用好信息化这个引擎，以信息化引领"四化同步"发展，以信息流促进人流、物流、能流、资金流快速流动、高效配置，以做强数字经济释放枢纽经济、门户经济、流动经济发展潜能，强化核心技术攻关，加快建设智慧社会，推进网信军民深度融合，助推新时代陕西追赶超越发展。

2018年5月底，陕西省省长刘国中在关中协同创新发展座谈会上指出，要培育壮大数字经济，推动互联网、大数据、人工智能和实体经济深度融合，积极推进西安国家下一代互联网示范城市、西安-西咸新区云计算服务创新发展和西安、咸阳信息惠民试点城市建设，实施信息惠民、电子政务、信息增值、数字内容、服务外包等数字工程，打造数字经济增长极。

2019年6月，中共陕西省委网络安全和信息化委员会印发了《关于开展数字经济试点示范的意见》，决定从2019年开始在全省开展数字经济试点示范。力争用两三年的时间，在全省创建一批数字经济示范区、示范园和示范项目，探索数字经济发展路径和模式，带动区域经济持续健康发展。

分批分类开展数字经济试点示范，在基础较好、辐射引领强的区域优先开展数字经济示范区建设，推进数字产业聚集发展；在具备培育骨干网信企业和孵化中小网信企业条件的园区中，择优开展数字经济示范园（基地）试点建设，带动传统产业转型升级；遴选若干在带动传统产业数字化转型升级方面有一定成效、创新活力较强、具有推广前景和价值的示范平台项目，在更大的范围进行推广，培育壮大平台经济。

甘肃省

2018年5月，甘肃省委书记林铎在全省网络安全和信息化工作会议上强调，要错位布局信息产业发展，深度促进"两化"融合、军民融合，大力发展智慧民生和电商扶贫，充分发挥信息化的驱动引领作用。

2019年1月，甘肃省省长唐仁健在政府工作报告中提出"互联网+产业"是甘肃省推动质量变革、效率变革、动力变革，构建生态产业体系，推动绿色发展崛起，促进传统产业转型升级和新旧动能转换的重要方向。当前，甘肃省正在抢抓"一带一路"这个最大机遇，按照习近平总书记关于建设网络强国战略部署，大力推进丝绸之路信息港建设，努力抢占"一带一路"信息制高点，力争将数据信息产业打造成有甘肃特色的代表性生态产业。

根据甘肃省统计局发布的《2018年甘肃省国民经济和社会发展统计公报》，2018年全省电信业务总量1192.4亿元，增长161.5%。年末移动电话用户2736万户。固定互联网宽带接入用户742.8万户，其中固定互联网光纤宽带接入用户699.4万户，移动宽带用户2255.1万户。全年移动互联网用户接入流量13.13亿G，比上年增长223.4%。年末互联网宽带接入端口1143.1万个，增长3.9%。移动宽带接入用户普及率86.9部/百人，固定宽带接入用户普及率28.3部/百人。

青海省

2018年7月，青海省委书记王建军在全省网络安全和信息化工作会议上强调要以信息化助推经济转型升级，加快推动数字产业化、产业数字化，加快发展大数据产业、特色软件服务业，加快网信军民融合工作。

2018年10月，青海省省长刘宁在全省数字经济发展汇报会上指出，数字经济是继农业经济、工业经济后的新型经济形态，正成为引领经济社会发展和影响国际竞争格局的重要力量。青海气候冷凉，清洁能源丰富，发展数字经济具有得天独厚的优势。大力发展数字经济，是青海迫在眉睫的重大任务和事关长远的战略目标。

2018年10月，青海省数字经济协调推进领导小组成立。2019年2月，青海省副省长、省数字经济协调推进领导小组组长王黎明主持召开省数字经济协调推进领导小组第一次会议，审议了《关于加快发展青海省数字经济的意见(2019—2025年)》。

根据青海省统计局发布的《2018年青海省国民经济和社会发展统计公报》，2018年全省高技术制造业增加值增长35.5%。全年电信业务量425.68亿元，比上年增长1.6倍。年末移动电话用户686.4万户。固定互联网宽带接入用户152.9万户，比上年末增长27.3%；移动宽带用户591.7万户，增长15.3%。移动互联网接入流量4.96亿G，增长1.9倍。

宁夏回族自治区

2018年5月，宁夏回族自治区党委书记石泰峰主持召开区委网络安全和信息化领导小组第五次会议，强调要大力发展数字经济，加快推进数字产业化、产业数字化，推动产业转型升级和创新发展。

2019年1月，宁夏回族自治区主席咸辉在政府工作报告中提出落实"互联网＋先进制造业"实施意见，启动"千家企业上云"计划，建成15个智能工厂和数字化车间，在智能制造、仪器仪表、专用电器等领域培育一批单项冠军，战略性新兴产业占GDP比重达到10%。

根据宁夏回族自治区统计局发布的《2018年宁夏回族自治区国民经济和社会发展统计公报》，2018年全区数控金属切削机床增长18.2%。全年全区网上零售额按卖家所在地分，实现零售额85.4亿元，比上年增长40.5%。全年全区完成电信业务总量462.63亿元，增长1.3倍。年末全区移动电话用户881.03万户。互联网宽带接入用户217万户。移动互联网用户710.2万户；移动互联网接入流量52413.6万G，增长1.5倍。

新疆维吾尔自治区

2018年5月，新疆维吾尔自治区党委书记陈全国在全区网络安全和信息化工作电视电话会议上强调大力发展数字经济，助推经济结构调整和新旧动能转换，以信息化推动高质量发展。

2019年1月，新疆维吾尔自治区主席雪克来提·扎克尔在政府工作报告中提出要贯彻新发展理念，坚持以供给侧结构性改革为主线，大力实施创新驱动发展战略，促进数字经济和实体经济融合发展，加快新旧发展动能转换，以信息化推动高质量发展，创造高品质生活，满足各族群众对美好生活的向往。

根据新疆维吾尔自治区统计局发布的《2018年新疆维吾尔自治区国民经济和社会发展统计公报》，2018年全区高技术制造业增加值增长32.1%。全年疆内企业通过网络（国内第三方电子商务交易平台）出售商品实现的零售额为159.7亿元，比上年增长44.8%。新疆本地消费者通过网购实现的网上零售额为720.6亿元，增长17.7%，占同期新疆社会消费品零售总额22.6%。全年电信业务总量867亿元，比上年增长1.6倍。移动电话用户2703.8万户，增长20%。互联网宽带用户647.3万户，增长13.6%。全年软件和信息技术服务业营业收入74.31亿元，比上年增长16.2%。

根据中国信息通信研究院发布的《中国数字经济发展与就业白皮书（2019年）》，2018年我国各省、自治区、直辖市数字经济占GDP的比重均超过20%。其中北京、上海数字经济占GDP的比重超过50%，广东、天津、浙江、江苏数字经济占GDP的比重超过40%，福建、山东、湖北、重庆、辽宁、四川数字经济占GDP的比重超过30%（见图6–1）。

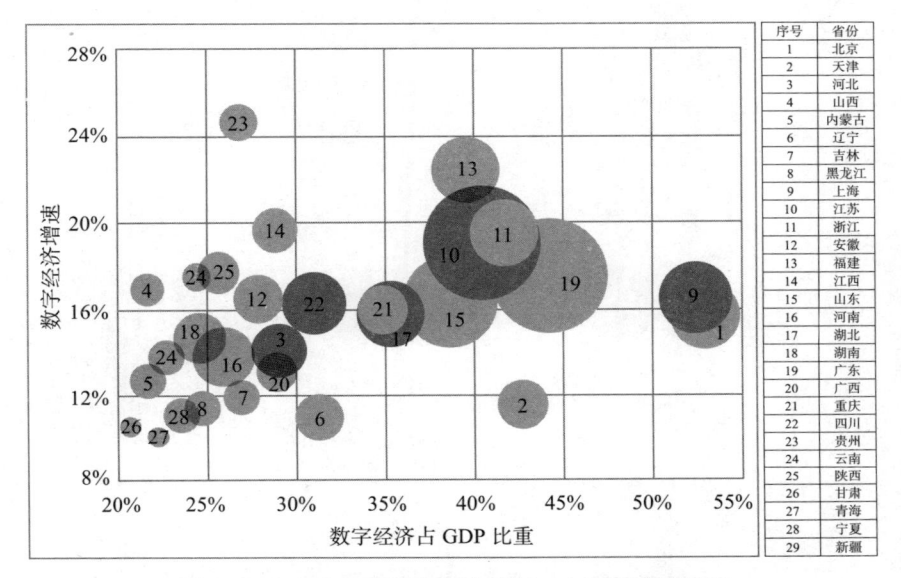

图 6-1 2018 年各省数字经济规模、占比和增速情况

术语表

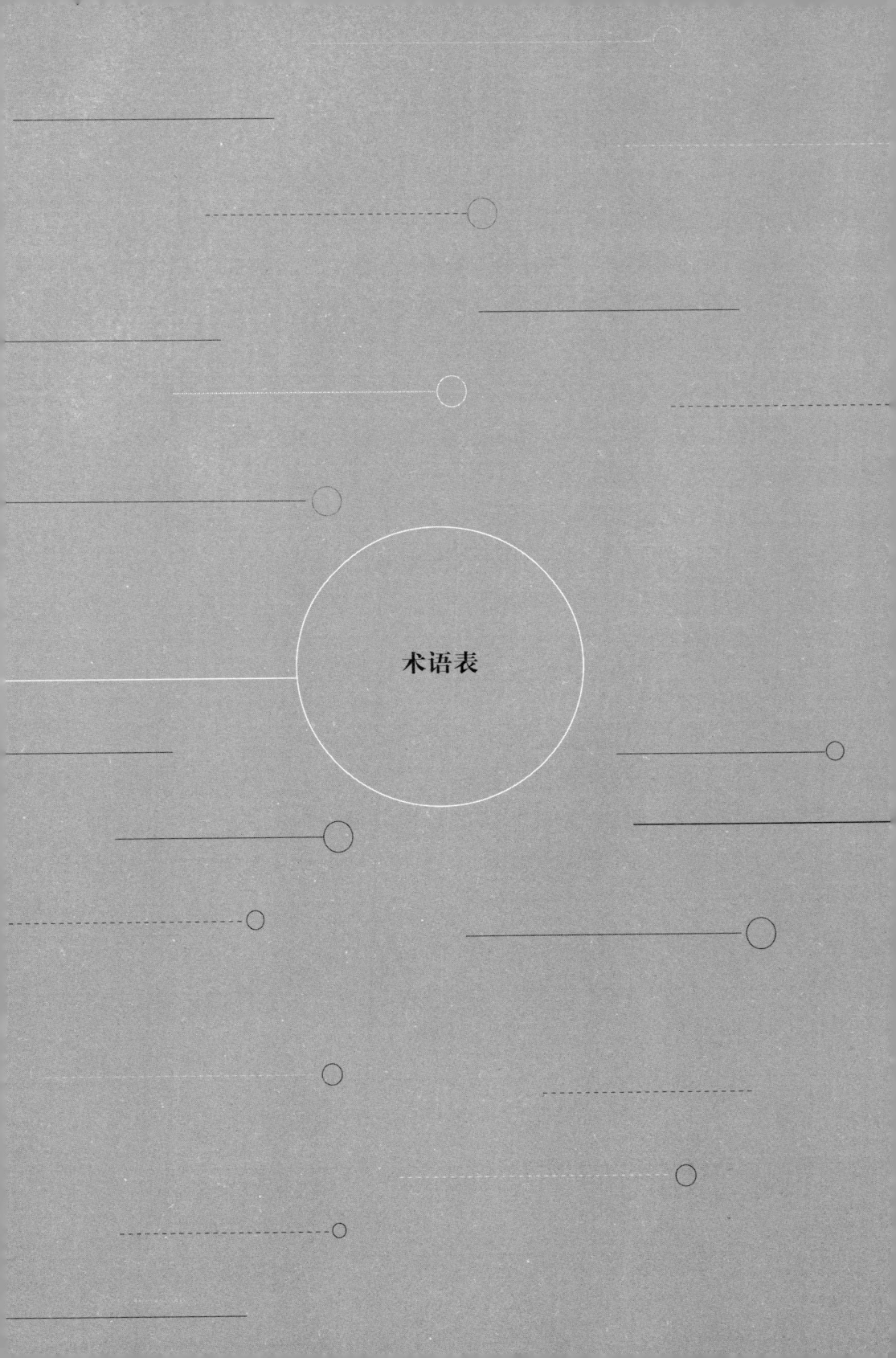

数字经济 以使用数字化的知识和信息作为关键生产要素，以现代信息网络作为基本载体，以信息网络技术的有效使用作为效率提升和经济结构优化的重要推动力的一系列经济活动。

数字产业化 围绕数据归集、传输、存储、处理、应用等全流程，形成的有关硬件、软件、终端、内容和服务产业，涉及领域包括电子信息制造业、软件和信息服务业，以及大数据、云计算、人工智能等新一代信息技术产业。

产业数字化 新一代信息技术与传统产业广泛渗透融合，促进产出增加和效率提升，催生新产业新业态新模式，主要包括以智能制造、智能网联汽车为代表的制造业融合新业态，以移动支付、电子商务、共享经济、平台经济为代表的服务业融合新业态。

新一代信息技术 是指以网络互联的移动化和泛在化、信息处理的集中化和大数据化、信息服务的智能化及个人化为基本特征的第三代信息技术，包括物联网、云计算、大数据、人工智能等新兴信息技术。

物联网 不同传感器之间按约定的协议进行信息交换和通信，以实现物品的智能化识别、定位、跟踪、监控和管理的一种网络。

窄带物联网（NB-IoT） Narrow Band Internet of Things 的缩写，是一种专为物联网设计的窄带射频技术，以室内覆盖、低成本、低功耗和广连接为特点，可应用于 GSM（全球移动通信系统）网络和 LTE（长期演进）网络。

云计算 指以提高资源利用率、降低 IT 成本为驱动的计算模式，包括使用者、提供者和开发者三类角色。使用者可在不具备专业知识的情况下通过网络以自服务的方式访问云中资源；提供者以按需使用、按量计费的方式通过网络提供动态可伸缩资源，资源以虚拟化、服务化的形式提供；开发者负责将各种软硬件资源封装成服务，负责服务的创建、发布和维护。

5G 第五代移动通信技术，传输速度可达 1000 Mbps。

大数据 指以容量大、类型多、存取速度快、应用价值高为主要特征的数据集合，正快速发展为对数量巨大、来源分散、格式多样的数据进行采集、存储和关联分析，从中发现新知识、创造新价值、提升新能力的新一代信息技术和服务业态。

3D 打印 一种以计算机数字化模型为基础，运用粉末状金属或塑料等可黏合材料，通过逐层打印的方式来构造物体的技术。

人工智能 研究、开发用于模拟、延伸和扩展人的智能的理论、方法、技术及应用系统的一门新的技术科学。

VR Virtual Reality 的缩写，即虚拟现实，是一种能够创建和体验虚拟世界的计算机仿真技术，利用计算机生成交互式的三维动态视景，实体行为的仿真系统能够使用户沉浸到该环境中。

AR Augmented Reality 的缩写，即增强现实，是一种将虚拟信息与真实世界巧妙融合的技术，广泛运用了多媒体、三维建模、实时跟踪及注册、智能交互、传感等多种技术手段，将计算机生成的文字、图像、三维模型、音乐、视频等虚拟信息模拟仿真后，应用到真实世界中，两种信息互为补充，从而实现对真实世界的"增强"。

互联网+ 互联网与各行各业融合，创新生产方式、管理方式和商业模式，改变人们的生产、生活方式。

IPv6 Internet Protocol Version 6（互联网协议第 6 版）的缩写，是互联网工程任务组设计的用于替代 IPv4 的下一代 IP 协议。

4K 水平清晰度3840，垂直清晰度2160，宽高比16∶9，总约830万像素。

8K 水平清晰度7680，垂直清晰度4320，宽高比16∶9，总约3320万像素。

工业互联网 新一代网络信息技术与现代工业融合发展的新产业和应用生态，是工业经济数字化、网络化、智能化的重要基础设施，是互联网从消费领域向生产领域、从虚拟经济向实体经济拓展的核心载体。

服务型制造 制造与服务融合发展的新型产业形态，是制造业转型升级的重要方向。制造业企业通过创新优化生产组织形式、运营管理方式和商业发展模式，不断增加服务要素在投入和产出中的比重，从以加工组装为主向"制造＋服务"转型，从单纯出售产品向出售"产品＋服务"转变，有利于延伸和提升价值链，提高全要素生产率、产品附加值和市场占有率。

共享经济 个人通过互联网平台把闲置的资源提供给需要这种资源的人并获取相应的报酬，让闲置资源创造新的价值。

众创空间 顺应创新2.0时代用户创新、大众创新、开放创新趋势，把握互联网环境下创新创业的特点和需求，通过市场化机制、专业化服务和资本化途径构建的低成本、便利化、全要素、开放式的新型创业服务平台。

参考文献

[1] 艾布拉姆森.数字凤凰：信息经济为什么能浴火重生[M].赵培，郑晓平，译.上海：上海远东出版社，2008.

[2] 阿尔弗雷德D钱德勒，詹姆斯W科塔达.信息改变了美国：驱动国家转型的力量[M].万岩，邱艳娟，译.上海：上海远东出版社，2011.

[3] 杰里米·第三次工业革命[M].张体伟，孙豫宁，译.北京：中信出版社，2012

[4] 杰里米·里夫金.零边际成本社会：一个物联网、合作共赢的新经济时代[M].赛迪研究院专家组译.北京：中信出版社，2014.

[5] 秦海.通向发展转型之路：信息通信技术与经济社会长期发展演进[M].上海：上海远东出版社，2011.

[6] 金江军，郭英楼.互联网时代的国家治理[M].北京：中共党史出版社，2016.

[7] 金江军，郭英楼.智慧城市：大数据、互联网时代的城市治理（第4版）[M].北京：电子工业出版社，2017.

[8] 金江军.大数据党政领导干部一本通 [M].北京：中信出版社，2018.

[9] 金江军.领导干部的互联网思维 [M].北京：党建读物出版社，2018.

[10] 金江军.新旧动能转换读本 [M].北京：中共中央党校出版社，2018.

[11] 金江军.乡村振兴战略与数字经济读本 [M].北京：中共中央党校出版社，2019.

[12] 涂子沛.大数据：正在到来的数据革命 [M].桂林：广西师范大学出版社，2012.

[13] 工业和信息化部中小企业司.中国中小企业信息化服务市场调查与发展报告（2010）[M].北京：机械工业出版社，2011.

[14] 比尔·盖茨.未来时速：数字神经系统与商务新思维 [M].蒋显璟，姜明，译.北京：北京大学出版社，1999.

[15] 牛泽亚，孙菲阳.详解新加坡《2025年资讯通信媒体发展蓝图》[N].人民邮电报，2015–11–25.

[16] 路甬祥.走向绿色和智能制造——中国制造发展之路 [J].中国机械工程，2010(4):379–386.

[17] 荣烈润.面向21世纪的智能制造 [J].机电一体化，2006(4)：6–10.

[18] 王邵军.工业机器人产业发展现状及对策 [EB/OL].中国皮书网，2015–06–18.

[19] 张华甲.两化进入深度融合阶段 工业软件需做强 [N].中国工业报，2011–05–31.

[20] 江勇.工业软件支撑高端装备制造业发展的分析与思考 [J].中国制造业信息化，2011(02):54–55.

[21] 周子学.制造业服务化趋势下我国信息服务业发展与电子信息制造业升级 [N].中国计算机报，2011–05–16.

[22] 郑晓雯.英国斥资推动发展数字经济[N].人民邮电报,2015–03–18

[23] 戴发山,孙波,龙春娥.云计算在中小企业信息化建设中的应用研究[J].江苏商论,2011(06):62–64.

[24] 王宇.当知识产权遇上互联网[N].知识产权报,2014–10–29

[25] 孙雪涛.陇南用电子商务开扶贫新路[N].人民日报,2015–05–10

[26] 吴晓波.去日本买只马桶盖[EB/OL].财经网,2015–01–25

[27] 冯茂岩,蒋兰芝.浅谈"智慧城市"与"智慧产业"发展——以南京为例[J].改革与战略,2011(09):127–128,155.

[28] 安筱鹏.物联网在工业领域中的应用专题研讨会综述[J].中国经济和信息化,2010(9).

[29] 马名杰.我国数字经济发展需要关注的几个问题[J].北方经济,2018(07).

[30] 汤正仁.以数字经济助力现代化经济体系建设[J].区域经济评论,2018(04).

[31] 张于喆.数字经济推动实现高质量发展必须把握的三大要点[J].中国经贸导刊,2018(24).

[32] 张于喆.数字经济驱动产业结构向中高端迈进的发展思路与主要任务[J].经济纵横,2018(09).

[33] 鲁泽霖.欧盟数字经济政策发展演进[J].合作经济与科技,2018(20).

[34] 裴长洪,倪江飞,李越.数字经济的政治经济学分析[J].财贸经济,2018(09).

[35] 蔡跃洲.数字经济的增加值及贡献度测算:历史沿革、理论基础与方法框架[J].求是学刊,2018(05).

[36] 柴跃廷. 数字经济的度量与评估 [J]. 中国信息界，2018(04).

[37] 康伟，姜宝. 数字经济的内涵、挑战及对策分析 [J]. 电子科技大学学报（社科版），2018(05).

[38] 张耕. 发展数字经济需破四大认识误区 [J]. 信息化建设，2018(09).

[39] 于潇宇，陈硕. 全球数字经济发展的现状、经验及对我国的启示 [J]. 现代管理科学，2018(12).

[40] 何海锋，张彧通，刘元兴. 升级之惑 数字经济时代的新问题 [J]. 新经济导刊，2018(10).

[41] 闫德利，高晓雨. 美国数字经济战略举措和政策体系解读 [J]. 中国信息化，2018(09).

[42] 王立军. 国内数字经济发展的产业方向比较及启示 [J]. 杭州科技，2018(05).

[43] 刘娟，苟鹏飞. 美国数字经济发展路径展望——解读《让美国成为数字经济第一大国：参与欧洲》[J]. 杭州科技，2018(05).

[44] 蓝庆新，马蕊，刘昭洁. 日本数字经济发展经验借鉴及启示 [J]. 东北亚学刊，2018(06).

[45] 徐清源，单志广，马潮江. 国内外数字经济测度指标体系研究综述 [J]. 调研世界，2018(11).

[46] 陈帅. 美国国家网络安全促进委员会报告《加强国家网络安全——促进数字经济的安全与发展》(编译)[J]. 汕头大学学报(人文社会科学版)，2016(08).

[47] 慕德贵. 聚力大数据 贵州发展数字经济的初步探索 [J]. 信息化建设，2016(12).

[48] 陈璋，阚凤云，胡国良. OECD 国家数字经济战略的经验和启示 [J]. 现代管理科学，2017(03).

[49] 钟春平，刘诚，李勇坚. 中美比较视角下我国数字经济发展的对策建议 [J]. 经济纵横，2017(04).

[50] 郑学党，赵宏亮. 国外数字经济战略的供给侧实施路径及对中国的启示 [J]. 经济研究导刊，2017(06).

[51] 孙蔚敏. 从四个方面推动数字经济发展 [J]. 中国经贸导刊，2017(16).

[52] 张雪玲，焦月霞. 中国数字经济发展指数及其应用初探 [J]. 浙江社会科学，2017(04).

[53] 杨新铭. 数字经济：传统经济深度转型的经济学逻辑 [J]. 深圳大学学报（人文社会科学版），2017(04).

[54] 刘果，王梦洁. 数字内容产业发展：基于经济、产业、用户的视角 [J]. 求索，2017(07).

[55] 孙克. 促进数字经济加快成长：变革、问题与建议 [J]. 世界电信，2017(03).

[56] 熊励，季佳亮，陈朋. 基于平台经济的数字内容产业协同创新动力机制研究 [J]. 科技管理研究，2016(02).

[57] 丁声一，谢思淼，刘晓光. 英国《数字经济战略（2015—2018）》述评及启示 [J]. 电子政务，2016(04).

[58] 陈骞. 欧盟推动数字经济发展 [J]. 上海信息化，2016(04).

[59] 赵星. 数字经济发展现状与发展趋势分析 [J]. 四川行政学院学报，2016(04).

[60] 洪慧民. 夯实数字经济发展基础 [N]. 人民日报，2019-04-04

[61] 贾康. 数字经济时代的企业转型 [J]. 扬州大学学报（人文社会科学版），2019(02)

[62] 张丽娟. "澳大利亚技术未来"报告旨在大力发展数字经济 [J].

科技中国，2019(03).

[63] 袁家军. 数字经济引领浙江创新发展 [J]. 信息化建设，2017(12).

[64] 查志强. 充分释放浙江数字经济动能 [N]. 浙江日报，2019–03–11

[65] 王彩. 数字经济驱动传统产业转型升级的路径研究——以绍兴纺织产业为例 [J]. 经济研究导刊，2019(07)

[66] 王萍. 县域发展数字经济需破解难题 [J]. 浙江经济，2019(01).

[67] 林庆康，吕华侨. 产业融合视角下数字经济发展评估实证研究—以合肥市为例 [J]. 湖北工业大学学报，2019(01).

[68] 荆文君，孙宝文. 数字经济促进经济高质量发展：一个理论分析框架 [J]. 经济学家，2019(02).

[69] 张鹏. 数字经济的本质及其发展逻辑 [J]. 经济学家，2019(02).

[70] 赵海荣. 数字经济研究综述 [J]. 内蒙古科技与经济，2019(01).

[71] 张冬杨. 俄罗斯数字经济发展现状浅析 [J]. 俄罗斯研究，2018(02).

[72] 阳显仁. 俄罗斯数字经济框架下的人工智能及立法概况 [J]. 全球科技经济瞭望，2018(09).

[73] 吴韬. 习近平新时代数字经济思想及其现实意义 [J]. 云南社会主义学院学报，2018(02).

[74] 徐赤. 数字经济：融合创新与结构重塑 [J]. 杭州（周刊），2018(48).

[75] 向书坚，吴文君. OECD 数字经济核算研究最新动态及其启示 [J]. 统计研究，2018(12).

[76] 刘毅群，曾绍龙. 以数字经济引领工业结构性变革 [J]. 浙江经济，2018(22).

[77] 唐杰. 全球数字经济发展现状分析及展望 [J]. 经济研究参考，2018(51).

[78] 唐杰英. 数字化变革下的中国数字经济——基于数字经济边界及测度的视角 [J]. 对外经贸，2018(09).

[79] 楼健人. 杭州构建创新生态和发展数字经济的探索 [J]. 杭州科技，2018(06).

[80] 万新颖. 数字经济的政治经济学探讨 [J]. 中外企业家，2018(31).

[81] 张宏健. 中美数字经济发展比较与对策建议 [J]. 时代金融，2018(36).

[82] 兰建平以数字化引领浙江经济高质量发展——2018 年数字经济回顾 [J]. 浙江经济，2018(24).

[83] 解梅娟，刘晓玲. 习近平网络强国战略思想与中国数字经济发展 [J]. 长春市委党校学报，2017(06).

[84] 田丽. 各国数字经济概念比较研究 [J]. 经济研究参考，2017(40).

[85] 赵西三. 数字经济驱动中国制造转型升级研究 [J]. 中州学刊，2017(12).

[86] 王灏晨，李舒沁. 全球数字经济新形势与中国的机遇及挑战 [J]. 中国经贸导刊（理论版），2018(05).

[87] 王灏晨. 国外数字经济发展及对中国的启示 [J]. 财经界（学术版），2018(04).

[88] 陈畴镛. 以数字经济驱动高质量发展 [J]. 浙江经济，2018(04).

[89] 陈畴镛. 加快数字经济高质量发展的着力点与推进举措 [J]. 决策咨询，2018(04).

[90] 由雷，李修全."数字经济"背景下的地区创新驱动发展模式研究——以北京市为例 [J]. 中国经贸导刊（理论版），2018(08).

[91] 李路. 数字经济条件下的经济运行及其规律 [J]. 中国电子科学研究院学报，2018(02).

[92] 张亮亮，刘小凤，陈志. 中国数字经济发展的战略思考 [J]. 现代管理科学，2018(05).

[93] 王彬燕，田俊峰，程利莎，浩飞龙，韩翰. 中国数字经济空间分异及影响因素 [J]. 地理科学，2018(06).

[94] 张晓. 数字经济发展的逻辑：一个系统性分析框架 [J]. 电子政务，2018(06).

[95] 张晓. 数字经济发展的六大趋势 [J]. 汕头大学学报（人文社会科学版），2017(07).

[96] 夏炎，王会娟，张凤，郭剑锋. 数字经济对中国经济增长和非农就业影响研究——基于投入占用产出模型 [J]. 中国科学院院刊，2018(07).

[97] 施春来. 数字技术重构现代经济内生机理思考 [J]. 合作经济与科技，2018(16).

[98] 张雪玲，陈芳. 中国数字经济发展质量及其影响因素研究 [J]. 生产力研究，2018(06).

[99] 郑安琪. 英国数字经济战略与产业转型 [J]. 世界电信，2016(03).

[100] Department of Broadband, Communications and the Digital Economy, Australian Government.National Digital Economy Strategy: Leveraging the National Broadband Network to Drive Australia's Digital Productivity[EB/OL].www.dbcde.gov.au, 2011–08–31.

[101] World Economic Forum.The Global Information Technology Report 2018: ICTs for Inclusive Growth [EB/OL].www.weforum.org/gitr, 2015.

[102] Ulieru, Mihaela.WIRED for Innovation: How Information Technology is Reshaping the Economy.Computer Journal, Feb2011,

Vol. 54 Issue 2

[103] Laursen, Keld.New and old economy: the role of ICT in structural change and economic dynamics.Structural Change & Economic Dynamics, Sep2004, Vol. 15 Issue 3

[104] The Smart Manufacturing Leadership Coalition (SMLC). Implementing 21st Century Smart Manufacturing Workshop Summary Report, June 24, 2011.

[105] John Gantz and David Reinsel. IDC iView: Extracting Value from Chaos[EB/OL], http://www.emc.com/digital_universe, June 2011.

[106] Innovate UK Technology Strategy Board.Digital Economy Strategy 2015–2018[EB/OL].www.innovateuk.gov.uk, 2015–02–16.

[107] McKinsey Global Institute. Big data: The next frontier for innovation, competition, and productivity[EB/OL]. www.mckinsey.com/mgi, June 2011.

[108] Executive Office of the President. Big Data Across the Federal Government[EB/OL].www.whitehouse.gov, March 29, 2012.

后 记

如何推动经济高质量发展，是许多领导干部非常关注的问题。习近平总书记多次强调做大做强数字经济，推动数字产业化、产业数字化。作者认为，要以数字经济来引领高质量发展。一方面，大力发展物联网、云计算、大数据、人工智能等新一代信息技术产业，培育新动能。另一方面，以信息化改造传统工业、农业、服务业，推动传统产业数字化转型，改造旧动能。

本书的编写得到许多领导干部和专家学者的鼓励、支持、指导和帮助。感谢国家发展改革委秘书长丛亮，工业和信息化部总经济师王新哲，江西省省长易炼红，上海市政协主席董云虎，天津市委副书记阴和俊，河北省委常委、秘书长高志立，山西省委常委、秘书长廉毅敏，辽宁省委常委、组织部部长陆治原，黑龙江省委常委、统战部部长杜和平，内蒙古自治区党委常委、组织部部长杨伟东，江苏省委常委、统战部部长杨岳，温州市委书记陈伟俊，宁波市市长裘东耀，福建省委常委周联清，山东省委常委、宣传部部长关志鸥，湖北省委常委、襄阳市委书记李乐成，湖南省委常委、统战部部长黄兰香，广西自治区党委常委、秘书长黄伟京，海南省委常委、三亚市委书记童道驰，重庆市副市长李明清，四川省委常委、成都市委书记范锐平，贵州省委常委、秘书长刘捷，云南省副省长张国华，陕西省副省长方光华，甘肃省委副书记孙伟，中组部党员教育和干部测评中心副主任陈群洲，国务院办公厅秘书二局局长刘苏社，国家发展改革委高技术司司长伍浩，人力资源和社会保障部专业技术人员管理司司长俞家栋，北京市发展改革委主任淡绪祥，运城市市长朱鹏，镇江市委书记惠建林，金华市委书记陈龙，铜陵市委书记李猛，南平市委书记袁毅，威海市市长张海波，湖北省发展改革委主任程用文，重庆市合川区委书记李应兰，内江市委书记马波，来宾市委书记农生文等学员。感谢中央党校原副校长赵长茂、中央党校教育长罗宗毅、教务部主任王成志、进修部二部主任张忠军、中央党校专家工作室领衔专家韩庆祥、科社部副主任倪德刚和刘学军等领导的支持和帮助。感谢所有对本书编写做出贡献的人！

欢迎读者与我们进行互动交流，在课题研究、干部培训、案例调研、政策起草、会议研讨、刊物约稿、媒体访谈等方面与我们开展合作：18600258246@163.com。

2019 年 7 月 15 日